# LA LIBERTAD Y SUS ENEMIGOS

# CARLOS ALBERTO MONTANER

# LA LIBERTAD Y SUS ENEMIGOS

EDITORIAL SUDAMERICANA
BUENOS AIRES

Montaner, Carlos Alberto
    La libertad y sus enemigos - 1ª ed. - Buenos Aires : Sudamericana, 2005.
    320 p. ; 23x16 cm. (Ensayo)

    ISBN 950-07-2636-X

    1. Ensayo Cubano I. Título
    CDD Cu864

IMPRESO EN LA ARGENTINA

*Queda hecho el depósito*
*que previene la ley 11.723.*
*© 2005, Editorial Sudamericana S.A.®*
*Humberto I 531, Buenos Aires.*

www.edsudamericana.com.ar

ISBN 950-07-2636-X

*A mis amigos Lourdes y Tony*

El político es un hombre de acción y se debe a lo útil;
el escritor es un hombre de pensamiento y se debe a
lo verdadero. Al escritor liberal incumbe pues
explorar las ideas implícitas en la fe liberal a fin de
renovarlas, y al paso definir el liberalismo y darle
vigor, para que, cuando el debate así iniciado haya
decantado las ideas nuevas y purificado las antiguas,
le sea posible al político dirigir una opinión liberal
rejuvenecida hacia nuevos derroteros.

SALVADOR DE MADARIAGA
*De la angustia a la libertad*

# I
## LA LIBERTAD Y SUS ENEMIGOS

# 1. LIBERALISMO Y NEOLIBERALISMO EN UNA LECCIÓN*

L o más sorprendente del debate político y económico sostenido en Occidente es la antigüedad y la vigencia de los planteamientos básicos. El reñidero, en realidad, ha cambiado muy poco. Cuatro siglos antes del nacimiento de Jesús, Platón delineó en *La República* los rasgos de las sociedades totalitarias, controladas por oligarquías, en las que la economía era dirigida por una cúpula, cuya autoridad descendía sobre unas masas a las que no se les pedía su consentimiento para ser gobernadas, y el objetivo de los esfuerzos colectivos era el fortalecimiento del Estado, entonces conocido como *polis*. No en balde Platón es el filósofo favorito de los pensadores partidarios del autoritarismo.

Frente a estos planteamientos, Aristóteles, su mejor discípulo y la persona que más ha influido en la historia intelectual de la humanidad, en su obra *La Política* y en pasajes de la *Ética* propuso lo contrario: un modelo de organización en el que la autoridad ascendía del pueblo a los gobernantes. La soberanía radicaba en las gentes y los gobernantes se debían a ellas. Ahí estaba el embrión del pensamiento democrático. Pero había más: Aristóteles creía en la propiedad privada y en el derecho de las personas a disfrutar del producto de su trabajo. Y lo creía por razones bastante modernas: porque los bienes públicos generalmente resultaban maltratados. Los ciudadanos parecían ser mucho más cui-

---

* Conferencia pronunciada en Miami el 14 de septiembre de 2000 en un seminario organizado por el Instituto Jacques Maritain.

dadosos con lo que les pertenecía. Se le antojaba, además, que las virtudes de la compasión y la caridad sólo podían ser ejercidas por quienes atesoraban ciertas riquezas, de manera que la propiedad privada facilitaba esos comportamientos generosos y sacaba lo mejor del alma humana.

Este preámbulo es para consignar que el liberalismo encuentra sus raíces más antiguas en estos aspectos del pensamiento de Aristóteles; en los estoicos, que cien años más tarde defendieron la idea de que a las personas las protegían unos derechos naturales anteriores a la *polis*, es decir, al Estado; en los franciscanos, que en Oxford, en el siglo XIII, para escándalo de la época, proclamaron que en las cosas de la ciencia se llegaba a la verdad mediante la razón, y no por los dogmas dictados por las autoridades religiosas; en Santo Tomás de Aquino, que sistematizó la intuición de los franciscanos y comenzó el complejo deslinde de lo que pertenecía a César y lo que pertenecía a Dios, esto es, inició el largo proceso de secularización de la sociedad y, de paso, alabó el mercado y a los denostados comerciantes.

Pero no es ése el único santo que los liberales aclaman como uno de sus remotos patrones: fue San Bernardino de Siena, acusado por la Inquisición de propagar *peligrosas novedades*, quien explicó el concepto de *lucro cesante* y defendió el derecho de los prestamistas a cobrar intereses, rompiendo con ello siglos de incomprensión sobre la verdadera naturaleza de la usura. Los liberales también reclaman como suyos —lo hicieron enfáticamente los economistas de la Escuela austriaca en el siglo XIX— los planteamientos a favor del mercado y el libre precio de la espléndida Escuela de Salamanca del siglo XVI, con figuras de la talla de Vitoria, Soto y el padre Mariana, fustigador este último no sólo de tiranos, sino también del excesivo gasto público, que generaba inflación y empobrecía a las masas.

Finalmente, los liberales de hoy encuentran una filiación directa en el inglés John Locke, quien retoma el *iusnaturalismo* y formula persuasivamente su propuesta *constitucionalista*: el papel de las leyes no es imponer la voluntad de la mayoría sino proteger al individuo de los atropellos del Estado o de otros grupos; en Montesquieu, que analiza la importancia de la separación de poderes para impedir la tiranía; en los enciclopedistas, que trataron de explicar el conocimiento a la luz de la razón, y en Adam Smith, que analizó brillantemente el papel del mercado, la libertad económica y la especialización en la formación de capital y en el creciente desarrollo económico.

## El liberalismo en nuestros días

Bien: concluimos este rápido recorrido por lo que podríamos llamar la protohistoria liberal. *Grosso modo* ésas son las señas de identidad del liberalismo. Conviene, pues, acercarnos a nuestro aquí y ahora. Hagámoslo primero, muy someramente, en el terreno de la filiación política internacional.

En 1947, finalizada la Segunda Guerra Mundial, en Oxford, Inglaterra, convocados por don Salvador de Madariaga, una serie de prominentes políticos e intelectuales europeos suscribió un documento y creó la Internacional Liberal (IL) con el objeto de defender la libertad y el Estado de Derecho. Durante medio siglo, el *Manifiesto de Oxford* fue el texto vinculante de los partidos que integraban la organización. Suscribir lo que ahí se decía era el santo y seña para formar parte del grupo. La premisa consistía en que el olvido de los valores liberales, esencialmente vigentes entre 1871 y 1914, había provocado las dos guerras mundiales del siglo XX. Por otra parte, los avances de los comunistas en Europa anunciaban el inicio de otro conflicto entre la libertad y el totalitarismo, de manera que resultaba vital vertebrar una línea defensiva que protegiera a la civilización occidental de los viejos fantasmas y de los nuevos peligros. En 1997, también en Oxford, a los cincuenta años del texto fundacional, desaparecida la URSS y desacreditado el marxismo-leninismo tras la experiencia del *socialismo real*, los partidos de la IL aprobaron otro manifiesto más extenso y acorde con los tiempos para definir lo que tenían en común las organizaciones adscritas a esta federación de partidos.

El esfuerzo original tuvo continuidad. Hoy la IL, que mantiene su sede en Londres, está compuesta por unos setenta partidos políticos de todo el mundo, siendo los mayores los de Canadá y Brasil, mientras gobiernan o cogobiernan en una docena de naciones de Europa, América, Asia y África, con una notable presencia entre los países que abandonaron el comunismo tras la caída del Muro de Berlín.

## Contorno del liberalismo

Veamos el perfil teórico de esta corriente ideológica. La primera observación que hay que hacer en relación con el liberalismo tiene que ver con su imprecisión, su indefinición y lo elusivo de su naturaleza histórica. En realidad, nadie debe alarmarse porque el liberalismo tenga ese contorno tan esquivo. Probablemente ahí radica una de las mayores virtudes de esta corriente ideológica. El liberalismo no es una doctrina con un recetario unívoco, ni pretende haber descubierto leyes universales capaces de desentrañar o de ordenar con propiedad el comportamiento de los seres humanos. Es un cúmulo de ideas y no una ideología cerrada y excluyente.

El liberalismo es un conjunto de creencias básicas, de valores y de actitudes organizadas en torno a la convicción de que a mayores cuotas de libertad individual se corresponden mayores índices de prosperidad y felicidad colectivas. De ahí la mayor virtud del liberalismo: ninguna novedad científica lo puede contradecir porque no establece verdades inmutables. Ningún fenómeno lo puede desterrar del campo de las ideas políticas, porque siempre será válida una gran porción de lo que el liberalismo ha defendido a lo largo de la historia.

El liberalismo es un modo de entender la naturaleza humana y una propuesta para conseguir que las personas alcancen el más alto nivel de prosperidad potencial que posean (de acuerdo con los valores, actitudes y conocimientos que tengan), junto al mayor grado de libertad posible, en el seno de una sociedad que haya reducido al mínimo los inevitables conflictos. Al mismo tiempo, el liberalismo descansa en dos actitudes vitales que conforman su talante: la tolerancia y la confianza en la fuerza de la razón.

## Ideas básicas

El liberalismo se asienta sobre varias premisas básicas, simples y claras: los liberales creen que el Estado ha sido concebido para el individuo y no a la inversa. Valoran el ejercicio de la libertad individual como algo intrínsecamente bueno y como una condición insustituible para lograr los mayores niveles de progreso. No aceptan, pues, que para alcanzar el desarrollo haya que sacrificar las libertades. Entre esas libertades —todas las consagradas en la *Declaración Universal de los Derechos del Hombre*—, la libertad de poseer bienes (el derecho a la propiedad privada) les parece fundamental, puesto que sin ella el individuo está perpetuamente a merced del Estado. Sostienen, incluso, que una de las razones por las que ninguna sociedad totalitaria ha sucumbido como consecuencia de una rebelión popular es por la falta de un espacio económico privado.

Por supuesto, los liberales también creen en la responsabilidad individual. No puede haber libertad sin responsabilidad. Los individuos son (o deben ser) responsables de sus actos, y deben tener en cuenta las consecuencias de sus decisiones y los derechos de los demás. Precisamente, para regular los derechos y deberes del individuo con relación a los demás, los liberales creen en el Estado de Derecho. Es decir, creen en una sociedad regulada por leyes neutrales que no le den ventaja a persona, partido o grupo alguno y que eviten enérgicamente los privilegios. Los liberales también defienden que la sociedad debe controlar estrechamente las actividades de los gobiernos y el funcionamiento de las instituciones del Estado.

Los liberales tienen ciertas ideas verificadas por la experiencia sobre cómo y por qué algunos pueblos alcanzan el mayor grado de eficiencia y desarrollo, o la mejor armonía social, pero la esencia de este modo de entender la política y la economía radica en no señalar de antemano hacia dónde queremos que marche la sociedad, sino en construir las instituciones adecuadas y liberar las fuerzas creativas de los grupos e individuos para que éstos decidan espontáneamente el curso de la historia. Los liberales no tienen un plan para diseñar el destino de la sociedad. Incluso, les parece muy peligroso que otros tengan esos planes y se arroguen el derecho de decidir el camino que todos debemos seguir, como es propio de las ideologías.

En el terreno económico, la idea de mayor calado es la que defiende el libre mercado en lugar de la planificación estatal. A fines del siglo XVIII, cuando argumentaba contra el mercantilismo, Adam Smith lo aclaró incontestablemente en *La riqueza de las naciones*. En 1922, poco después de la revolución bolchevique, entonces frente al marxismo, el pensador liberal austriaco Ludwig von Mises, en un libro denominado *Socialismo*, demostró cómo en las sociedades complejas no era posible planificar el desarrollo mediante el cálculo económico, señalando con toda precisión (en contra de las corrientes socialistas y populistas de la época) cómo cualquier intento de fijar artificialmente la cantidad de bienes y servicios que debían producirse, así como los precios que deberían tener, conduciría al desabastecimiento y a la pobreza. Von Mises demostró que el mercado (la libre concurrencia en las actividades económicas de millones de personas que toman constantemente millones de decisiones orientadas a satisfacer sus necesidades de la mejor manera posible) generaba un orden natural espontáneo infinitamente más armonioso y creador de riqueza que el orden artificial de quienes pretendían planificar y dirigir la actividad económica. Obviamente, de esas reflexiones y de la experiencia práctica se deriva que los liberales, en líneas generales, no crean en controles de precios y salarios, ni en los subsidios que privilegian una actividad económica en detrimento de las demás. Por el contrario: cuando las personas actúan dentro de las reglas del juego, buscando su propio bienestar, suelen beneficiar al conjunto.

Otro gran economista, Joseph Schumpeter, austriaco de nacimiento y defensor del mercado, pero pesimista en cuanto al destino final de las sociedades liberales como consecuencia del reto de los comunistas —predicción que su muerte en 1950 no le permitió corregir—, demostró cómo no había estímulo más enérgico para la economía que la actividad incesante de los empresarios y capitanes de industria que seguían el impulso de sus propias urgencias sicológicas y emocionales. Los beneficios colectivos que se derivaban de la ambición personal eran muy superiores al hecho también indudable de que se producían diferencias en el grado de acumulación de riquezas entre los distintos miembros de una comunidad. Pero quizás quien mejor resumió esta situación fue uno de los líderes chinos de la era posmaoísta, cuando reconoció, melancólicamente, que, por evitar que unos cuantos chinos anduvieran en Rolls Royce, habían condenado a cientos de millones a desplazarse para siempre en bicicleta.

En esencia, el rol fundamental del Estado debe ser mantener el orden y garantizar que las leyes se cumplan, mientras se ayuda a los más necesitados para que estén en condiciones reales de competir. De ahí que la educación y la salud colectivas, especialmente para los miembros más jóvenes de la comunidad —una forma de incrementar el capital humano—, deben ser preocupaciones básicas del Estado liberal. En otras palabras: la igualdad que buscan los liberales no es la de que todos obtengan los mismos resultados, sino la de que todos tengan las mismas posibilidades de luchar por obtener los mejores resultados. Y en ese sentido, una buena educación y una buena salud deben ser los puntos de partida para poder acceder a una vida mejor.

De la misma manera que los liberales tienen ciertas ideas sobre la economía, asimismo postulan una forma de entender el Estado. Por supuesto, los liberales son inequívocamente demócratas y creen en el gobierno de las mayorías, pero sólo dentro de un marco jurídico que respete los derechos inalienables de las minorías. Esto quiere decir que hay derechos naturales que no pueden ser enajenados por decisiones de las mayorías. Las mayorías, por ejemplo, no pueden decidir esclavizar a los negros, expulsar a los gitanos de una demarcación o concederles un poder omnímodo a los trabajadores manuales, los campesinos o los propietarios de tierra. La democracia, para que realmente lo sea, tiene que ser multipartidista y es preferible que esté organizada de acuerdo con el principio de la división de poderes, de manera que el balance de la autoridad impida que una institución del Estado acapare demasiada fuerza.

Aunque no es una condición indispensable, y reconociendo que la tradición latinoamericana, eminentemente presidencialista, es contraria a este análisis, los liberales prefieren el sistema parlamentario de gobierno, por cuanto suele reflejar mejor la variedad de la sociedad y es más flexible para generar cambios cuando se modifican los criterios de la opinión pública. Al mismo tiempo, los liberales son partidarios de la descentralización y de estimular la autoridad de los gobiernos locales. La hipótesis —generalmente confirmada por la práctica— es que resulta más fácil abordar y solucionar los problemas eficientemente cuando quienes los padecen supervisan, controlan y auditan a quienes están llamados a solucionarlos.

Por otra parte, el liberalismo contemporáneo cuenta con agudas reflexiones sobre cómo deben ser las constituciones. El premio Nobel de Economía Friedrich von Hayek, abogado además de economista, es autor de muy esclarecedores trabajos sobre este tema. Más recientemente, los también premios Nobel de Economía Ronald Coase, Douglas North y Gary Becker han añadido valiosos estudios que explican la relación entre la ley, la propiedad intelectual, la existencia de instituciones sólidas y el desarrollo económico. Donde no existe un buen "capital social" —instituciones que funcionan adecuadamente, derechos de propiedad garantizados y una ciudadanía voluntariamente sujeta al imperio de la ley— no suele haber desarrollo económico sostenido.

Los liberales creen que el gobierno debe ser reducido, porque la experiencia les ha enseñado que las burocracias estatales tienden a crecer parasitariamente, fomentan el clientelismo político, suelen abusar de los poderes que les confieren y malgastan los recursos de la sociedad. La historia demuestra que a mayor Estado, mayor corrupción y dispendio. Pero el hecho de que un gobierno sea reducido no quiere decir que sea débil. Debe ser fuerte para hacer cumplir la ley, para mantener la paz y la concordia entre los ciudadanos, para proteger la nación de amenazas exteriores y para garantizar que todos los ciudadanos aptos dispongan de un mínimo de recursos que les permitan competir en la sociedad.

Los liberales piensan que, en la práctica, los gobiernos real y desgraciadamente no suelen representar los intereses de toda la sociedad, sino suelen privilegiar a los electores que los llevan al poder o a determinados grupos de presión. Los liberales, en cierta forma, sospechan de las intenciones de la clase política, y no se hacen demasiadas ilusiones con relación a la eficiencia de los gobiernos. De ahí que el liberalismo deba erigirse siempre en un permanente cuestionador de las tareas de los servidores públicos, y que no pueda evitar ver con cierto escepticismo esa función de redistribuidores de la renta, reparadores de injusticias o motores de la economía que algunos les asignan.

Otro gran pensador liberal, el premio Nobel de Economía James Buchanan, creador de la escuela de *Public Choice*, originada en su cátedra de la Universidad de Virginia, ha desarrollado una larga reflexión sobre este tema. En resumen, toda decisión del gobierno conlleva un costo perfectamente cuantificable, y los ciudadanos tienen el deber y el derecho de exigir que, en la medida de lo posible, el gasto público responda a los intereses de la sociedad y no a los de los partidos políticos.

Como regla general, los liberales prefieren que la oferta de bienes y servicios descanse en los esfuerzos de la sociedad civil y se canalice por vías privadas y no por medio de gobiernos derrochadores e incompetentes que no sufren las consecuencias de la frecuente irresponsabilidad de los burócratas o de los políticos electos menos cuidadosos. En última instancia, no hay ninguna razón especial que justifique que los gobiernos necesariamente se dediquen a tareas como las de transportar personas por las carreteras, limpiar las calles o vacunar contra el tifus. Todo eso hay que hacerlo bien y al menor costo posible, pero seguramente ese tipo de trabajo se desarrolla con mucha más eficiencia dentro del sector privado. Cuando los liberales defienden la primacía de la propiedad privada no lo hacen por codicia, sino por la convicción de que es infinitamente mejor para los individuos y para el conjunto de la sociedad.

## Diferencias dentro de una misma familia democrática

El idioma inglés ha tomado la palabra *liberal* del castellano y le ha dado un significado distinto. En líneas generales puede decirse que, en materia económica, el liberalismo europeo o latinoamericano es bastante diferente del liberalismo norteamericano. Es decir, el liberal norteamericano les suele quitar responsabilidades a los individuos y asignarlas al Estado. De ahí el concepto del Estado benefactor o *welfare* que redistribuye por vía de las presiones fiscales las riquezas que genera la sociedad. Para los liberales latinoamericanos y europeos, como se ha dicho antes, ésa no es una función primordial del Estado, puesto que lo que suele conseguirse por esta vía no es un mayor grado de justicia social, sino unos niveles generalmente insoportables de corrupción, ineficiencia y derroche, lo que acaba por empobrecer al conjunto de la población.

Sin embargo, los liberales europeos y latinoamericanos sí coinciden en un grado bastante alto con los liberales norteamericanos en materia jurídica y en ciertos temas sociales. Para el liberal norteamericano, así como para los liberales de Europa y de América Latina, el respeto de las garantías individuales y la defensa del constitucionalismo son conquistas irrenunciables de la humanidad. Una organización como la American Civil Liberties Union, expresión clásica del liberalismo norteamericano, también podría serlo de los liberales europeos o latinoamericanos.

¿En qué se diferencian las distintas corrientes democráticas contemporáneas? La socialdemocracia pone su acento en la búsqueda de una sociedad igualitaria, suele identificar los intereses del Estado con los de los sectores proletarios o asalariados, y usualmente propone medidas fiscales encaminadas a una hipotética "redistribución" de las riquezas. El liberalismo, en cambio, no es clasista, y coloca la búsqueda de la libertad individual en la cima de sus objetivos y valores, mientras rechaza las supuestas ventajas del Estado-empresario, y sostiene que la presión fiscal destinada a la "redistribución de la riqueza" generalmente empobrece al conjunto de la sociedad, en la medida en que entorpece la formación de capital.

Aunque en el análisis económico suele haber cierta coincidencia entre liberales y conservadores, ambas corrientes se separan en lo tocante a las libertades individuales y al papel del Estado. Para los conservadores lo más importante suele ser el orden. Los liberales están dispuestos a convivir con aquello que no les gusta, siempre capaces de tolerar respetuosamente los comportamientos sociales que se alejan de los criterios de las mayorías. Para los liberales, la tolerancia es la clave de la convivencia, y la persuasión, el elemento básico para el establecimiento de las jerarquías. Esa visión no siempre prevalece entre los conservadores. Un ejemplo claro de estas diferencias se daría en el espinoso asunto del consumo de drogas: mientras los conservadores intentarían combatirlo por la vía de la represión y la prohibición, los liberales —por lo menos una buena parte de ellos— opinan que la utilización de sustancias tóxicas por adultos —alcohol, cocaína, tabaco, marihuana, etc.— pertenece al ámbito de las decisiones personales, y a quienes las consumen no se les debe tratar como delincuentes, sino como adictos que deben ser atendidos por personal médico especializado en desintoxicación, siempre que libremente decidan tratar de abandonar sus hábitos.

Por otra parte, resulta frecuente la colusión entre empresarios mercantilistas conservadores y el poder político, fenómeno totalmente contrario a las creencias liberales. No es verdad, pues, que el liberalismo sea la corriente política que defiende los intereses de los empresarios: la mera convicción de que el Estado no debe proteger de la competencia a ningún grupo empresarial desmentiría este aserto. Suelen ser los conservadores quienes cabildean para obtener protecciones arancelarias o ventajas que siempre son en perjuicio de otros sectores.

Aun cuando la democracia cristiana moderna no es confesional, entre sus premisas básicas está la de una cierta concepción trascendente de los seres humanos. Los liberales, en cambio, son totalmente laicos, y no entran a juzgar las creencias religiosas de las personas. Se puede ser liberal y creyente, liberal y agnóstico, o liberal y ateo. La religión, sencillamente, no pertenece al mundo de las disquisiciones liberales (por lo menos en nuestros días), aunque sí es esencial para el liberal respetar profundamente este aspecto de la naturaleza humana.

Por otra parte, los liberales no suelen compartir con la democracia cristiana (o por lo menos con alguna de las tendencias de ese signo) cierto dirigismo económico y la voluntad redistributiva generalmente reivindicada por el socialcristianismo. En América Latina esa vertiente populista/estatista de la democracia cristiana encarnó en gobiernos como los de Frei Montalva, Napoleón Duarte y —en cierta medida— Rafael Caldera, o en los sindicatos agrupados en la Central Latinoamericana de Trabajadores (CLAT). Los liberales no creen que la propiedad privada sólo se justifica "en función social", como aparece en los papeles de la *Doctrina social de la Iglesia,* y como confusamente repiten muchos socialcristianos sin precisar exactamente qué quieren decir con esa peligrosa frase, ambigua fórmula que puede abrir la puerta a cualquier género de atropellos contra los derechos de propiedad.

## El neoliberalismo: una invención de los neopopulistas

El liberalismo, qué duda cabe, está bajo ataque frecuente de las fuerzas políticas y sociales más dispares —basta ver los documentos del socialistoide *Foro de São Paulo* o ciertas declaraciones de las Conferencias Episcopales y de los provinciales de la Compañía de Jesús—, y para los fines de tratar de desacreditarlo lo denominan *neoliberalismo.* Vale la pena examinar esta deliberada confusión.

En primer término, tal vez sea conveniente no asustarse con la palabra. En el terreno económico, el liberalismo, en efecto, ha sido una escuela de pensamiento en constante evolución, de manera que hasta podría hablarse de un permanente "neoliberalismo". Lo que se llama el "liberalismo clásico" de los padres fundadores —Smith, Malthus, Ricardo, Stuart Mill, todos ellos

22

con matices diferenciadores que enriquecían las ideas básicas— fue seguido por la tradición "neoclásica", segmentada en diferentes "escuelas": la de Lausana (Walras y Pareto), la inglesa (Jevons y Marshall) y —especialmente— la austriaca (Menger, Böhm-Bawerk, Von Mises o, posteriormente, Hayek). Asimismo, también sería razonable pensar en el "monetarismo" de Milton Friedman, en la visión sociológica o culturalista de Gary Becker, en el enfoque institucionalista de Douglas North o en el análisis de la fiscalidad de James Buchanan. Si hay, pues, un cuerpo intelectual vivo y pensante, es el de las ideas liberales en el campo económico, como pueden atestiguar una decena de premios Nobel en el último cuarto de siglo, siendo uno de los últimos Amartya Sen, un indio que desmonta mejor que nadie la falacia de que el desarrollo económico requiere mano fuerte y actitudes autoritarias.

Sin embargo, en el sentido actual de la palabra, el "neoliberalismo", en realidad, no existe. Se trata de una etiqueta negativa muy hábil y falazmente construida. Es, en la acepción que hoy tiene la palabreja en América Latina, un término de batalla creado por los *neopopulistas* para descalificar sumariamente a sus enemigos políticos. ¿Quiénes son los neopopulistas? Son la izquierda y la derecha estatistas y adversarias del mercado. El neoliberalismo, pues, es una demagógica invención de los enemigos de la libertad económica —y a veces de la política—, representantes del trasnochado pensamiento estatista, con frecuencia llamado "revolucionario", acuñada para poder desacreditar cómodamente a sus adversarios atribuyéndoles comportamientos canallescos, actitudes avariciosas y una total indiferencia ante la pobreza y el dolor ajenos. Tan ofensiva ha llegado a ser la palabra, y tan rentable en el terreno de las querellas políticas, que en la campaña electoral que en 1999 se llevó a cabo en Venezuela, el entonces candidato Chávez, después flamante presidente, acusó a sus contrincantes de "neoliberales", y éstos, en lugar de llamarle "fascista" o "gorila" al militar golpista, epítetos que se había ganado a pulso con su sangrienta intentona cuartelera de 1992, respondieron diciéndole que el neoliberal era él.

## El origen de la palabra

En América Latina, la batalla contra ese fantasmal "neoliberalismo" comenzó exactamente a principios de la década de los ochenta, cuando en la región se hundieron definitivamente los gastados paradigmas del viejo pensamiento político-económico forjado a lo largo de casi todo el siglo XX. El vocablo surgió en el momento en que estalló la crisis de la deuda externa, y cuando simultáneamente se padecía en distintos países varios procesos de hiperinflación causantes del notable retroceso del crecimiento económico que afectó a casi todo el continente.

¿Qué había fallado? Nada más y nada menos que las ideas fundamentales sobre las que había descansado el discurso político latinoamericano desde la Revolución mexicana de 1910, pero especialmente tras la Segunda Guerra Mundial. Había quedado totalmente desacreditada la creencia *transideológica* —común a diferentes credos políticos, a veces hasta antagónicos— de que correspondía al Estado dirigir la economía, definir las prioridades del desarrollo y asignar los recursos. De golpe y porrazo se habían debilitado las más variadas (aunque a veces afines) propuestas ideológicas dominantes durante muchas décadas: el nacionalismo proteccionista de Juan Domingo Perón, de Getulio Vargas o de la Comisión Económica para América Latina y el Caribe (CEPAL); la economía de la demanda artificialmente estimulada por los presupuestos del Estado en busca del empleo pleno, como recetaban los discípulos de Keynes; el socialismo castrense y dictatorial de Velasco Alvarado y de Torrijos; el marxismo totalitario de Cuba y Nicaragua. El populismo, en suma, agonizaba, y la izquierda, súbitamente, se quedaba sin proyecto, totalmente incapaz de responder a la pregunta clave que había gravitado sobre América Latina desde la fundación misma de las primeras repúblicas: cómo lograr que las naciones de nuestra cultura alcancen los niveles de prosperidad de los países de origen institucional europeo. O —dicho en otras palabras— cómo conseguir para los latinoamericanos un nivel de desarrollo similar al de Canadá o al de Estados Unidos, nuestros vecinos en el nuevo mundo, de manera que la mitad de nuestra gente lograra abandonar la terrible miseria en la que vive.

No era posible recurrir a la "teoría de la dependencia" para continuar explicando el subdesarrollo latinoamericano como consecuencia de una especie de malvado designio de un primer mundo empeñado en mantener a América Latina en una suerte de pobreza exportadora de materias primas. Las décadas de los setenta y ochenta habían visto el surgimiento de economías poderosas en las zonas tradicionalmente consideradas como "periféricas". En la década de los cincuenta Corea o Taiwán eran considerablemente más pobres que México o Ecuador, relación que se invirtió ostensiblemente en los setenta y era casi sangrante en los ochenta. Pero había más: Estados Unidos y Canadá, corazón del capitalismo "central", lejos de aherrojar a México para mantenerlo como una colonia económica, lo habían invitado a formar un "tratado de libre comercio" encaminado al enriquecimiento conjunto.

Tampoco se podía seguir predicando revoluciones socialistas, pues se conocía triste y perfectamente lo que había sucedido en Cuba y Nicaragua. No era posible prometer más reformas agrarias, nacionalizaciones de los recursos básicos o mágicas distribuciones de la renta. Carecía de sentido insistir plañideramente en la voracidad culpable del imperialismo, en la fatalidad sin solución de la "teoría de la dependencia" o en la supuesta inevitabilidad de la inflación explicada por los estructuralistas. Todo eso y mucho más se había ensayado sin ningún resultado halagador. Al comenzar el siglo los latinoamericanos teníamos, como promedio, el 10 por ciento del per cápita de los estadounidenses; y al terminarlo, cien años después, tras decenas de revoluciones, constituciones, golpes de Estado y asonadas militares, seguíamos teniendo el mismo 10 por ciento, pero ahora el *gap* ya no sólo era cuantitativo. Entre nuestro mundo y el de ellos se había abierto una zanja difícilmente salvable en la que comparecían la carrera espacial, el genoma humano, las telecomunicaciones digitales, la investigación atómica y otra larga docena de complejos procesos científicos y técnicos muy alejados de nuestro alcance. Las diferencias, para usar la terminología marxista, se habían hecho "cualitativas".

¿Cómo reaccionaron, en ese momento, los políticos latinoamericanos más racionales? Sencillamente, rectificaron el rumbo. Si el Estado había sido un pésimo gerente económico que perdía ingentes cantidades de dinero, lo sensato era transferir a la sociedad los activos colocados en el ámbito público para no continuar dilapidando los recursos comunes. Había que privatizar, pero ni siquiera por convicciones ideológicas, sino por razones prácticas: el Estado-propietario había quebrado. Si el gasto público había arruinado las arcas nacionales y comprometido el desarrollo, y si se había llegado al límite del endeudamiento, ¿cómo extrañarse de la necesidad de recortar las obligaciones del Estado? Si la burocracia había crecido parasitariamente, y con ella y en la misma proporción había aumentado la ineficacia de la gestión de gobierno, ¿qué otra cosa podía recomendarse que no fuera una drástica limitación del sector público? Si el déficit fiscal se había convertido en un cáncer galopante, ¿cómo escapar a la necesidad de sostener presupuestos equilibrados? Si los controles de precios y salarios, practicados en distintos momentos en todos los países de nuestra esfera, habían demostrado su inutilidad, o —peor aún— su carácter contraproducente, empobrecedor y generador de toda clase de corrupciones, ¿cómo no defender la libertad de mercado? Si nuestras sociedades habían sufrido el flagelo implacable de la hiperinflación, con el empobrecimiento general que esto conlleva, ¿no era perfectamente lógico acudir a la austeridad monetaria, ya fuera mediante cajas de conversión "a la argentina" o mediante severas restricciones a las emisiones de moneda? Si finalmente, y a regañadientes, se aceptaban la necesidad de la propiedad privada y las ventajas de las inversiones extranjeras, era obvio que todo eso tenía que protegerse con instituciones de derecho, mientras se auspiciaba una atmósfera jurídica muy alejada de la tradición revolucionaria latinoamericana. Si los ejemplos de los países que habían logrado desarrollarse —los "tigres", la propia España— demostraban que la globalización no sólo era inevitable, sino, además, resultaba muy conveniente, ¿quién en sus cabales podía continuar insistiendo en la autarquía económica, la excentricidad ideológica y el proteccionismo arancelario?

Eso era el tan cacareado, odiado y vilipendiado "neoliberalismo". Era el ajuste inevitable como resultado del desbarajuste previo. Ni una sola de las llamadas medidas "neoliberales" fue el producto de dogmas teóricos ni de conversiones mágicas a un credo supuestamente derechista. Nadie se había caído del caballo de la CIA en el camino a Washington. Nada había de libresco en el bandazo político y económico que daba América Latina. Era el resultado de la experiencia. Las medidas no las dictaban la señora Thatcher o Mr. Reagan. Nadie en la cúpula de los gobiernos había descubierto a Von Mises, a Hayek y al resto de la Escuela austriaca. Todo lo que se había hecho era volver de revés el fallido recetario tradicional de Raúl Alfonsín, Alan García, Fidel Castro, Daniel Ortega o el de las anteriores generaciones de la vasta familia populista: Juan Domingo Perón, Lázaro Cárdenas, Getulio Vargas. En algún caso, como sucedió con el boliviano Paz Estenssoro, una misma persona fue capaz de desempeñar los dos papeles en su larga vida política: a mediados de siglo, don Víctor actuó como un revolucionario populista. Treinta años más tarde, guiado por la experiencia, modificó lo que había que cambiar y se movió en dirección opuesta. No era un oportunista, como dicen sus enemigos, sino todo lo contrario: un hombre inteligente capaz de mudar sus criterios a la luz de los resultados y a tenor de los tiempos. Fue lo mismo que sucedió con el "gran viraje " de Carlos Andrés Pérez en Venezuela durante su segundo mandato a principios de la década de los noventa, o con el cambio de rumbo al que se vio obligado Rafael Caldera en los últimos años de su desafortunado gobierno, pese a tener un corazón perdidamente populista. Sencilla y llanamente: no había otra forma de gobernar.

Esta observación tiene cierto interés, porque los críticos del pretendido neoliberalismo suelen presentar el nuevo pensamiento político latinoamericano como el resultado de una oscura conspiración de la derecha ideológica, cuando sólo se trata de algunas medidas parcialmente puestas en práctica por políticos que provenían de distintas familias de la vieja tradición revolucionaria latinoamericana. Carlos Salinas de Gortari había sido amamantado por las leyendas del Partido Revolucionario Institucional (PRI); Gaviria era un liberal colombiano, lo que casi siempre quiere decir un "socialdemócrata". Carlos Saúl Menem era un peronista de pura cepa, intimidantemente ortodoxo antes de llegar al poder; Pérez Balladares procedía del torrijismo más rancio y leal. Sólo en Chile puede hablarse de cierta carga ideológica, y también ahí los cambios en el terreno económico impuestos por Augusto Pinochet, luego respetados por los sucesivos jefes de Estado, no fueron tanto el resultado de las convicciones de los *Chicago boys*, como la consecuencia del fracaso del modelo dirigista, burocrático y antimercado iniciado por el conservador Alessandri, agravado por el socialcristiano Frei Montalva, y llevado hasta sus últimas y peores consecuencias por Salvador Allende, socialista. Es cierto que algunos economistas, como José Piñera, ejercieron su influencia sobre un general muy poco o nada instruido en el terreno de la economía, pero el más poderoso inductor de los cambios, el verdadero catalizador, fue la crisis total del anterior modelo.

## El *discurso moral*

Esta ausencia de propuestas concretas e inteligibles por parte de una izquierda enmudecida por la realidad, al margen de la creación de etiquetas como "neoliberalismo", se ha traducido en la elaboración de un discurso moral defensivo que hace las veces de doctrina sucedánea. Ya no es frecuente escuchar que la solución a nuestros males está en el marxismo o en cualquiera de las variantes socialistas. Eso hoy provoca risas o el bien ganado mote de "idiota latinoamericano". Ahora lo que se hace es denunciar el nuevo pensamiento político latinoamericano —ese que se deriva de la fallida experiencia del viejo— calificándolo de exclusivista y de pretender ser "único", como subrayan con frecuencia los enemigos de la libertad económica, como si las medidas encaminadas a reorganizar nuestras vapuleadas sociedades fueran una especie de consigna *goebbeliana* o de doctrina totalitaria.

Al mismo tiempo, los adversarios de los nuevos paradigmas, muy en su papel de catones del tercer mundo, llenos de santa indignación, les atribuyen a los "neoliberales" una total falta de compasión con los humildes, reflejada en el recorte de los míticos "gastos sociales". Pero no explican, por supuesto, por qué cuando estaban vigentes las viejas ideas estatistas —y entre ellas el abultado "gasto social"— se mantenía y hasta aumentaba el número de los desposeídos, mientras se ampliaba el déficit presupuestario y el endeudamiento del Estado. Tampoco se molestan en aclarar esa pregunta ordinaria y burguesa de quienes pretenden averiguar dónde están o de dónde saldrán los excedentes para sufragar el consabido gasto social. Dónde está el dinero, quién va a abonarlo y qué resultado tiene para el conjunto de la sociedad ese o cualquier otro esfuerzo realizado con el erario. También —y esto es acaso más importante— los defensores de las virtudes del gasto social probablemente no se han percatado de que el objetivo que debe perseguir toda sociedad sana es tener la menor cantidad posible de gasto porque las personas y las familias son capaces de ganar decentemente su propio sustento sin tener que recurrir a la solidaridad colectiva o la compasión de ciertos grupos piadosos. Incluso, hasta es posible formular una regla general que establezca que la calidad de un sistema político y económico se mide en función inversa a la cantidad de gasto social que la sociedad requiere para subsistir razonablemente. A más gasto social, más inadecuado resulta el sistema. A menor gasto social requerido, más flexible y exitoso es ese modelo que permite y estimula la creación de riquezas y la responsabilidad de los individuos.

Otra crítica moral, disfrazada de razonamiento técnico, es la que descalifica al mercado por sus innatas imperfecciones y porque supuestamente polariza la riqueza: el mercado, afirman los neopopulistas, hace a los ricos más ricos y a los pobres más pobres. En buena ley, quienes esto advierten no comprenden el mercado. Si por imperfección se entiende que ocurren periodos de crecimiento y periodos de contracción, por supuesto que es cierto, pero eso sólo prueba que el mercado es una dimensión cambiante, proteica, en la que millones de agentes, cada uno de ellos cargado de expectativas, van transformando la realidad económica. Tal vez no haya ciclos cortos y largos, como creía haber descubierto Nicolaj Kondratiev, pero no hay duda de que cada cierto tiempo se producen ajustes, correcciones y hasta enérgicas crisis. Por supuesto que el mercado no es perfecto en el sentido de evitar los fracasos o asegurar el enriquecimiento progresivo y permanente de todos. Claro que hay perdedores y ganadores, en muchos casos como consecuencia de la imaginación y la capacidad para innovar de agentes económicos más creativos y mejor organizados, pero eso no invalida al mercado. Pese a ello, sigue siendo el más eficaz modo de asignar recursos, deducir precios y formular transacciones. Más aún: esa ruina que algunos padecen en el mercado, o la fortuna que acompaña a otros, como señaló Schumpeter hace ya muchas décadas, es un proceso de "destrucción creativa" que va perfeccionando los bienes y servicios que se le brindan al consumidor. Es en el mercado donde la humanidad progresa. Es ahí donde se llevan a cabo las más formidables revoluciones. Donde no hay competencia, naturalmente, nadie quiebra, pero la sociedad se estanca. En Alemania Oriental ninguna empresa corría peligro y, por ende, ningún trabajador temía por su empleo siempre y cuando obedeciera bovinamente las instrucciones del Partido, pero era en la Alemania Occidental donde el nivel de vida y el confort alcanzaban las cotas más altas. Y tampoco es cierto que el mercado polariza las riquezas: mientras más abierto y libre, mientras con mayor facilidad puedan participar los agentes económicos, mejores posibilidades tienen los más pobres de crear y acumular riquezas. En Chile —por ejemplo— en los últimos siete años los niveles de pobreza han descendido del 46 por ciento de la población al 22 por ciento. En Taiwán sólo un 10 por ciento de la población puede calificarse como *extremadamente pobre*. En 1948 el 90 por ciento era miserable.

En todo caso, tras esa denuncia de "polarización" de los recursos que los neopopulistas lanzan contra los pretendidos neoliberales, se esconde una amarga censura moral contra el éxito económico. No es la pobreza de muchos lo que horroriza a los neopopulistas sino la riqueza de algunos. Los hiere que en pocos años alguien como Bill Gates acumule la mayor fortuna del planeta, pero no se percatan de que no es una riqueza arrebatada a otros, sino creada para su propio lucro y para el de millones de personas que de una u otra forma se han beneficiado del asombroso crecimiento de su compañía o de los productos puestos a disposición del mercado.

Por otra parte, ninguno de estos críticos de la economía de mercado jamás ha atacado a los sistemas fabricantes de miseria. Lo malo —para ellos— no es que el socialismo africano arruinara aún más a países como Tanzania, Mozambique, Angola o Etiopía, modelo al que no es "políticamente correcto" atacar. A los socialistas africanos no los juzgan por sus resultados sino por sus justicieras intenciones. Los neopopulistas no encuentran nada censurable en que el socialismo islámico empobreciera hasta la vergüenza a los argelinos, a los egipcios o a los tunecinos, empeorando sensiblemente la herencia colonial dejada por Europa. No se quejan nunca de esa implacable fábrica de mediocridad y estancamiento que fue el socialismo indio durante el largo periodo de estatismo y burocracia que siguió a la creación de la India independiente. En Cuba, lo que invariablemente subrayan del desastre económico, producido sin duda por el modelo soviético minuciosamente calcado y empeorado por Castro, es el embargo norteamericano, como si las restricciones al comercio entre los dos países, y no el disparate marxista, fueran responsables de lo que allí acontece. Lo que a los neopopulistas les mortifica es que en algunas sociedades ciertos segmentos de la población consigan atesorar riquezas. Ésa es la crítica de fondo que les hacen a los liberales Reagan o Thatcher. No importa la evidencia del resurgimiento de Inglaterra o que en los últimos veinte años la economía norteamericana —todavía bajo la influencia *reaganiana* independientemente de los años de gobierno demócrata o republicano— haya creado decenas de millones de puestos de trabajo en beneficio *también* de los más necesitados. Para los neopopulistas, el sistema europeo es moralmente superior, aunque la tasa de desocupados duplique la de Estados Unidos. Donde el desempeño económico de todos es mediocre, no hay nada que objetar. Donde algunos consiguen enriquecerse en medio de sociedades en las que todos o casi todos logran prosperar, se producen los más feroces y descalificadores ataques. La virtud, aparentemente, está en el igualitarismo. Los neopopulistas siguen pensando que lo bueno y lo justo es que todas las personas posean los mismos bienes y disfruten de los mismos servicios, independientemente del talento que posean, de los esfuerzos que realicen o de la suerte que el azar les depare.

Otro tanto ocurre con la revitalización del individualismo. Para los neopopulistas, el neoliberalismo ha traído aparejados un aumento repugnante de la codicia personal y una correspondiente disminución del espíritu solidario. Donde los liberales defienden la necesidad de Estados, instituciones y leyes neutrales, convencidos por la experiencia de que lo contrario conduce al clientelismo y la corrupción, los neopopulistas creen ver una absoluta falta de compasión a la que inmediatamente oponen el comunitarismo o cualquier otra variante vegetariana e inocua del socialismo. Donde los liberales hacen un llamado a la recuperación de la responsabilidad individual, exonerando a la sociedad de la improbable tarea de procurarnos la felicidad, los neopopulistas perciben rasgos de insolidaridad.

En rigor, lo que ha ocurrido es, a un tiempo, fascinante y sorprendente: los neopopulistas, que partieron de un análisis materialista, al perder la argumentación que poseían, se han apoderado del lenguaje religioso, renunciando al examen de la realidad. Ya no tienen en cuenta los hechos sino sólo las motivaciones. Han asumido un discurso teológico de culpas y pecados, en el que se valoran las virtudes del espíritu y se rechazan las flaquezas de la carne. Tener es malo. Luchar por sobresalir es condenable. Lo bueno es la piedad, la conmiseración, el apacible amor por el prójimo. Y nada de eso puede encontrarse en la "selva" del mercado, donde las personas luchan con dientes y uñas para aniquilar a los competidores. Ellos, en cambio, los neopopulistas, representan a los pobres, son los intermediarios de la famélica legión ante el mundo y los únicos capaces de definir el bien común. Ellos irán al cielo. Los neoliberales al infierno. En cierta forma se puede hablar de un debate posmoderno. Los neopopulistas han renunciado a la racionalidad. Les resultaba demasiado incómoda.

## 2. AQUELLOS POLVOS TRAJERON ESTOS LODOS

Por qué América Latina es la porción más pobre, convulsa y subdesarrollada de Occidente? Si hay algo que siempre resulta incómodo es encontrar responsables. ¿Hay culpables directos de nuestro fracaso relativo? Una posible aunque parcial respuesta es la siguiente: las *élites*, los grupos que orientan y dirigen cada estamento de la sociedad, quienes actúan desde cierta estructura de valores o desde ciertos presupuestos intelectuales que no son los más adecuados para propiciar la prosperidad colectiva. No hay, pues, un culpable. *Grosso modo*, los responsables son la mayor parte de quienes ocupan las posiciones de liderazgo en las instituciones y estructuras sociales. Ellos, hijos de una cierta historia, con su visión limitada, sus creencias equivocadas y con su conducta impropia alimentan un clima que propende a perpetuar la pobreza.

### Los políticos

Comencemos por los políticos, dado que se trata de los ciudadanos más visibles. Hoy es de tal naturaleza el descrédito de los políticos en América Latina, que para poder salir elegidos tienen que demostrar que no son políticos. Que son otra cosa: militares, reinas de belleza, tecnócratas. Cualquier cosa menos políticos. ¿Por qué? Porque la corrupción impune es casi la regla, y en épocas de crisis económicas las sociedades suelen ser rigurosas con los que han medrado. La escandalosa corrupción latinoamericana se expresa de por lo menos tres maneras nefastas: la clásica, que consiste en cobrar comisiones y sobornos por cada obra que se asigna o cada regla que se viola en beneficio de alguien. La indirecta, que es la corrupción que se permite para beneficiar a un aliado circunstancial. Existen, por ejemplo, políticos corruptores que son (o se creen) ellos mismos incorruptibles. El dominicano Balaguer o el ecuatoriano Velasco Ibarra fueron buenos ejemplos de políticos que personalmente no tenían apego a los bienes materiales, pero alimentaron en otros la codicia como una forma de sostenerse en el poder. Y la tercera corrupción, la más costosa: el clientelismo. La utilización frívola de los dineros públicos para comprar a grandes grupos de electores con prebendas y privilegios injustificables. Es como si los políticos no fueran servidores públicos elegidos para obedecer las leyes, sino grandes o pequeños autócratas que miden su prestigio por las normas que son capaces de violar, pues ahí radica la definición del verdadero poder en América Latina: son importantes porque están por encima de las reglas. No se encuentran sujetos al escrutinio ni a la auditoría del pueblo: son ellos los que vigilan al pueblo, aunque sea éste quien pague su salario.

No sería justo, sin embargo, cargar las tintas sobre los políticos. Las élites son, en gran medida, un reflejo de la sociedad en la que actúan. Si su conducta se alejara radicalmente de los patrones de comportamiento de la sociedad, serían rechazadas. Para que funcione un extendido sistema de relaciones clientelistas como el que está presente en América Latina, es necesario que en el seno de la sociedad prevalezca una especie de tolerancia cómplice con cuanto sucede. La verdad es que una parte sustancial de los latinoamericanos alimenta o tolera un tipo de relación en el que la lealtad personal se expresa en la entrega de privilegios, y en el peso relativamente escaso que se les concede a los méritos personales. El establecimiento de verdaderas "meritocracias", lamentablemente, forma parte de la retórica política y no del comportamiento real. Más aún: en una cultura como la latinoamericana, en la que el ámbito fundamental de la lealtad es el círculo de los amigos y de la familia, porque se

35

desconfía profundamente del sector público, y en la que la noción del bien común suele ser muy débil, es predecible que los políticos más exitosos sean aquellos que establecen una forma de recompensa para sus allegados y simpatizantes.

## Los militares

Si los políticos corruptos son y han sido responsables de numerosos males de América Latina, algo similar puede decirse de los militares. En nuestros días, mientras en el mundo democrático desarrollado se presume que el papel de los militares es proteger a las naciones de los peligros exteriores, en América Latina estos cuerpos de ejército se han autoasignado la tarea de salvar la patria de los desmanes de los civiles, imponer por la fuerza alguna versión cuartelera de la justicia social o, simplemente, mantener el orden público ocupando la casa de gobierno, actitudes que, *de facto*, los han convertido en verdaderas "tropas de ocupación" en sus propios países.

Se ha dicho que este comportamiento de los militares latinoamericanos es una directa influencia de la llamada "madre patria", pero la verdad histórica es que cuando se establecieron casi todas las repúblicas latinoamericanas, entre 1810 y 1821, los levantamientos militares en España habían sido excepcionales y poco exitosos. La época de los "pronunciamientos" en la Península coincide con fenómenos similares en América Latina, pero no los precede. Más bien pareciera que el caudillismo militar latinoamericano, que generó innumerables guerras civiles en el siglo XIX y largas dictaduras en el XX, es un fenómeno histórico básicamente latinoamericano, vinculado con una cierta mentalidad autoritaria que no respetaba la existencia de reglas o valores democráticos.

Aunque América Latina ha conocido dictaduras militares desde el surgimiento de la independencia, a partir de los años treinta y cuarenta del siglo XX, con Getulio Vargas en Brasil y Juan Domingo Perón en la Argentina, esas dictaduras, a veces santificadas en las urnas, se creyeron designadas por la Providencia para impulsar el desarrollo económico desde el Estado, y para encargarles a altos oficiales el desempeño de tareas gerenciales dentro de empresas estatales. La idea básica, siempre desmentida por la práctica, era que en naciones como las latinoamericanas, en donde las instituciones eran débiles y los hábitos desordenados, sólo las fuerzas armadas tenían el tamaño, la tradición y la disciplina para llevar a cabo la tarea de crear grandes empresas modernas capaces de competir en el complejo mundo industrial del siglo XX.

Esa injerencia de las élites militares en la gestión económica de América Latina ha sido nefasta para el desarrollo de la región. Primero, porque también y en gran medida fueron presa de la corrupción, pero, sobre todo, porque distorsionaron el mercado con empresas protegidas, tendentes al gigantismo y a la obesidad de las plantillas, convirtiéndose cada una de ellas en un coto privado dedicado a darles empleo a los simpatizantes del aparato militar, lo que significó una enorme pérdida de recursos para toda la sociedad. Al mismo tiempo, esas empresas, a salvo de la competencia en nombre de una supuesta importancia estratégica que las convertía en otra expresión del patriotismo, generalmente evolucionaban hacia la ineficiencia y el atraso.

No sería justo atribuir a los militares la exclusiva del caudillismo, porque es evidente que ha habido caudillos entre los civiles —Hipólito Yrigoyen, Arnulfo Arias, Velasco Ibarra y Joaquín Balaguer son casos notables—, pero es entre los hombres de uniforme donde se cuenta el mayor número de caudillos-dictadores: Juan Vicente Gómez, Rafael Leónidas Trujillo, Juan Domingo Perón, Tiburcio Carías, Jorge Ubico, Anastasio Somoza, Omar Torrijos, Alfredo Stroessner, Manuel Antonio Noriega o Fidel Castro, son buenos ejemplos.

El caudillo es algo más que un simple dictador que ejerce el poder por la fuerza. Es un líder en el que un número considerable de los ciudadanos, y prácticamente toda la estructura de poder, por las buenas o por las malas, delegan la facultad de tomar decisiones. Cuando en el caudillo concurren esas facultades de asumir personal y exclusivamente la representación del pueblo, a lo que se agrega el control total del aparato represivo, el resultado suele ser la creación de dictaduras torpes y costosas, en las que el endiosado militar confunde los bienes propios con los públicos y dispone de ellos de manera cruelmente dispendiosa.

## Los empresarios

Una de las mayores ironías políticas de América Latina es la frecuente acusación contra el "capitalismo salvaje", al que se le atribuye la miseria de ese 50 por ciento de latinoamericanos penosamente pobres que subsisten en casuchas de piso de tierra y techo de latón. La verdadera tragedia en América Latina es que hay pocos capitales, y una buena parte de esos recursos no está en manos de verdaderos empresarios dados al riesgo y a la innovación, sino en las de cautos especuladores que prefieren invertir su dinero en bienes raíces, a la espera de que el crecimiento vegetativo de la nación revalorice sus propiedades. Éstos no son, realmente, modernos capitalistas, sino meros terratenientes que parecen sacados de épocas feudales.

Pero aún peor que ese tipo de pasivo inversionista en bienes inmuebles es el empresario "mercantilista", ese que busca su beneficio en la relación con el poder político y no en la competencia y el mercado. Este tipo de empresario, naturalmente, para poder obtener privilegios que lo enriquezcan, tiene que repartir una parte de sus beneficios con los políticos que hacen las reglas, creándose con esta práctica un círculo vicioso en todos los sentidos de la palabra y de la metáfora. Los políticos, disfrazando generalmente sus intenciones tras un discurso patriótico y nacionalista, a cambio de sobornos crean las normas para que los empresarios cómplices salgan beneficiados. Los empresarios aumentan su poderío económico, multiplican su capacidad de corromper a los políticos, y así hasta el infinito.

Las formas en que se establecen estos pactos contrarios a la esencia del capitalismo son diversas: la más frecuente es la tarifa arancelaria proteccionista. Se obliga al consumidor local a pagar más por bienes o servicios que los productores del exterior pueden proporcionar a mejor precio y calidad. O, pretextando razones nacionalistas o economías de escala, se entrega en exclusiva al empresario mercantilista un mercado cautivo de compradores que no tienen posibilidades de seleccionar otras opciones. A veces, se recurre a juegos contables o subsidios: se otorgan privilegios tributarios, se premia con dinero procedente del fisco ciertas actividades en detrimento de otras, se conceden intereses por debajo de la media del mercado, abonando el Estado la diferencia, o se obsequian préstamos a fondo perdido. ¿En beneficio de quiénes? De los cortesanos, por supuesto.

Pero quizás donde más escandalosas han sido las relaciones entre estos empresarios mercantilistas y los gobernantes corruptos, es en la concesión de divisas a precios preferenciales para la importación de insumos dirigidos a la industria local. En países en los que los dólares tenían hasta tres precios distintos, quienes poseían las relaciones adecuadas podían adquirir las divisas a un precio preferente, vender una parte secretamente, realizar las importaciones con la otra, y ver mágicamente duplicadas sus ganancias.

Se dirá, no sin razón, que esas prácticas nocivas no son exclusivas de los latinoamericanos, pero lo grave es la frecuencia y la intensidad con que eso sucede en América Latina, y —sobre todo— la indiferencia y la impunidad con que ocurre. Es como si la población no fuera capaz de advertir que el dinero mal habido que reciben los empresarios mercantilistas por la compraventa de influencias, directa o indirectamente sale de los bolsillos de quienes pagan los impuestos, y mucho menos es capaz de percibir que esa manera de actuar aumenta el costo general de las transacciones, encareciendo sustancialmente las vidas de las personas y empobreciendo aún más a los desamparados.

*Los curas*

Es doloroso tener que incluir a los sacerdotes entre las élites que provocan la miseria de las muchedumbres en América Latina, pero no queda otro remedio. Es doloroso, primero, porque no son todos los sacerdotes, sino sólo quienes mantienen una prédica constante contra la economía de mercado, y quienes justifican la antidemocrática vulneración del Estado de Derecho. Y, segundo, porque aun los sacerdotes que adoptan estas actitudes lo hacen imbuidos de las mejores intenciones. Lo hacen convencidos de que defienden una forma de justicia social, cuando, en realidad, están condenando a los pobres a no poder superar jamás la miseria en que viven. Nunca ha sido más cierta la vieja frase de que "el camino del infierno está empedrado de buenas intenciones".

En líneas generales, desde la segunda mitad del siglo XIX, la Iglesia católica apenas posee otros bienes que escuelas, ciertos hospitales y algunos medios de comunicación. No hay duda de que quien fue el mayor propietario de riquezas en Occidente hace mucho tiempo dejó de ser un actor importante en el terreno económico, pero eso no le resta peso a la Iglesia en este campo, especialmente de carácter moral. La Iglesia todavía posee la capacidad de legitimar o desacreditar ciertos valores y actitudes, y eso conlleva unas notables consecuencias en el desarrollo económico de las personas.

Lo que los obispos y los llamados "teólogos de la liberación" llaman "neoliberalismo salvaje" no es otra cosa que un conjunto de medidas de ajuste con que se intenta paliar la crisis económica de la región: disminución del gasto público, recorte de la plantilla oficial, privatización de las empresas estatales, equilibrio presupuestario y control riguroso de la emisión de moneda. Es decir, puro sentido común ante el fracaso de cierto modelo intervencionista que, con diversos matices, se puso a prueba infructuosamente en América Latina durante más de medio siglo. Y estas medidas, demonizadas por los religiosos, no son distintas de las que los propios países opulentos de Europa desde los acuerdos de Maastricht se exigen entre ellos mismos para participar de la moneda común. Se trata de tener o no tener una política económica sensata. Nada más.

Al margen de esta incomprensión de lo que es un marco macroeconómico saludable, hay un daño aún más devastador que estos religiosos les infligen a los pobres: el anatema contra el espíritu de lucro, la condena de la competencia y de lo que ellos llaman el "consumismo". Se apiadan de la pobreza que estas personas sufren, pero de una manera confusa les dicen que poseer bienes es pecaminoso, y les advierten que hay algo censurable en la sicología y en la conducta de quienes se esfuerzan denodadamente por triunfar en el mundo económico. Es decir, predican las actitudes exactamente contrarias a la sicología del éxito.

Todavía más: los llamados "teólogos de la liberación", como puede leerse en la obra de Gustavo Gutiérrez, el pionero de este grupo de influyentes pensadores, llegaron a afirmar (y nunca públicamente se han arrepentido) que ante la inevitabilidad del subdesarrollo, como consecuencia de los pérfidos designios del primer mundo, quedaba justificado el recurso de la violencia armada, pues era la única vía de abandonar la pobreza. Algo de esto se observa, por ejemplo, en el apoyo que muchos religiosos hoy les dan a los "invasores" que ocupan ilegalmente tierras privadas o del Estado, sin percatarse de que esta agresión al Estado de Derecho genera una total desconfianza en los inversionistas, y a medio y largo plazo provoca un mayor empobrecimiento del conjunto de la sociedad.

## Los intelectuales

Hay pocas culturas en las que los intelectuales tengan tanta visibilidad como en la iberoamericana. Es algo que probablemente proviene de la influencia francesa, donde sucede algo parecido. La justa fama que adquiere un novelista latinoamericano por la calidad de su prosa o por la originalidad de sus invenciones —hubiéramos podido poner de ejemplo un pintor o un músico— enseguida se extiende a todos los aspectos de la vida pública. Se le consulta sobre la guerra de los Balcanes, sobre las virtudes de la fecundación *in vitro* o sobre las calamidades de la privatización de los bienes del Estado.

Esta característica de nuestra cultura no tendría mayor relevancia si no tuviera ciertas consecuencias. Esa *todología* —la facultad de hablar de todo sin pudor ni limitaciones a la que se entregan nuestros intelectuales con gran ardor— tiene una contrapartida: cuanto los intelectuales afirman y reiteran acaba por convertirse en un elemento clave en la creación de la cosmovisión latinoamericana. Si entre los intelectuales predomina un excéntrico discurso antioccidental, antiyanqui, antimercado, esa percepción de los problemas de la sociedad, adversaria del progreso y contraria a la experiencia de las veinte naciones más desarrolladas y prósperas del planeta, acaba por generar un clima que debilita el establecimiento de la democracia e impide que arraigue una razonable confianza en el futuro. Si los intelectuales se convierten, como es frecuente en América Latina, en los tenaces heraldos de una atemorizante alborada revolucionaria, ¿cómo sorprendernos de que los ahorros emigren a otras latitudes o de que nuestras sociedades vivan en un permanente sobresalto, convencidas de la provisionalidad del sistema económico y político en que vivimos?

Y lo que numerosos intelectuales anuncian desde los periódicos, los libros y revistas, la radio y la televisión, se repite en la mayor parte de los centros universitarios de América Latina. La universidad latinoamericana, la pública y muchas privadas, con algunas excepciones, es una especie de arcaico depósito de viejas ideas marxistas sobre la sociedad y la economía. En ellas se continúa insistiendo en el carácter dañino de las inversiones multinacionales, en los destrozos causados por la globalización y en la intrínseca perversidad de un modelo económico que deja la asignación de recursos a las demoniacas fuerzas del mercado. Mensaje que explica la estrecha relación que existe entre las lecciones que los jóvenes universitarios recibieron en las universidades y su vinculación con grupos subversivos como Sendero Luminoso en Perú, los Tupamaros en Uruguay, el Movimiento de Izquierda Revolucionaria en Venezuela, el M-19 en Colombia, el Frente Farabundo Martí en El Salvador o los pintorescos encapuchados *zapatistas* del subcomandante Marcos en México. Las armas con que estos jóvenes latinoamericanos se lanzaron a las selvas y montañas habían sido cargadas en las aulas universitarias, algunas de ellas —la UCA salvadoreña, por ejemplo— dirigidas por religiosos.

En todo caso, junto a la sorpresa que pueden causar unas instituciones inmunes a la experiencia, hay otra perplejidad de mayor rango: ¿cómo es posible que esas facultades universitarias, llenas de inquietos profesores a los que no sería justo negarles inteligencia e información, no hayan producido ideas originales, independientes, en prácticamente ningún ámbito del saber humano? Cuatrocientos años de universidades, cuatro siglos de saberes aprendidos y transmitidos, no han servido para prender la chispa de la creación en el mundo de las ciencias puras o en las llamadas ciencias sociales.

Pero si la universidad latinoamericana —con tenues y honrosas excepciones— ha fallado como centro creativo independiente, limitándose a ser una especie de incansable repetidora de ideas desgastadas y polvorientas, más estremecedor resulta el hecho de que ni siquiera exista una relación estrecha entre la preparación que reciben los alumnos y las necesidades reales de la sociedad. Es como si la universidad existiera en el vacío, rencorosamente opuesta a un modelo social que le repugna, sin preocuparse de preparar buenos profesionales destinados a mejorar la situación de las naciones que reciben de sus mayores. Fracaso sangrante e injusto, cuando sabemos que en América Latina la mayor parte de las universidades públicas suele costearse desde los presupuestos generales del Estado, esto es, con el aporte de toda la nación, pese a que el 80 o 90 por ciento de los estudiantes que acceden a sus aulas pertenece a las clases medias y altas del país. Es decir: se produce una transferencia de recursos de los que menos tienen hacia los que más tienen, y ese sacrificio trae como consecuencia el mantenimiento de la vigencia de unas ideas absurdas que contribuyen a perpetuar la miseria de los más pobres.

### Las izquierdas

Por último, otras dos elites latinoamericanas han sido un permanente obstáculo para el desarrollo económico de la región: los sindicalistas enemigos del mercado y de la propiedad privada, y esa categoría latinoamericana tan especial constituida por los llamados "revolucionarios".

Claro que hay un sindicalismo sensato, encaminado a defender los legítimos intereses y derechos de los trabajadores, pero, desgraciadamente, no es éste el que parece prevalecer en el panorama laboral de América Latina. Los sindicalistas que consiguen arrastrar a las masas son los que se oponen a la privatización de los bienes del Estado, aunque se trate de empresas que llevan décadas perdiendo millones de dólares, y aunque los servicios que deban prestar sean terriblemente defectuosos o sencillamente inexistentes. O son esos maestros que llevan a cabo huelgas salvajes porque se niegan a que la sociedad, que les paga sus salarios, les mida sus conocimientos en pruebas estandarizadas. O son esas aristocracias sindicales, frecuentemente corruptas, que administran y saquean las cajas de jubilaciones de sus asociados o los sistemas de salud por ellas administrados.

Dos conceptos son, además, singularmente nefastos en boca de estos sindicalistas: el del "gasto social" y el de la "conquista social". Para estas personas, la calidad de un Estado se mide por la cuantía del gasto social en que incurre, sin percibir que el objetivo de cualquier sociedad sana es reducir paulatinamente ese llamado "gasto social" hasta que sea innecesario. Lo ideal es que los ciudadanos vivan de su trabajo y ahorren responsablemente para cuando llegue el momento de la vejez, sin necesitar la ayuda de sus compatriotas. El gasto social, como se ha afirmado anteriormente, no debe ser un objetivo permanente, sino una ayuda circunstancial.

En cuanto a las "conquistas sociales irrenunciables", los sindicalistas parten de otro grave error: no darse cuenta de que la empresa moderna tiene que ser flexible y capaz de adaptarse a circunstancias cambiantes. Cuando los sindicalistas endurecen y encarecen las condiciones de los ajustes de plantilla, o cuando establecen modos rígidos de contratación y remuneración, lo que consiguen es que la empresa pierda competitividad, se debilite peligrosamente, y que el número de los desempleados no descienda, puesto que la contratación se convierte en un riesgo enorme para la empresa.

Los "revolucionarios", por su parte, son unos personajes propios del panorama político de América Latina. En esencia, se trata de elementos radicales convencidos de que poseen una especie de patente de corso que los habilita para violar las leyes en nombre de la justicia social. Algunos se limitan a predicar la revolución sin hacer nada para lograr que triunfe, pero otros se lo toman más en serio. Para estos revolucionarios, casi siempre colocados bajo la advocación del Che Guevara, es lícito recurrir a la violencia política sin mirar las consecuencias de sus actos. Para ellos el Estado es ilegítimo y se justifica combatirlo desde todas las trincheras. Unas veces puede ser la simple algarada callejera, otras, el sabotaje, el secuestro, el atentado o la guerrilla. ¿Cuánto les han costado a las naciones latinoamericanas las acciones de esta indómita tribu de revolucionarios? La suma es incalculable, pero deben de ser una de las mayores causas del subdesarrollo de la región, no sólo por la destrucción directa de las riquezas existentes, sino por haber impedido la creación de nuevas riquezas e interrumpido ese largo y frágil ciclo de ahorro, inversión, obtención de beneficios y nuevas inversiones en que inevitablemente descansa la prosperidad de los pueblos.

Seguramente, con las elites mencionadas no concluye la lista de quienes mantienen a los latinoamericanos en la miseria, pero no hay duda de que se han ganado a pulso su participación en esta triste nómina. Ojalá que identificarlas, denunciar su comportamiento y rebatir sus falaces argumentos contribuya a mejorar la situación de los desposeídos en ese continente. Iniciado el tercer milenio clama al cielo que el 50 por ciento de los latinoamericanos apenas pueda sobrevivir. Algo hay que hacer para aliviar esa desgraciada circunstancia.

# 3. LA LIBERTAD ECONÓMICA Y SUS ENEMIGOS: FALACIAS Y PARADOJAS*

Algunas veces en España, en medio del fragor de graves discusiones políticas, medio en broma y medio en serio, he escuchado una frase sorprendente: "Me contradigo, ¿y qué?". Súbitamente, acorralado en el terreno dialéctico, uno de los interlocutores renuncia al diálogo racional y afirma simultáneamente una cosa y la contraria, vaciando el debate de coherencia lógica.

Algo así sucede con la argumentación de los enemigos de la libertad de comercio y la integración. Lo que sigue, pues, son sólo unas cuantas observaciones dedicadas a tratar de desmontar algunas falacias y exponer ciertas inquietantes paradojas.

## Ideas viejas

En primer término, es conveniente dejar en claro un dato histórico clave: los enemigos de la libertad económica y de la integración no representan la modernidad sino la reacción y las posiciones más retrógradas. Casi todo el análisis que hacen repite las viejas ideas de los mercantilistas de los siglos XVII y XVIII. Fue Jean Baptiste Colbert, ministro de Luis XIV y padre del nacionalismo económico, quien a mediados del siglo XVII creó el Estado centralista, dirigista, empresario y proteccionista, dotado de miles de inspectores que controlaban precios y salarios.

---

* Seminario organizado por Atlas Economic Research Foundation, Miami, 20 de noviembre de 2003, durante la reunión de ALCA.

Fueron los mercantilistas de esa época los que propagaron el costoso error de sostener que el objetivo de las transacciones internacionales era alcanzar una balanza comercial positiva, prohibiendo a toda costa las importaciones de productos manufacturados para proteger de la competencia a los empresarios nacionales, generalmente cortesanos privilegiados por la realeza.

Esos planteamientos económicos parecían haber sido derrotados por las reflexiones de François Quesnay, Frédéric Bastiat, David Hume y, sobre todo, por Adam Smith, pero no hay nada más terco y resistente que un error atractivo, de manera que a principios del siglo XXI la llamada "izquierda progresista" ha asumido como suyos los planteamientos económicos y una buena parte de la ideología de las casas reinantes europeas del periodo del absolutismo, época anterior a las revoluciones francesa y norteamericana y a las guerras de independencia de América Latina.

## Progresistas verdaderos y falsos

Esto nos trae de la mano una expresión que acabo de utilizar, "izquierda progresista", porque es justo señalar, aunque sea de pasada, que la experiencia demuestra que las ideas económicas que defienden los representantes de la "izquierda progresista" no sólo datan de los siglos XVII y XVIII sino que son, precisamente, las de los países que menos progresan. En efecto, los países más ricos son los que muestran economías abiertas, han optado por el mercado renunciando a la planificación, poseen las menores protecciones arancelarias, y comercian intensamente con el resto del mundo, como sucede con Estados Unidos, Europa Occidental o Japón. En la otra punta del ejemplo, los países más pobres, como Corea del Norte, Egipto o Cuba, son los que optaron por la autarquía, el estatismo y las restricciones al comercio internacional. En consecuencia, son los que menos progresan e, incluso, los que más temen y rechazan el progreso. Algo realmente insólito, porque en la segunda mitad del siglo XX, con los ejemplos de los llamados "tigres o dragones de

Asia", más los casos de España, Chile, Irlanda, Portugal o Nueva Zelanda, parecía evidente cuál era la ruta del verdadero progreso y cuál la del estancamiento y la pobreza. Por qué la izquierda supuestamente progresista se empeña en copiar los ejemplos fallidos en lugar de los exitosos pertenece al terreno de la siquiatría y no al de las ciencias económicas.

## Reacción y soberanía alimentaria

¿Por qué afirmo que estos países temen y rechazan el progreso? Basta leer el texto de Hugo Chávez en la conferencia de la Asociación Latinoamericana de Integración (ALADI) celebrada en Montevideo el 16 de agosto de 2002, de donde entresaco el siguiente párrafo en el que el presidente venezolano explica por qué se opone a la liberalización del comercio agrícola:

"La agricultura es una actividad fundamental para la supervivencia de la propia nación: es mucho más que la producción de una mercancía. Es el fundamento para la preservación de opciones culturales, es una forma de ocupación del territorio y relación con la naturaleza, tiene que ver con la seguridad y soberanía alimentarias".

Esa visión casi esotérica de la agricultura, muy reaccionaria, le impide advertir al ex teniente coronel que uno de los síntomas de prosperidad y progreso es, precisamente, la reducción creciente del número de agricultores en beneficio de los sectores industriales y de servicios, porque carece de sentido empeñarse en la producción ineficiente y costosa de alimentos cuando es posible conseguir mejores condiciones de vida para los trabajadores y disminuir los índices de pobreza especializándose en aquellos rubros en los que se es eficiente y se le puede agregar valor a la producción.

¿Qué habría sido de Taiwán si los habitantes de esa isla se hubieran empeñado en ser, como eran en 1948, unos pobres productores de arroz? Hoy sería tan pobre como Birmania o Laos. ¿Qué habría pasado si Puerto Rico hubiese insistido en mantener una economía azucarera para defender "opciones culturales" y su tradicional "relación con la naturaleza"? No podría, con sus cuatro millones de habitantes, como sucede en nuestros días, exportar más de 30 mil millones de dólares y tener, junto a Chile, el per cápita más alto de América Latina.

## El mito de la autarquía

Pero vale la pena detenerse en la idea de "soberanía alimentaria". Estamos ante otra expresión de paranoia económica. La frase encierra el temor de que el país no pueda alimentarse porque nadie querría venderle comida, y, además, la superstición de que es conveniente no depender de importaciones del extranjero para nutrir a la población. Ésa era, por cierto, una de las propuestas del norcoreano Kim Il Sung dentro de lo que llamaba "la idea Suche", columna vertebral de la fiera autarquía con que pensaba defender a Corea del Norte de las influencias exteriores, disparate que acabó provocando una terrible hambruna que en la década de los noventa les costó la vida a dos millones de personas.

Antes de esta consigna, hubo otras parecidas que provocaron la obesidad creciente de los Estados embarcados en la dirección del nacionalismo económico. Se hablaba —y se habla— de "industrias y servicios estratégicos" a los que el Estado supuestamente no podía renunciar, como, por ejemplo, la producción y distribución de energía, la minería, las comunicaciones, los transportes, la marina mercante, la aviación comercial, la banca, los seguros, los sistemas de jubilaciones, la sanidad o la educación. Cada actividad empresarial era presentada como consustancial a la soberanía y se "demostraba" la necesidad de mantenerla dentro del perímetro del Estado y bajo la administración del gobierno, aunque fuera un foco de corrupción, clientelismo e ineficiencia que empobreciera notoriamente a la sociedad.

## Asimetría, desigualdades y otras falacias

Otro de los argumentos más populares en contra de la integración de los mercados es la "asimetría". América Latina no debe asociarse a Estados Unidos y Canadá en un organismo como ALCA hasta que el sur y el norte del continente tengan niveles parecidos de desarrollo y similar capacidad productiva. Para lograr ese objetivo, Estados Unidos y Canadá deben transferir parte de sus riquezas al sur, de manera que se obtenga cierto equilibrio. Al fin y al cabo, la Unión Europea contempla y asigna fondos de cohesión social para asistir a las naciones más pobres.

La idea de establecer una forma de transferencia de rentas de países ricos a países pobres para establecer lazos comerciales abiertos se basa en dos falsas premisas. La primera y más popular consiste en suponer que la riqueza del más poderoso se debe al despojo de que ha sido víctima el más débil, una superstición que también data de la época del mercantilismo y de los entonces llamados "pactos coloniales". La segunda radica en percibir la riqueza como un botín estático que quien lo posee debe entregarlo a quienes no lo tienen para lograr que se desarrollen, ignorando que la riqueza se crea precisamente estimulada por el comercio vigoroso. México, por ejemplo, se ha beneficiado visiblemente del TLC, de la misma manera que España o Portugal han avanzado extraordinariamente, y no por los fondos de cohesión que reciben de la Unión Europea —apenas un 1 por ciento de su crecimiento—, sino, simplemente, integrándose en una atmósfera económica, técnica y científica más rica que la autóctona, en la que han podido obtener capital, *know-how* y economía de escala. Como sabe cualquier persona con un poco de sentido común, en las transacciones entre ricos y pobres, son los pobres los que tienen más posibilidades potenciales de beneficiarse.

Por otra parte, si se acepta la "injusticia" o inequidad que se deriva de la desigualdad en los niveles de desarrollo entre países, y la obligación moral que tienen los más poderosos de dar ventajas en sus relaciones comerciales a los más pobres, habría

50

que pensar en alguna fórmula internacional compensatoria que afectara a todos por igual. Es cierto, por ejemplo, que los estadounidenses tienen cuatro veces la renta per cápita que poseen los mexicanos. Pero, a su vez, los mexicanos tienen cuatro veces la renta per cápita de los hondureños o nicaragüenses. ¿Estarían dispuestos los mexicanos a transferir parte de sus riquezas a los vecinos centroamericanos para construir una zona comercial más equitativa? ¿Lo harían los dominicanos con relación a Haití, los chilenos con respecto a Perú y Bolivia, los argentinos en sus transacciones con Paraguay?

Es bueno advertir que la llamada asimetría forma parte natural de la historia del desarrollo, y está presente en todas partes, incluso dentro de las mismas naciones. Massachusetts, por ejemplo, tiene el doble de renta per cápita que Mississippi. Lo mismo sucede con Buenos Aires con relación a La Rioja, Madrid cuando se contrasta con Extremadura, Ciudad de México si se compara con Chiapas o el gran São Paulo enfrentado al miserable nordeste de Brasil. ¿Tendría algún sentido establecer formas distintas de comerciar entre estas regiones sólo porque unas son más pobres que las otras? ¿No se estaría con ello penalizando la enérgica creatividad de ciertos polos de desarrollo?

Pero hay más: esa neurótica búsqueda del igualitarismo como objetivo económico y ético, desplegada hasta sus últimas consecuencias, nos lleva directamente al conflicto social. Si es injusto e inmoral que un país haya alcanzado unos niveles de riqueza mucho más elevados que su vecino, ¿qué diremos de las diferencias entre las personas? En fin de cuentas, cuando afirmamos que un país es rico o pobre lo que estamos diciendo es que hay una cantidad sustancial de personas ricas o pobres en ese país. Si un profesional en el Distrito Federal de México, por ejemplo, gana veinte veces más al mes de lo que gana un campesino mexicano en Quintana Roo o en Guerrero, ¿qué parte de esa diferencia en nivel de rentas debería remitirle el profesional de la capital a su compatriota rural para que haya "simetría" y "equidad" en las relaciones entre ellos?

## Modo de producir y modo de consumir

En general, cuando los enemigos de la libertad económica demandan equidad y exigen transferencias de rentas de los países más ricos para lograr un mundo más justo, lo que están comparando son patrones de consumo. Ven que sus vecinos ricos tienen viviendas confortables, automóviles, múltiples electrodomésticos, sanidad, educación, comunicaciones, abundante alimentación y vestido, mientras la realidad material de ellos es sórdida y carente de esperanzas.

En efecto, hay en el planeta veinte naciones prósperas a las que decenas de millones de personas quisieran emigrar, mientras hay otras veinte que son terriblemente miserables y de las que casi todo el mundo desea escapar. Es cierto: hay, de una parte, suizos o daneses, y de la otra, bengalíes o haitianos. Pero lo que los enemigos de la libertad económica no suelen entender es que las diferencias entre las pautas de consumo son una consecuencia de las pautas de producción. En las veinte naciones más desarrolladas existe la propiedad privada, se respeta el Estado de Derecho, hay menores índices de corrupción, se ha realizado durante mucho tiempo un gran esfuerzo en materia educativa y la sociedad civil es el gran protagonista en el terreno económico. En todas ellas, el Estado se administra con cierta sensatez, el Poder Judicial funciona razonablemente, las instituciones son sólidas y los empresarios pueden hacer planes a largo plazo. En todas ellas se ahorra, se invierte, se investiga y se compite tenazmente por conquistar cuotas de mercado en un tenso proceso productivo que poco a poco va enriqueciendo al conjunto de la sociedad.

Por otra parte, en todas ellas existe una cultura empresarial más o menos homogénea que permite que un empresario sueco, digamos, IKEA, utilice capital alemán para desarrollar una cadena de tiendas en Estados Unidos, que Honda y Toyota envíen a sus ejecutivos japoneses para crear fábricas en Irlanda o en Grecia, o que los expertos de Disney instalen un parque de atracciones en la vecindad de París. En síntesis, el primer mundo es un gran espacio económico en el que los modos de producción y administración son parecidos, intercambiables, y todos se benefician de las interacciones con todos, aunque la renta per cápita de Luxemburgo duplique la de Grecia o triplique la surcoreana.

Pero los enemigos de la libertad económica, casi siempre provenientes del tercer mundo, no quieren tener los patrones de comportamiento cívico o los modos de producción de las sociedades del primero, sino sus patrones de consumo. Y todavía quieren algo más curioso: que el primer mundo subsidie su terca ineficiencia para poder persistir en el error a costa de la permanente transferencia de rentas desde los bolsillos de los trabajadores de las naciones del primer mundo a las arcas de gobiernos corruptos e ineptos que no quieren cambiar sus formas de producir o de gestionar el Estado.

## Consenso de Washington y Acuerdo de Maastricht

No hay quejas más frecuentes en los labios y en las pancartas de los enemigos de la libertad económica que las que se escuchan contra el Fondo Monetario Internacional o el Banco Mundial, dos entidades que no siempre aciertan en sus recomendaciones, pero es bueno recordar que las medidas de buen gobierno que estos organismos prescriben o exigen a quienes llaman a sus puertas son similares a las que las naciones del primer mundo se exigen entre ellas para concertar sus políticas públicas comunes, sin que a nadie se le ocurra acusar al otro de atropellar sus derechos.

Si hay dos recetarios parecidos son los que recogen el llamado Consenso de Washington, destinado a definir los cambios en las políticas públicas latinoamericanas, y el Acuerdo de Maastricht, pactado entre los Estados europeos decididos a contar con una moneda común. Los enumero sucintamente: equilibrio fiscal, reducción del gasto público, control de la inflación, limitación de la deuda externa, privatización de las empresas públicas, flexibilización del sistema de contratación, desmantelamiento de las barreras arancelarias y apertura de mercados. Es decir: sensatez y sana ortodoxia económica para poder continuar prosperando.

No obstante, es ingenuo esperar que de la argumentación persuasiva se derive un cambio en las creencias y actitudes de los enemigos de la libertad económica y del comercio internacional. Cuando se juzga la realidad desde la perspectiva ideológica, los prejuicios y el victimismo, la imagen que se obtiene siempre llega distorsionada. Y si no es así, siempre queda el recurso retórico de gritar: "Sí, me contradigo, ¿y qué?".

# 4. EL LIBERALISMO Y LA JUSTICIA SOCIAL

Acerquémonos a la cifra más elocuente: pueblan el planeta unos 6 mil millones de habitantes, de los cuales, *grosso modo*, un 20 por ciento podría clasificarse como "rico", pues produce, posee o consume el 80 por ciento de la riqueza que genera nuestra especie.

Naturalmente, pobreza y riqueza son siempre medidas relativas. Sabemos que República Dominicana y Haití son desconsoladoramente pobres porque contrastamos esas sociedades con la belga o la danesa. Pero en el caso de que un cataclismo bíblico borrara de la faz de la tierra a todos los países —y con ellos su memoria— menos a los habitantes de esa hermosa isla antillana, veríamos cómo los dominicanos, si compararan su nivel de vida con el de sus vecinos haitianos, súbitamente se habrían convertido en un pueblo "rico".

También resulta un tanto arbitrario hablar de la pobreza y el atraso de —por ejemplo— los brasileros comparados con los suizos. Depende de cuáles brasileros y cuáles suizos, pues la clase alta de Brasil tiene formas de vida prácticamente similares a las que exhibe la clase alta suiza. Donde se encuentran las diferencias abismales es en los niveles sociales bajos. Un suizo "pobre" es una especie de Creso cuando se lo compara al habitante de una favela brasilera, y la distancia que lo separa de un suizo rico no es tan radicalmente desproporcionada. Ambos suizos —los ricos y los pobres— comparten los dones de la luz eléctrica, el agua potable, alimentos nutritivos, suficiente abrigo, acceso a la educación, a la sanidad, al amparo de la ley y a la protección de las fuerzas públicas. Un brasilero pobre carece de todo eso, a lo que se suma un agravante númerico: menos del 10 por ciento de los suizos puede considerarse "pobre", mientras la mitad de los brasileros vive en una atroz miseria.

Dentro de cada nación, incluidas las muy pobres, esa diferencia entre los que todo lo tienen y los que casi nada poseen vuelve a reproducirse, aunque es probable que las proporciones varíen. En Bangladesh o en Mali, el porcentaje de ricos o de niveles sociales altos debe estar bastante por debajo del 5 por ciento de la población. En general, mientras más miserable es una sociedad, mayores son las diferencias que se observan entre la cúpula y la base. En todo caso, el consenso más amplio es que esas diferencias son contrarias a nuestros valores morales y enemigas de nuestro orden social. De ellas —se nos ha dicho incontables veces—, al margen de lacerar nuestra sensibilidad, surgen las protestas, las revoluciones y los más graves conflictos. En mil oportunidades nos han contado la historia de la pobre María Antonieta, esposa de Luis XVI, ciega y sorda ante la miseria de los franceses, a quien le intrigaba por qué sus compatriotas no comían tortas ante la ausencia de pan para llevarse a la boca. Y en esa estúpida duda se supone que está la explicación final de la Revolución francesa y de todas las revoluciones contemporáneas: la atrofia moral de una clase que no percibe la "injusticia social" y no es, por tanto, capaz de calibrar correctamente el inmenso peligro que se cierne sobre ella.

## El origen de esas diferencias

Sin embargo, es probable que las diferencias de riquezas que se poseen formen parte del orden natural de las cosas y sean, en gran medida, una consecuencia de la diversidad que prevalece entre las personas que componen la especie. Y ni siquiera se trata de un fenómeno moderno o contemporáneo. Por lo que sabemos de las culturas primitivas, parece que el "jefe" o el "uno" de los cazadores satisfacía sus necesidades primero, antes que los que lo seguían, tal y como se observa en muchos mamíferos depredadores. El acceso a la "propiedad" —acaso un ciervo destripado a pedradas— estaba sometido a una rígida jerarquía que se establecía por métodos violentos o por gestos simbólicos que presagiaban una feroz represalia contra el que no se sometiera a la ley del más fuerte.

¿Había "ricos" y "pobres" en aquel mundo primitivo que deambulaba por las sabanas o se escondía en el sofocante calor de las selvas? Por supuesto: las diferencias entre las personas generaban diferencias en los grados de acceso a la riqueza. La mayor cantidad de proteína, las hembras más atractivas, las pieles más cálidas para cubrirse o las mejores cuevas para guarecerse generalmente eran posesión de los mejor dotados. El más tenaz y resistente perseguía a su presa por más tiempo hasta que la alcanzaba. El más inteligente en la colocación de trampas cobraba las mejores piezas. El más alto y fuerte utilizaba lanzas más largas y arcos más grandes y tensos, como han demostrado los yacimientos de armas arrojadizas pertenecientes al paleolítico, o como se comprueba hoy mismo entre los escasos pueblos que todavía reproducen esas antiguas formas de precaria convivencia.

Naturalmente, entonces como ahora el grado de riqueza es el resultado de una comparación que no siempre es fácilmente perceptible para el ojo poco educado. Un observador sin adiestramiento que se interne en la selva amazónica tenderá a creer que "todos los indios tienen el mismo nivel de vida", hasta que poco a poco descubrirá las diferencias y privilegios que separan a los guerreros de los chamanes, a los hombres de las mujeres o a los jóvenes de los ancianos, diferencias que casi invariablemente se traducen en el acceso a los bienes de consumo, incluidos los adornos y las marcas corporales que señalan la estratificación social imperante.

¿Había entre estos remotos abuelos nuestros algo parecido a la "justicia social"? No exactamente. Existían formas de jerarquizada colaboración y algo muy borroso y discutible que podríamos llamar "instinto familiar de protección", pero entre los humanos parece que el surgimiento de la compasión y la caridad fue una consecuencia de la aparición de excedentes alimentarios tras el desarrollo de la agricultura y de la técnica de conservación de los animales muertos. Aprender a cultivar lentejas o a salar las carnes permitió un salto ético cualitativo en nuestra especie. Ya se podía ser "bueno" con el extraño sin esperar nada a cambio porque existían bienes disponibles para ello. Durante milenios, antes de existir esta forma de acumulación, nuestra hambreada raza humana no pudo ejercer la caridad.

Estas observaciones contienen algunos elementos que conviene retener en forma casi de silogismo: la primera, aceptar, humildemente, que en nuestro origen como especie existían unas constatables diferencias físicas (fuerza, estatura), mentales (inteligencia) y sicológicas (tenacidad, arrojo), que marcaban el destino económico de hombres y mujeres; la segunda, que de esas diferencias se deriva el mecanismo íntimo del progreso (los que cazaban en exceso aprendieron a conservar los alimentos; los más inteligentes, metódicos y observadores fueron capaces de desarrollar la agricultura); la tercera, que de esas diferencias surgió una forma de acumulación que hizo posible el mejoramiento moral de la especie. En un mundo en el que todas las criaturas fueran iguales y tuvieran igual acceso a los bienes materiales, probablemente no existirían ni el cambio físico ni el espiritual porque difícilmente se hubiera rebasado el umbral de la subsistencia. El cambio es el producto de las diferencias entre las personas y de las consecuentes diferencias en los resultados de su esfuerzo por prevalecer.

Lo anterior contradice totalmente la afirmación de Marx y Engels. Según estos hoy vapuleados filósofos, precedidos en su error por Rousseau, el mundo primitivo, compuesto de bípedos bondadosos e iguales, comenzó a corromperse con la aparición artificial de la propiedad, hipótesis, como queda dicho, desmentida por la antropología más solvente. Sucede a la inversa: el bicho humano, criatura ensamblada en estructuras jerárquicas e instintivamente territorial, descubre la dimensión ética como resultado de unas desigualdades que hacen posible el surgimiento de actitudes compasivas. Antes de la aparición de la propiedad todo era selva y mera supervivencia. Las diferencias y la propiedad dieron lugar a los excedentes. Y sin excedentes la bondad y la compasión, sencillamente, no eran posibles.

## Justicia social y compasión

Es importante destacar, no obstante, que hay una clara diferencia entre los sentimientos compasivos y la noción de justicia social. Todas las sociedades que han contado con excedentes han practicado alguna forma de caridad con los hambrientos, las viudas, los huérfanos y los enfermos, especialmente si pertenecían a la misma tribu. El cristianismo, aunque tiene su origen en una abstrusa disputa teológica dentro de las sinagogas hebreas —Jesús, para los sacerdotes del Sanedrín, era un hereje—, adquiere todo su prestigio e influencia como una organización asistencial al servicio de los desvalidos. De ahí que el Jesús que trasciende no es el que rechazaba ciertos comportamientos y creencias de los rabinos ortodoxos, sino el que cura ciegos y leprosos, multiplica los panes y los peces y conforta a quienes sufren, camino que, según los cristianos, conduce a la salvación del alma.

Christopher Dawson, el gran historiador católico, ha subrayado la importancia tremenda que para el desarrollo del cristianismo tuvo el hecho de que muchos de los obispos primitivos se convirtieran en "tribunos de la plebe" dentro de la estructura administrativa del Imperio romano, así como el posterior rol de la red de monasterios e instituciones religiosas que sistemáticamente ejercían la caridad. La "sopa boba", que llega prácticamente a nuestros días, completaba el sentido de la Iglesia. Había una visión en forma de verdad revelada —Cristo era el Hijo de Dios—, y a él se llegaba mediante el tenaz desempeño de una misión: socorrer a los necesitados.

Sin embargo, ese asistencialismo no es, en realidad, una expresión de lo que hoy llamamos "justicia social", pues no hay implícito en él la noción del derecho. En el Nuevo Testamento se conmina a dar de comer al hambriento y de beber al sediento, no porque así lo decían las leyes de los hombres, sino porque ése era el comportamiento por el que se llegaba a Dios. Para seguir a Cristo en su apostolado convenía abandonarlo todo y prescindir de los bienes materiales, pero esa dejación se hacía por razones espirituales. Finalmente, en la afirmación "dad al César lo que es del César y a Dios lo que es de Dios" quedaba muy claro que el papel de la Iglesia podía ser ayudar a los menesterosos a superar sus aflicciones, pero no redistribuir los bienes materiales de una manera más equitativa. Esa noción surgió muchos siglos más tarde.

En efecto: esa idea, la del derecho a la distribución equitativa de los bienes materiales, no compareció hasta fines del siglo XVIII, cuando, de la mano del pensamiento liberal, aunque sin éste proponérselo, se produjo en dos etapas la mayor revolución en la historia de las relaciones políticas: la primera, el surgimiento de un Estado de Derecho regulado por normas constitucionales que delimitaban la autoridad del gobierno; y la segunda, el transvase de la soberanía y control de la cosa pública de manos del monarca a las de una mayoría libremente seleccionada por procedimientos democráticos. A partir de ese momento, lenta e imperfectamente, es cuando los gobiernos dejan de mandar y comienzan a obedecer lo que dicen las leyes y lo que decide el pueblo. Y es ahí, en ese exacto punto de la historia, cuando la noción de "justicia social" como derecho de las gentes, a veces reclamado con violencia, comienza a arraigar.

## Igualitarismo contra liberalismo

Curiosamente, la primera idea de la justicia social no vino como consecuencia de una inducción positiva —"debemos repartir equitativamente las riquezas porque eso es lo moralmente aconsejable"—, sino como una deducción negativa afianzada tras la Revolución francesa a fines del XVIII: si se descartaba el origen divino de la monarquía, hasta entonces fuente de la legitimidad de los reyes, y si, como resultado de esto, la nobleza ya no era merecedora de privilegios, los poderosos no tenían derecho a unas riquezas que seguramente habían robado al pueblo, *ergo* era justo privarlos de esos bienes, a lo que agregaban la cabeza en la que colocaban sus incómodas y poco higiénicas pelucas.

Es a partir de estos hechos que el socialismo comienza a cobrar vida como una forma de racionalización de lo que ya estaba sucediendo. Los *sans-culotte*, los pobres que se rebelaban contra los ricos, necesitaban una hipótesis para poder explicar algo que hasta entonces no había sido cuestionado: la supuesta inmoralidad que entrañaban las diferencias de riqueza entre las personas. Marx y su familia ideológica aportan esa necesitada explicación: las diferencias de riqueza y posición, alegan, no se deben a diferencias entre las personas, sino al injusto régimen de propiedad privada hasta entonces prevaleciente. Una vez abolido, la sociedad entrará en una arcangélica etapa de amor, desinterés y colaboración. Será la era gloriosa de una humanidad igualitaria, sin clases, habitante de un paraíso en el que ni siquiera habrá gobierno, jueces o leyes, pues el comportamiento de las personas resultará espontánea y naturalmente ejemplar.

Para los liberales, el planteamiento socialista contenía tres elementos absolutamente contrarios a su esencia doctrinal. El primero de ellos era la supersticiosa idea, tomada de Hegel, de que la humanidad se desplazaba en una dirección histórica más o menos lineal que los marxistas creían haber descifrado. El segundo era el ataque a la propiedad privada. Para los liberales, poder poseer los frutos del trabajo no sólo era un derecho inalienable, sino constituía la mejor garantía contra la tiranía. Y el tercero era el de la búsqueda de la igualdad: ¿cómo y por qué buscar la igualdad si comenzábamos por admitir y hasta celebrar la desigual naturaleza entre todas las personas? Igualdad de derechos ante la ley, sí; igualdad de oportunidades para procurar el bienestar propio, también. Pero igualdad impuesta en los resultados obtenidos, no, pues eso conspiraba contra la esencia misma de las personas y hasta del progreso colectivo.

Había, sin embargo, en las ideas y en el método democrático impulsado por los liberales a partir del siglo XVIII una innegable pulsión hacia cierta forma de igualitarismo que terminó por cambiar el mapa político del planeta. Si la mayoría debía tomar las decisiones, y la mayoría era pobre, era natural que los gobiernos que elegía, o los gobiernos que asumían esta filosofía, adoptaran medidas redistributivas que favorecieran a los más necesitados a expensas de los que más bienes poseían. Es así como en el siglo XIX se abre paso el Estado benefactor o "burocracia renana" creado en Alemania por Bismarck; y es así como en la misma época comienza a surgir el sistema sanitario público en Inglaterra, o como la siempre antiliberal Iglesia católica, no sin grandes contradicciones, inicia mediante encíclicas papales lo que enseguida se conoce como *Doctrina social de la Iglesia* (DSI). En la era democrática, conseguida por el esfuerzo de los liberales, era necesario lograr el favor de las mayorías y eso sólo podía ser posible si se cortejaba su respaldo mediante la asignación de recursos públicos obtenidos de bolsillos ajenos.

## Crisis del igualitarismo

Paradójicamente, esta tendencia igualitaria y redistributiva, ya fuera en la suave variante socialdemocrática, en las dictaduras fascistas o en la implacable versión estalinista de los países gobernados por el modelo soviético, arrolló y desplazó casi totalmente el pensamiento liberal, especialmente a partir de la Primera Guerra Mundial, y se enseñoreó en el planeta a lo largo del siglo XX. Sin embargo, tras todo este largo periodo de experimentación, hoy parece estar en crisis.

No es una casualidad, una moda pasajera o un capricho que en el mundo entero se hable de reducir las atribuciones del Estado y se limiten las tareas del gobierno, al tiempo que se intenta devolver a los ciudadanos la responsabilidad de cuidar de su salud, adquirir la mejor educación posible y forjar libremente su destino. Curiosamente, este bandazo a estribor, después de más de cien años de navegar en dirección contraria, es también la decisión democrática de unas mayorías que, en algunos países, a trancas y barrancas retoman el ideario liberal ante la fatiga de las medidas socialistas, igualitarias y redistributivas.

Tampoco esto quiere decir que las ideas que le dieron vida al Estado benefactor o que generaron eso que se llama "conciencia social" o "justicia social" hubieran fracasado, sino que agotaron su ciclo, quizás porque tuvieron cierto éxito relativo. En rigor, contribuyeron a crear grandes sectores sociales medios, y cuando esas mayoritarias clases medias de los países desarrollados tuvieron que enfrentarse con la creciente factura del casi siempre ineficaz y a veces corrupto *welfare state*, decidieron que era el momento de poner el acento en las responsabilidades individuales en detrimento de los supuestos y a veces impagables derechos sociales.

En cierta forma, la elección de Reagan o de Margaret Thatcher, incluso de un Tony Blair, que ha abjurado de la tradición fabiana y socialista del laborismo británico, de un Bill Clinton, que sin ningún pudor se apoderó del discurso republicano, o de George W. Bush, que continuó en la misma senda, constituía una clásica decisión basada en la identificación de una conveniencia económica en beneficio del elector: ya no suele ser demasiado popular el político que promete más justicia social, es decir, más redistribución de la riqueza existente —entre otras razones, porque la mayoría de los electores son los poseedores de esta riqueza—, sino el que dice saber cómo crear más riqueza y promete no castigar con impuestos excesivos a quien lleve a cabo esa labor. Es decir: también en ciertas sociedades se acabó la nefasta era en que se censuraba moralmente la acumulación de capital. Bill Gates, tal vez el hombre más rico del mundo, como ha hecho su dinero limpiamente y sin burlar las reglas de juego, es, simultáneamente, uno de los más populares.

## La tarea de los liberales

Bien: damos por sentado que el siglo XXI recientemente iniciado surge bajo la advocación del pensamiento liberal, pero en América Latina continúa siendo cierto el dato estremecedor que establece que la mitad de los latinoamericanos están situados bajo la línea de la pobreza: ¿tienen los liberales algún mensaje para ellos? ¿Cómo pueden vincularse estas desgraciadas muchedumbres con una tendencia política que no predica la igualdad, porque no cree en ella, y que no centra su mensaje en la llamada solidaridad social, sino en el fortalecimiento de las libertades civiles y económicas? Incluso, ¿cómo pueden los liberales persuadir a sus históricos simpatizantes naturales —pequeños empresarios, profesionales, intelectuales, artistas, funcionarios— de la necesidad de hacer un ingente y costoso esfuerzo para sacar de la pobreza a tantos millones de personas terriblemente necesitadas, sin incurrir en el ya superado y fracasado discurso socialista, sin fabricar otro plagado de promesas demagógicas?

A los pobres, como escribió el liberal Ludwig Erhard, autor de una exitosa reforma económica en Alemania que sus enemigos hoy calificarían de "neoliberal", hay que convencerlos de que la fórmula probadamente eficaz para acabar con la pobreza o para mitigar sus efectos más perniciosos no es repartir la tarta existente, sino lograr una tarta más grande. Es decir, crear las condiciones para que de forma ininterrumpida se genere más riqueza, y se ahorre e invierta más, ampliando paulatinamente el círculo del desarrollo.

Los liberales, como demostró Erhard, saben llevar a cabo estos "milagros", precisamente porque no se trata de ningún extraño prodigio, sino de la puesta en práctica de ciertas medidas de gobierno o "políticas públicas", como hoy se dice recurriendo a anglicismos, sumadas a un principio general: la libertad económica, la competencia y las fronteras abiertas favorecen la "optimización" de los recursos, la formación de capital y el progresivo incremento de la riqueza colectiva. Ésta es la vía de la prosperidad económica y los liberales conocen el trayecto mejor que nadie.

En cuanto a los sectores socioeconómicos medios y altos, el mensaje liberal puede ser de otra índole: a nadie le conviene la existencia de esa terrible masa de personas desposeídas e ignorantes. Hay que ayudarlas a salir de la miseria a la mayor brevedad porque —seamos o no creyentes— forma parte de nuestra tradición cristiana la convicción de que debemos prestarle apoyo a quien legítimamente lo necesita. Pero, al margen de esa válida urgencia de carácter moral, existe el aún más contundente argumento económico. Veámoslo con algún detenimiento.

Toda persona mínimamente enterada de las realidades comerciales sabe que existe una relación directa entre el tamaño potencial del mercado y las posibilidades de crecimiento empresarial. A cualquier fabricante de bienes o a cualquier suministrador de servicios le conviene que su mercado aumente de volumen. En rigor, el cacareado *marketing* no es más que la dudosa "ciencia" que indica cómo multiplicar el número de los posibles clientes. De manera que la conclusión es obvia: a la clase empresarial latinoamericana le resultaría extremadamente conveniente que su mercado pudiera duplicarse, fenómeno que podría tener lugar si se consiguiera acabar con la pobreza o, al menos, reducirla sustancialmente.

En ese sentido, el caso chileno es ejemplar. En pocos años las medidas liberales adoptadas en ese país han hecho disminuir de forma notable el número de personas consideradas pobres. De un 40 por ciento se ha reducido al 20 por ciento, y el pronóstico es que en la próxima década sea menos del 10. Sin duda este descenso de la miseria ha sido, en primer lugar, una bendición para quienes la padecían, pero tampoco debe ignorarse que el conjunto de los ciudadanos se ha beneficiado notablemente. Esos millones de chilenos que hoy consumen bienes y servicios que antes les estaban vedados contribuyen al bienestar de todos. Sacarlos de la pobreza ha sigo un excelente negocio para todos los chilenos.

¿Cómo se saca de la pobreza a estas masas? La educación es el camino más corto, aunque no el único, con especial énfasis en la educación de las mujeres —el personaje más frágil y crítico de esta inmensa tragedia— y hay que comenzar a pensar que los recursos que se dedican a la educación no son un "gasto" en el que incurre la sociedad, sino una inversión que acabará produciendo dividendos.

Ése es el mensaje de los liberales en el siglo XXI: nosotros sabemos cómo se crea la riqueza. Nosotros sabemos cómo y por qué nos conviene terminar con la pobreza. Ahora nos queda la tarea de esparcir por el mundo nuestra buena nueva frente al tenaz discurso de quienes aborrecen las libertades.

# 5. ¡VADE RETRO, JESUITAS!*

## GLOSAS AL RESUMEN DE LA CARTA DE LOS JESUITAS SOBRE EL NEOLIBERALISMO EN AMÉRICA LATINA

"Debemos examinar con cuidado el proceso de los pensamientos. Si el principio, medio y fin es todo bueno, inclinado a todo bien, esto nos indica que viene del ángel bueno; pero si el proceso de los pensamientos termina en cosa mala o desorientadora o menos buena que la que nos proponíamos antes; o si el proceso nos debilita y nos inquieta quitando la paz que antes teníamos, entonces tenemos una clara señal de que está influyendo el espíritu malo, enemigo de nuestro provecho y de nuestra salvación eterna".

SAN IGNACIO DE LOYOLA
Instrucciones Complementarias sobre Discernimiento
6º Examen del Proceso
*Ejercicios espirituales*

Con frecuencia, las órdenes religiosas católicas (jesuitas, mariknolles, teresianas), sin que necesariamente respondan a lo que se llama Doctrina social de la Iglesia (DSI), lo que a veces provoca fricciones con el propio Vaticano, opinan sobre las causas de la pobreza y los métodos para su erradicación,

* Seminario Anual. Grupo Jirahara. Barquisimeto, Venezuela, 3 de mayo de 1997.

análisis en los que no se ahorran juicios de valor sobre cómo debe comportarse la sociedad en el terreno económico para ajustarse a la ética cristiana, y en los que se censura, a veces acremente, todo aquello que les parece contrario a los intereses de las grandes mayorías.

Magnífico. Esta función crítica debe ser aplaudida porque expande nuestra perspectiva y anima la discusión. Pero, al mismo tiempo, también debe ser debatida sin temor, aunque sí con el respeto que merecen estos religiosos, pues una equivocación propagada por personas o instituciones prestigiosas puede ser peligrosa. No debe olvidarse que los errores científicos de la Iglesia católica, o sus disparatadas teorías sobre la evolución, retardaron notablemente los avances en materia de astrofísica o de anatomía y, desde Copérnico y Galileo hasta Teilhard de Chardin, intimidaron cruelmente a muchos hombres de ciencias durante varios siglos, sin siquiera detenerse ante el hecho de que muchos de los calificados como herejes eran religiosos u hombres de fe.

El debate está centrado en los procesos de modernización de los Estados latinoamericanos, reforma que, a trancas y barrancas, se está haciendo bajo la advocación de las ideas liberales, lo que ha motivado una dura reacción por parte de los jesuitas. En efecto, hace ya algún tiempo, el 14 de noviembre de 1996, los provinciales jesuitas latinoamericanos, reunidos en México, redactaron una carta titulada *Algunas reflexiones sobre el llamado neoliberalismo en nuestros países*, sin que rectificaran nunca esta declaración. Acerquémonos párrafo a párrafo al *resumen* de ese documento publicado por los propios jesuitas en muchos medios de comunicación. Comienza así: "En la primera parte [del documento extenso] señalan que la economía de nuestros países en el umbral del siglo XXI crece. Pero es un crecimiento que deja a multitudes en la pobreza. Ciento ochenta millones de latinoamericanos sobreviven en la miseria".

Es curioso que en el documento no haya la menor referencia a la natalidad irresponsable que tal vez agrava esta tragedia, y a cuyo control suele oponerse la Iglesia católica tenazmente. ¿No tiene alguna responsabilidad la Iglesia católica en la existencia del fenómeno que critica? ¿Qué sucede cuando se les predica a los pobres que tengan todos los hijos que Dios quiera darles? ¿No existe una relación estadística entre la tasa de fertilidad de los pobres y la inmensa gravedad del problema?

Sigo, y cito textualmente, "para lograr esto [el crecimiento de la economía] se generalizan en el continente las medidas conocidas como neoliberales. Convierten al mercado en el medio, el método y el fin que gobierna las relaciones de los seres humanos. Estas medidas ponen el crecimiento económico y no la plenitud de todos los hombres y mujeres en armonía con la creación como razón de ser de la economía".

¿Qué querrá decir y cómo se consigue que "la razón de ser de la economía sea la plenitud de todos los hombres y mujeres en armonía con la creación"? ¿En dónde ocurre esto? ¿Cuál es el modelo? Que se sepa, la única experiencia económica directamente fomentada por los jesuitas han sido las reducciones del Paraguay de los siglos XVII y XVIII, y esas extrañas teocracias más se asemejaban a tristes Estados totalitarios que a cualquier otra cosa. ¿Vivían aquellos pobres tupí-guaraníes *en armonía con la creación*? No lo parece, a juzgar por la alta tasa de deserciones o por el escaso interés que pusieron en defender las reducciones cuando llegaron a su fin. En cualquier caso, ¿de qué sociedad contemporánea, real, de carne y hueso, hablan los jesuitas, y cuál proponen como modelo para América Latina?

Por otra parte, ¿cuáles son estas medidas neoliberales? El documento comienza a detallarlas: "Restringen la intervención del Estado hasta despojarlo de responsabilidades por los bienes mínimos que se merece todo ciudadano por ser persona".

La afirmación es curiosa, porque si los neoliberales hacen eso, es porque antes de que existiera esta tendencia modernizadora, en América Latina ocurría algo distinto. ¿Era así? Antes del advenimiento del llamado (mal llamado) neoliberalismo, ¿tenían y asumían nuestros Estados la responsabilidad por los bienes mínimos que se merece todo ciudadano por ser persona? Tal parece que los 180 millones de pobres citados en la carta de los jesuitas han surgido súbitamente, pues antes de la llegada de los neoliberales el Estado se ocupaba de ellos.

¿Y no será que esa pobreza, en gran medida, se debe precisamente al despilfarro y a la corrupción de los Estados? ¿No administra el Estado venezolano el 70 por ciento del PBI? ¿Para qué le ha servido? Pero seamos específicos: ¿cuáles son esos bienes mínimos que se merece todo ciudadano por ser persona? ¿Vivienda? ¿Educación? ¿Salud? ¿Alimentación? ¿Vestido? ¿Locomoción?

Muy bien: si, como proponen los jesuitas, es el Estado el que debe proveer esos bienes, sólo puede hacerlo de dos formas. Primera opción: el Estado se transforma en empresario y genera riquezas y excedentes que luego convierte en los bienes y servicios que otorga generosamente a la población. ¿Proponen los jesuitas que los Estados se conviertan en empresarios para cumplir esos fines? ¿Están los jesuitas satisfechos con la historia de nuestros Estados-empresarios? Supongamos que no. Bien: veamos la segunda opción. Para darles a las personas "los bienes mínimos que se merecen", el Estado decide reclamarlos de la sociedad. ¿Cómo puede hacerlo? No hay otra forma: mediante impuestos y tributos. Es decir, las empresas y las personas tendrán que generar riquezas para cubrir sus costos, tener beneficios, invertir y pagar impuestos para costear los *bienes mínimos* que los jesuitas suponen que se deben entregar.

¿Cuánto cuestan esos *bienes mínimos*? La frase es cómodamente vaga. ¿Cómo se van a financiar? ¿Con qué nivel de presión fiscal se van a sufragar? ¿Cómo va a afectar esa presión fiscal a la formación de capital? ¿Tienen en cuenta los jesuitas que sin capital no hay inversión ni crecimiento? Es decir, se multiplica la pobreza. Pero, de acuerdo con la experiencia latinoamericana, ¿puede pensarse que nuestros Estados utilizan adecuadamente los recursos que la sociedad les entrega por vía de impuestos? ¿Estamos ante Estados-benefactores o ante Estados-malhechores? ¿Qué les hace pensar a los jesuitas que si se les entregan más recursos a los Estados éstos los van a emplear correctamente en aliviar la miseria? Al mismo tiempo, los jesuitas entenderán que para generar los ingresos que requiere un *welfare state* es necesario contar con una densa trama de empresas exitosas capaces de generar excedentes. Supongo que los jesuitas no ignoran que los Estados de bienestar del corte de los escandinavos o de Alemania

70

están montados sobre la existencia de un eficiente aparato productivo. ¿Existe eso en América Latina?

Sigamos con la lista de las supuestas medidas neoliberales que, de acuerdo con estos sacerdotes, afectan a nuestros pueblos: "[Los neoliberales] eliminan los programas generales de creación de oportunidades para todos".

¿Cuáles son esos programas? Por el contrario: si hay una recomendación constante en la filosofía liberal es la inversión en la creación de capital humano mediante planes de educación general. ¿No han leído los jesuitas al liberal Gary Becker, premio Nobel de Economía? Sistemáticamente, los liberales defienden un modelo de sociedad en el que se les brinde a las personas una educación de calidad que les permita competir. Los liberales, es cierto, no buscan la igualdad en las formas de vida, sino la igualdad de oportunidades para luchar por el triunfo personal, y eso obliga a un gran esfuerzo en materia de educación y sanidad.

El párrafo siguiente de los jesuitas es un canto al proteccionismo, y dice lo siguiente: "[Los neoliberales] abren sin restricciones las fronteras a mercancías, capitales y flujos financieros y dejan sin suficiente protección a los productores más pequeños y débiles".

En primer término, es conveniente recordarles a los jesuitas que la globalización de la economía no es una opción renunciable. Es decir, no se trata de un fenómeno del que podemos excluirnos, pues si lo hacemos corremos el riesgo de quedar absolutamente marginados de la historia.

Pero tan importante como comprender que la globalización, la apertura a la competencia exterior y el establecimiento de vínculos comerciales internacionales resultan inevitables, también es fundamental entender que se trata de una magnífica fuente de enriquecimiento colectivo. Es algo enormemente positivo. ¿Cómo creen los jesuitas que, en dos generaciones, Hong Kong, Taiwán, Corea o Singapur se han convertido en naciones prósperas? ¿Cerrándose o abriéndose al comercio internacional? ¿Protegiendo sus industrias o poniéndolas a competir? ¿Cómo creen los jesuitas que la economía chilena lleva trece años creciendo al ritmo del 7 por ciento anual? ¿Cerrando o abriendo su economía? En los últimos seis años, la pobreza chilena ha bajado del 40 por ciento del censo al 20, y es posible que en una década se coloque por debajo del 10. ¿No será, entre otras cosas, que Chile se beneficia del fin del proteccionismo y de la inserción del país en la economía mundial? Antes de la apertura, los chilenos tenían doscientas empresas exportadoras. Ahora tienen dos mil. Antes de la apertura, vivían pendientes de los capitales foráneos. Ahora son exportadores de capital.

¿No es bastante sencillo abrir un "atlas" comercial y comprobar que las veinticinco naciones más prósperas del mundo son las que poseen economías abiertas?

No es falso que el fin del proteccionismo afecta a los productores locales ineficientes, pero ¿de qué les sirvieron a la Argentina, Brasil o México varias décadas de proteccionismo? El resultado de esa política de sustitución de importaciones era obvio: mercados cautivos que pagaban precios altísimos por mercancías o servicios de segunda categoría que sólo beneficiaban a las oligarquías y a los cortesanos más astutos. Por eso, entre otras razones, hay 180 millones de pobres.

Según los jesuitas —continúo con el documento—, los neoliberales "hacen silencio sobre el problema de la deuda externa, cuyo pago obliga a recortar drásticamente la inversión social". Eso, sencillamente, no es cierto. No hay ningún gobierno latinoamericano —neoliberal, socialista, o lo que fuera— que no haya tratado de reducir la deuda pública, ya sea mediante "bonos Brady", o mediante la petición de simples medidas de gracia.

No obstante, ¿qué proponen los jesuitas? ¿Que no se pague la deuda externa? Es bueno hacerles ver a los jesuitas que los bancos son instituciones de intermediación entre los ahorradores y los prestatarios. Cuando una persona o un país incumplen sus obligaciones, perjudican seriamente a quienes han creado riqueza con su trabajo. Podrá argüirse que eso es verdad cuando se trata de bancos comerciales, pero no cuando el prestamista es un gobierno poderoso, pero entonces conviene recordarles a quienes así razonan que las instituciones de crédito oficiales se nutren de los impuestos que pagan los trabajadores de esos países. Ese dinero no florece en los árboles. Hay que trabajarlo. Hay que crearlo, y supongo que los jesuitas, o cualquier persona medianamente enterada, convendrán en que para tener acceso al crédito es preciso cumplir con los pactos. Y si no lo hacemos, luego no podremos quejarnos cuando se nos nieguen los préstamos requeridos para el desarrollo.

La siguiente acusación a los "neoliberales" consiste en que "eliminan los obstáculos que podrían imponer las legislaciones que protegen a los obreros".

Es cierto, pero, no se dan cuenta los jesuitas de que esos obstáculos, precisamente, son los que provocan un alto nivel de desempleo, perjudicando terriblemente a los pobres que ellos quieren proteger.

Como regla general, esas "legislaciones que protegen a los obreros" consisten en las siguientes seis medidas:

1. Fuertes impuestos conocidos como "cargas sociales" que se añaden al salario.
2. Costosos procedimientos para despedir a los trabajadores, casi siempre en forma de indemnizaciones.
3. Salarios indexados con el aumento del costo de la vida, sin tener en cuenta la realidad de la empresa, la productividad del trabajador o las condiciones del mercado.
4. Rígidas escalas en las que se asciende por tiempo de trabajo y no por mérito.
5. Convenios de salario sectoriales que ignoran la realidad concreta de cada empresa.
6. Múltiples regulaciones que complican y encarecen notablemente el desenvolvimiento del trabajo.

Aparentemente, a la presencia de este tipo de relaciones laborales se le suele llamar "conquistas sociales", y se supone que tal cosa favorece a los más pobres. Falso. En realidad, hay que comenzar por desmentir la noción de la "conquista social". Una "conquista" significa que alguien se ha apropiado de forma permanente de ciertos bienes o de cierta riqueza, pero si uno acepta el carácter fluctuante de la economía, sujeta a múltiples contingencias, no puede admitir la existencia de "conquistas sociales" como algo permanente.

Una empresa, en determinado momento, puede otorgarles altos salarios a sus obreros si sus beneficios son altos, pero si lo continúa haciendo cuando decaen los precios o cuando aumentan los costos, eso la llevaría a la ruina. ¿Saben los jesuitas que algunas de las razones que explican la debilidad de las empresas latinoamericanas son, precisamente, la inelasticidad que padecen en el mercado laboral y la incapacidad que tienen de adaptarse a las fluctuaciones del mercado? De ahí la inmensa mortandad de nuestras empresas.

La rigidez es pésima siempre, pero cuando ocurre en los tiempos de la globalización de la economía, resulta, simplemente, suicida. Si tenemos que competir en un mercado caracterizado por la eficacia de los productores que concurren desde todas partes del mundo, es una locura congelar el factor trabajo. Cuando se habla de apertura de mercado, hay que pensar en todo el mercado, y eso incluye el sector laboral. De lo contrario, jamás podremos competir y estaremos condenando a nuestros pueblos a la miseria.

¿Quiere eso decir que el peso de la reforma caerá sólo sobre los trabajadores? Por el contrario, las sociedades que han flexibilizado su mercado laboral, han conseguido resultados infinitamente mejores que las que se han aferrado a la superstición de proteger las supuestas "conquistas sociales". Desde el primer día de Reagan hasta el último de Clinton, el flexible mercado laboral norteamericano, gracias a su "inseguridad", creó 38 millones de puestos de trabajo, y ni siquiera se redujo sustancialmente esa tendencia durante la etapa recesiva de George W. Bush. Europa, mucho más rígida, en ese lapso, fuera del sector público, apenas ha creado un solo empleo, con excepción de España, donde, en los dos periodos de José María Aznar, tras la reforma de los mecanismos de contratación se redujo sustancialmente el desempleo. ¿Que Estados Unidos y Europa son sociedades muy distintas de las nuestras? Falso. Chile, con un mercado laboral bastante abierto, tiene el más bajo índice de desempleo de América Latina, mientras países como la Argentina, Co-

74

lombia o Venezuela se mueven fatalmente en la dirección contraria.

Pero uno de los casos más fascinantes es el de Nueva Zelanda, que al liberalizar totalmente su mercado laboral, desregulándolo y permitiendo la libre contratación entre empresas y trabajadores, en pocos años redujo a la mitad su tasa de desempleo —del 12 por ciento a algo menos del 6 por ciento— y generó una actividad económica que muy pronto incidió positivamente en el poder adquisitivo de los más pobres.

¿Por qué creen los jesuitas que España, antes de la reforma impulsada por el gobierno liberal de Aznar, tuvo un 23 por ciento de desempleo y pocos años más tarde ese porcentaje se redujo en torno al 10? ¿Por qué los empresarios no contrataban? ¿No sería porque eran tantos los riesgos, obstáculos y regulaciones, que muy pocos se atrevían a crear nuevas fuentes de trabajo? ¿Qué se hace con los empleados cuando llega un ciclo recesivo o —por decirlo en términos bíblicos— una época de "vacas flacas"?

La siguiente aseveración de los jesuitas tampoco parece ajustarse a los hechos. Dice así: "Protegen [los neoliberales] a grupos poderosos a fin de acelerar el proceso de industrialización, y así provocar una concentración todavía mayor de la riqueza y el poder económico".

Por el contrario, los liberales lo que defienden, y lo que han puesto en práctica, es la multiplicación de la propiedad privada, para que los asalariados puedan acumular capital.

Y la más espectacular de estas reformas liberales es la creación de los fondos de pensiones (FP) surgidos en Chile y luego imitados con desigual fortuna en la Argentina, Bolivia, Colombia, Perú y Brasil.

Por este procedimiento, los trabajadores acogidos a los FP se han convertido en propietarios de activos, hasta ahora muy rentables, lo que no sólo les da una buena garantía para la vejez, sino inyecta en la economía una impresionante masa de ahorros que hace posible el progreso acelerado.

El otro procedimiento para la dispersión de la propiedad han sido los procesos de privatización. Una buena parte de las acciones de las empresas privatizadas han ido a parar a manos de pequeños ahorradores que se han visto, realmente, beneficiados. Es verdad que en algunos procesos de privatización ha habido corrupción, pero eso nada tiene que ver con las propuestas liberales, sino con los valores o la ausencia de valores de unos sinvergüenzas que lo mismo lucran con los comunistas, los socialistas, los democristianos o los liberales.

El próximo párrafo del resumen de la carta de los jesuitas al fin concede algo beneficioso a las reformas liberales: "Reconoce la Carta que muchas de estas medidas han tenido aportes positivos, entre los cuales destacan la reducción de la inflación y la posibilidad de quitarles a los gobiernos las tareas que no les competen". Pero a continuación sigue un párrafo casi asombroso por su raigal contradicción: "Sin embargo, la Carta afirma que todas esas medidas, lejos de compensar el inmenso desequilibrio y los disturbios que el neoliberalismo causa, provocan la multiplicación de masas urbanas sin trabajo; quiebras de miles de pequeñas y medianas empresas; expansión del narcotráfico; aumento de la criminalidad".

Así que *"todas esas medidas"* (reducir la inflación o limitar las actividades del Estado), lejos de ser benéficas, han provocado otro género de problemas. Sería interesante que los jesuitas les preguntaran a los argentinos, peruanos, bolivianos, chilenos y los nicaragüenses, si prefieren las etapas inflacionarias a las de control de la inflación. Sería interesante que les preguntaran a los mexicanos, venezolanos, argentinos o brasileros si prefieren regresar (aunque no la han abandonado del todo) a la época de los Estados-empresarios. Es curioso que los jesuitas no hayan advertido que si nuestros Estados no son siquiera capaces de administrar justicia o de proteger la seguridad ciudadana —sus dos responsabilidades primarias—, difícilmente deban emprender nuevas tareas.

¿No parece evidente que nuestros Estados educan mal, mantienen mal nuestras vías de comunicación y brindan una pésima salud pública? Y si hacen mal lo que es básico, ¿es razonable pedirles que se encarguen de lo superfluo? ¿No inventó la DSI el *principio de subsidiariedad*? A unos Estados que ni siquiera pueden entregar el correo decentemente, ¿debemos recomendarles otras tareas más complejas?

Por otra parte, cómo se puede decir, en serio, y lo dice el resumen, que el control de la inflación o el recorte del gasto público "provocan la multiplicación de masas urbanas sin trabajo; quiebras de miles de pequeñas y medianas empresas; expansión del narcotráfico y el aumento de la criminalidad".

¿Entienden los jesuitas lo que es la inflación? ¿Se dan cuenta de que quienes más sufren ese flagelo son los asalariados, que ven cómo su poder adquisitivo se esfuma irremisiblemente? ¿A quién se le ocurre el disparate de que la reducción de la inflación y el recorte del gasto público pueden perjudicar a las empresas? ¿No saben estos señores que la inflación casi destruye el tejido empresarial de Chile, la Argentina, Perú o Bolivia? ¿No se han dado cuenta de que el gasto público sale de impuestos o de empréstitos, y en ambos casos es la sociedad la que paga la cuenta?

¿Dónde está la prueba de que las medidas "liberales" hayan aumentado el narcotráfico y la criminalidad? ¿No fue el presidente Samper un acabado populista que se resistía a adoptar medidas liberales? ¿Declinó por ello la criminalidad en Colombia, con sus cuarenta mil asesinatos y dos mil secuestros al año? ¿Es mayor la criminalidad en el Chile gobernado con el recetario liberal o en la Venezuela que rechaza estas ideas?

¿Qué otras consecuencias tienen el control de la inflación y la austeridad en el gasto público propuestos por los liberales? Según los jesuitas: "Aumento de las huelgas, protestas, el rechazo a la orientación económica general que, lejos de mejorar el bien común, profundizan las causas tradicionales del descontento popular: la desigualdad, la miseria y la corrupción".

¿Por qué la austeridad del gasto público, el control de la inflación y devolverle a la sociedad civil el protagonismo que se le había sido confiscado perjudica a la sociedad? No parece ser cierto que las sociedades que han hecho su reforma liberal tengan un nivel más alto de conflictividad social. Es al contrario: en Chile la conflictividad social ha disminuido tremendamente, especialmente después de que los obreros se han convertido en accionistas por la vía de los FP. Exactamente igual sucedió en la Inglaterra thatcheriana o en la Nueva Zelanda de la posreforma.

Cuando los trabajadores se convierten en propietarios suele cambiar su perspectiva.

Es verdad que en la Argentina o Brasil ha habido resistencia a ciertas privatizaciones, pero ¿se trataba de la sociedad que defendía su patrimonio, o eran sindicatos que querían proteger sus privilegios y sus "cotos de caza" particulares? Seamos serios: ¿cómo han abandonado algunos pueblos "la desigualdad, la miseria y la corrupción"? ¿Mediante políticas inflacionistas y estatizantes o tomando la dirección contraria?

La segunda parte de la carta de los jesuitas es menos economicista y se desplaza al terreno de los valores. Es ahí cuando dicen: "Detrás de las medidas económicas neoliberales hay una concepción del ser humano que delimita la grandeza del hombre y la mujer a la capacidad de generar ingresos monetarios".

¿De qué misteriosa manga han sacado los jesuitas tamaño despropósito? Cualquier estudiante de la historia de las ideas sabe que el liberalismo es, ante todo, una reflexión ética cuya primera convicción es la que afirma la existencia de los derechos naturales del hombre y su consecuente dignidad como persona. Y ese mismo estudiante no puede ignorar que, a partir de este núcleo fundacional, el liberalismo genera una idea jurídica para proteger a la sociedad de la tiranía: el constitucionalismo, la división de poderes, el Estado de Derecho y el imperio de leyes justas que limitan el poder del gobierno para salvaguardar las libertades de los individuos.

Asimismo, cien años después de que —entre otros— Locke echara las bases de la división de poderes y del pacto constitucional, es que surge una idea liberal de la economía, fundada en las ventajas observadas por Smith en la libertad de mercado, frente al mercantilismo defendido por la oligarquía política. Por las mismas fechas —fines del XVIII—, es cuando los liberales, generalmente hostilizados por la Iglesia, comienzan a proponer la democracia como método para la toma de decisiones colectivas e impulsan la transferencia de la soberanía de manos del monarca a manos del pueblo. ¿De qué fuente, en suma, han sacado los jesuitas la idea de esa supuesta malvada concepción liberal de la especie humana? ¿Van a insistir, como en el siglo

XIX, en que "el liberalismo es pecado"? Entonces era pecado porque los liberales proponían la democracia, el laicismo y el fin de la Iglesia propietaria. ¿Ahora porque defienden la libertad económica y política frente al reiterado desastre del populismo de izquierdas y derechas?

Continúa el resumen de la carta de los jesuitas con otra frase tremenda que debe ser matizada: "Con esta medidas [las "neoliberales"] se impone un orden de valores donde priva la libertad individual para acceder al consumo de satisfacciones y placeres que legitima, entre otras cosas, la droga y el erotismo sin restricciones".

Sería conveniente que los jesuitas, en lugar de recurrir a vaguedades, consignaran cuáles son las satisfacciones y los placeres legítimos y cuáles son éticamente condenables. Y por la misma regla de tres, los jesuitas tendrían que explicar por qué una corriente de pensamiento que propugna, por encima de todo, la sujeción a la ley y el fortalecimiento del Poder Judicial —nuestro caballo de batalla en América— resulta que "legitima —entre otras cosas— la droga y el erotismo sin restricciones".

¿No será, más bien, a la inversa? Si el liberalismo enfatiza la responsabilidad individual, ¿no serán los populistas y los socialistas, siempre dispuestos a convertir en víctimas a las personas, siempre dispuestos a culpar a otros de nuestros actos, quienes, a veces sin quererlo, estimulan conductas irresponsablemente hedonistas? Si es a la abstracta sociedad a quien culpamos de nuestros actos, ¿no estarán los jesuitas, sin advertirlo, creando coartadas a la violencia, y a la violación de las leyes y de las normas morales?

Sigue diciendo el resumen de la carta de los jesuitas lo siguiente: "Por el proceso de globalización de la economía estas medidas rompen las raíces de identidad cultural locales".

Esto no es del todo falso. Sólo que los jesuitas olvidan que ese proceso de globalización no es nuevo, y comienza, precisamente, con la hegemonía de la civilización grecorromana y la adopción de la ética judeocristiana. ¿Se refieren los jesuitas a las comunidades autóctonas de raíz precolombina? ¿Deben ellos renunciar a enseñarles el Evangelio para no perturbar la particular teogonía de esos pueblos? ¿Hicieron mal las órdenes religiosas enseñantes (jesuitas, lasallistas, escolapios, teresianos, agustinos, etc.) al transmitirles una lengua europea (el español), unas leyes, una cosmovisión, una arquitectura? ¿Fue una violación de la identidad americana sembrar las ciudades con cientos de iglesias barrocas? ¿O sería que el destino de todas las identidades culturales es mezclarse y, de alguna manera, someterse a la horma de las tribus provisionalmente hegemónicas? En todo caso, ¿les ha ido tan mal a los japoneses con la irrupción de un brutal sometimiento a los usos y costumbres de Occidente? ¿Le fue tan mal a Europa cuando el cristianismo dejó de ser un pleito entre las sinagogas de Asia Menor y se extendió por el Viejo Continente?

Pero ¿cómo los jesuitas llegaron a la conclusión de que los neoliberales y la globalización perjudican a los pueblos?: "Convierten al mercado en el eje absoluto de todos los procesos humanos de las naciones, y finalmente, esta concepción considera normal que nazcan y mueran en la miseria millones de hombres y mujeres del continente incapaces de generar ingresos para comprar una calidad de vida más humana".

Más bien sucede que las economías abiertas, globalizadas, guiadas por el mercado, son las que han conseguido reducir sustancialmente los índices de miseria y el porcentaje de personas calificadas como indigentes. ¿No parece obvio que la globalizada Corea del Sur, sujeta a los rigores del mercado, ha combatido con bastante más éxito la pobreza que la autárquica Corea del Norte, encharcada en la locura aislacionista de la idea Suche?

Si los jesuitas no creen en la superioridad del mercado para producir y asignar bienes y servicios y para mejorar la suerte de los pobres, ¿en qué creen? ¿En la planificación? ¿Siguen creyendo en la doctrina del precio justo? Si no les parece ético el capitalismo con las diferencias que se producen entre los propietarios y los asalariados, ¿en qué creen? ¿En la propiedad colectiva o estatal de los medios de producción? Si no creen en el mercado, ¿cómo piensan sacar de la miseria a los 180 millones de latinoamericanos? No se trata de un abstracto problema metafísico, sino de un asunto concreto que no se soluciona apelando a la ira de los profetas, sino proponiendo medidas específicas que exigen la formulación de un marco teórico y el aporte de respuestas claras. Están obligados a hablar en serio y poner sobre la mesa soluciones reales, no sermones.

En la tercera y última parte del documento, cito: "Los provinciales abogan por un modelo de sociedad futura. Esta sociedad sería una en la que toda persona pueda acceder a los bienes y servicios; atenta a las tradiciones culturales (pueblos indígenas, afroamericanos y mestizos); sensible a los débiles y marginados; democrática y constituida participativamente".

Lo que no dicen los jesuitas es cómo van a lograrlo, con qué modelo económico, con qué bases jurídicas. ¿Serán países como los europeos, en los que se mezclan el capitalismo y el consumismo? ¿A qué países quieren los jesuitas que se parezcan los países latinoamericanos? Eso no lo aclaran, pero a continuación sí dicen algo verdaderamente sorprendente: "La tarea que tenemos por delante es urgente: emprender un estudio e investigación del neoliberalismo en nuestros centros de estudio para analizar estas medidas y tomar opciones pertinentes".

De manera que los jesuitas han salido a combatir al "neoliberalismo" antes de estudiarlo, fenómeno un tanto extraño en una orden de reconocido rigor intelectual. Lo procedente es estudiar antes las posiciones de los otros, y entonces decidir si nos parecen contrarias a nuestros ideales, intereses o concepciones morales.

A lo que sigue, en cambio, nada que objetar: "Incorporar en el trabajo educativo el orden de los valores necesarios para formar personas capaces de preservar la primacía del ser humano, y preparar a los alumnos para transformar la realidad". Pero vale la pena hacer una observación: durante siglos los jesuitas han educado a una buena parte de la élite latinoamericana que ha gobernado a nuestros países, y si bien la educación impartida ha tenido calidad, no parece que haya sido muy efectiva, precisamente en el terreno del efecto social de ese esfuerzo pedagógico. Ojalá que en la nueva etapa haya un poco más de suerte.

Continúan los provinciales delineando el siguiente objetivo: "Resistir a la sociedad de consumo y su ideología de la felicidad basada en la compra sin límites de satisfacciones materiales".

81

Difícil tarea, porque, según todos los síntomas, la pobreza material consiste, precisamente, en sufrir bajos niveles de consumo. En efecto: el desarrollo sólo se puede medir objetivamente por medio de índices de consumo. Es decir, cemento por persona y año, electricidad, agua potable, vehículos, diarios y libros, antibióticos, carne, granos, calorías, etc. ¿Cómo van a limitar los jesuitas las satisfacciones personales? ¿La forma en que viven los obispos y los cardenales debe convertirse en el canon de las normas de vida de las personas? Pero los obispos y los cardenales suelen tener niveles de vida y patrones de consumo semejantes, por lo menos, a los de los sectores sociales medioaltos. ¿Cuáles son los artefactos moralmente autorizados? ¿Un coche, dos? ¿El fax, el aire acondicionado, la televisión, Internet? ¿La segunda casa? ¿Quién decide eso? Y si se pone un límite, ¿recomendarán que se regale o distribuya lo que exceda ese límite? ¿Se han percatado los jesuitas de que una sociedad sólo puede salir de la pobreza creando riqueza, es decir, aumentando exponencialmente los bienes y servicios ofertados? ¿Se han dado cuenta de que, si no se consumen esos bienes, deviene la parálisis económica y aumenta la pobreza?

Los tres últimos objetivos del documento, no obstante, no parecen tan imprecisos e irrealizables: se limitan a recomendar ciertas formas de vida que pueden ser voluntariamente suscritas. Se proponen los jesuitas:

- Trabajar para fortalecer el valor de la gratitud, el valor de la vida sobria y la belleza simple, el silencio interior y la búsqueda espiritual.
- Procurar no solamente la austeridad personal sino la de las obras e instituciones jesuíticas.
- No apoyar a empresas que infrinjan los derechos humanos y vulneren la ecología.

Finalmente, "terminan la carta reafirmando la opción radical que les llevó a responder al llamado de Dios en el sufrimiento de Jesús en la pobreza, para ser más eficaces y libres en la búsqueda de la justicia".

¿Qué queda en el lector tras repasar el resumen de la carta de los provinciales jesuitas? Varias sensaciones: primero, la de constatar la gran confusión entre deseos de justicia y los modos de obtenerla que padecen estos bienintencionados caballeros; segundo, la de escuchar un lenguaje antiguo, empantanado en el viejo discurso populista mil veces ensayado sin ningún resultado beneficioso; tercero, la convicción de que este debate también afecta a las instituciones religiosas, porque casi todo lo que afirman los jesuitas contradice el espíritu de la última encíclica papal, y cuarto, la prueba de una peligrosa coincidencia entre esta orden religiosa y el discurso de los movimientos subversivos representados —por ejemplo— por el subcomandante Marcos. Estamos, me temo, ante una variante *light* de la Teología de la Liberación. Como los Borbones, parece que los provinciales jesuitas ni olvidan ni aprenden. Mala cosa.

# 6. LAS DESVENTURAS DEL LIBERALISMO EN IBEROAMÉRICA*

Dos notables expertos en mediciones e interpretaciones de la conducta, Amando de Miguel y Pilar del Castillo, en un conocido ensayo, advirtieron que los españoles sistemáticamente les atribuyen mucha más importancia a la seguridad y a la autoridad que a la libertad y a la responsabilidad individuales, rasgos que, a mi juicio, comparten las sociedades latinoamericanas. Al mismo tiempo —como era previsible—, según todos los síntomas, el bicho ibérico tiene una escasísima confianza en sus compatriotas, lo que acaso explica la pasión nacional por los sellos notariales, los cuños y las ubicuas pólizas que hasta hace unos años se exigían para cualquier trámite. Toda esa parafernalia burocrática parece reforzar unos compromisos que, de otra manera, serían inevitablemente violados o ignorados por los desaprensivos signatarios: "papeles son papeles, cartas son cartas, palabras de los hombres siempre son falsas", cantan los niños de nuestra desconfiada cultura a ambos lados del Atlántico, y ya se sabe que la actitud clave en las sociedades exitosas es la confianza en que los pactos verbales y los contratos escritos se van a cumplir con seriedad. A explicar esta relación ha dedicado el premio Nobel Douglas North una buena parte de su obra y el señor Francis Fukuyama su último libro: un largo y reiterativo ensayo que lleva por nombre esa virtud tan apreciada como estrafalaria entre nosotros: *Trust*.

* Conferencia pronunciada en Madrid el 30 de octubre de 1996 con los auspicios del Foro Jovellanos.

84

## Nuestra sociedad no es liberal

Comienzo por esta pesimista descripción, porque me propongo reflexionar sobre un fenómeno que tiene más de curioso que de sorprendente. Desde que en 1976 comenzó la transición española hacia la democracia, los liberales de esta bendita tierra han visto hundirse varios proyectos políticos acaudillados por valiosos líderes que reclamaban cierto espacio de centro en el que supuestamente se daban cita la mayor parte de las personas, presunción que luego han desmentido los votantes cada vez que han podido. Y tras esos fracasos electorales, como suele suceder, no han faltado las recriminaciones o la más desconsolada perplejidad, pero casi nunca se ha llegado al doloroso meollo del problema: sucede que en nuestra sociedad, sencillamente, no prevalecen los valores liberales. Sucede que la española no es una sociedad liberal. Y cuando los socialistas o los populares han emprendido reformas liberales han tenido que enfrentar una notable resistencia. Tampoco son liberales las sociedades latinoamericanas. Pedirles a los españoles o a los latinoamericanos el voto para el liberalismo —para la libertad, para la responsabilidad, para la confianza en las propias fuerzas y en la buena voluntad del otro—, solicitarles el sufragio para restarle protagonismo al Estado y devolvérselo a la sociedad civil, es pedirle al olmo que se llene de peras, cortesía que el testarudo vegetal se niega rotunda y tenazmente a conceder.

¿Por qué y cuándo esta sociedad renunció mayoritariamente a sostener los valores liberales? Como es natural, resulta imposible contestar esas incómodas preguntas de manera tajante e inequívoca, pero sí es razonable aventurar ciertas hipótesis afincadas en la historia y en la observación desapasionada de las formas en que los españoles han articulado sus relaciones de poder.

En efecto, a partir del siglo XVI, o —más diáfanamente— en el XVII, época en que en Inglaterra, Alemania, Holanda o Francia comenzó a arraigar definitivamente la nueva ciencia empírica basada en la experimentación, periodo en el que en el norte y centro de Europa se desató la pasión por la tecnología y se abrió paso la idea del progreso material como objetivo final de la convivencia social. En España, en cambio, triunfaron de una manera clarísima el pensamiento escolástico y el viejo espíritu medieval. Es decir, el enérgico rechazo a la duda frente al discurso de las autoridades oficiales, la sospecha ante cualquier interpretación que pudiera negar las verdades reveladas en los libros sagrados, la paranoia religiosa contrarreformista, la brutal etnofobia expresada en el antijudaísmo, y —en definitiva— el miedo al cambio en prácticamente cualquier terreno del quehacer humano. Cambiar en España siempre ha sido una peligrosa forma de pecar.

En todo caso, tan importante como el espíritu contrarreformista que se enseñoreó en España debe de haber sido el tipo de Estado represivo constituido para impedir a sangre y fuego la llegada de lo que algunos historiadores llaman la "Edad Moderna". No sólo fue, pues, un abstracto debate entre teólogos que se reunían a refutar las malvadas imputaciones de Lutero sobre la Trinidad, la naturaleza de Dios o la venta de indulgencias, sino algo mucho más sórdido, atemorizante y siniestro: unas leyes frecuentemente arbitrarias, autoridades despiadadas, jueces omnímodos, delatores sin rostro, salvajes torturas perfectamente legitimadas, turbas asesinas alentadas desde los púlpitos, y el terror, precursor de Kafka, a que una pista semita, morisca o protestante sobre los antepasados remotos, falsa o cierta, ensuciara para siempre la sangre cristiana, trayendo con esta mancha la deshonra permanente a quien la sufriera y a sus descendientes.

No estoy afirmando que los españoles fueran entonces víctimas de una tiranía que les repugnaba. Quevedo, por ejemplo, cuando piensa en la decadencia española siempre lo hace desde una perspectiva contrarreformista, mientras Lope de Vega fue un entusiasta *familiar* de la Inquisición, sino pienso que el tipo de Estado forjado en esos siglos debió ser tremendamente represivo, favoreciendo con su dureza el surgimiento en España de una sociedad cuya escala axiológica colocaba la obediencia, la búsqueda de seguridad y la total desconfianza en el prójimo por encima de cualesquiera otros valores y actitudes.

¿Cómo se definía socialmente un buen ciudadano español en aquellos siglos de simultánea grandeza y decadencia? En esencia, por su total subordinación a las autoridades políticas y católicas, puesto que los dos brazos del poder —el secular y el religioso— solían estrujar sin piedad a quien se atreviera a abandonar la ortodoxia y fuera acusado por ello. Nada, en síntesis, de lo que nosotros relacionamos con el talante liberal formaba parte de la mentalidad social inducida e impuesta desde el vértice del Estado. Lo que se recompensaba era la obediencia, la sumisión, la repetición minuciosa de los papeles sagrados y el culto por la jerarquía, actitudes que se expresaban mediante un temor reverencial a unos gobernantes que tenían, realmente, la capacidad potencial de hacer muchísimo daño, profunda huella sicológica que todavía perdura en nuestra forma actual de relacionarnos. El miedo nos marcó por los siglos de los siglos.

## Estado de Derecho

Mal momento para el surgimiento de este fenómeno. Es precisamente a fines del siglo XVII cuando los pensadores ingleses, encabezados por John Locke, les dan un giro radical a las relaciones de poder e introducen de una manera transparente lo que puede llamarse el "constitucionalismo" o —lo que viene a ser lo mismo— el "Estado de Derecho". Es decir, sociedades que no delegan la autoridad en familias privilegiadas, sino en el derecho natural y en la voluntad del propio pueblo, ambos consagrados en textos legales que se colocan por encima de todos los ciudadanos, incluida la familia real.

Al margen de la extraordinaria importancia que el constitucionalismo posee en el terreno de la política —piedra miliar del pensamiento liberal—, es en otra zona menos comentada donde causa una verdadera y profunda revolución: en el oscuro territorio de las percepciones sicológicas. En efecto, cuando el constitucionalismo se convirtió en una verdad mayoritariamente compartida por la sociedad —cuando el pueblo se sintió soberano porque no regía otro hombre o mujer por la gracia de Dios, sino regía un texto constitucional—, de forma inadvertida, por la propia naturaleza de las cosas, se invirtieron los papeles que tradicionalmente desempeñaban gobernantes y gobernados. De pronto, en ciertos pueblos del norte de Europa surgió la noción del *servidor público*. De pronto, o tal vez paulatinamente, el pueblo sintió que era él quien mandaba, mientras al gobierno, humildemente, le tocaba obedecer. Gobernar, entonces, se convirtió en *administrar* lo más sabiamente posible —y siempre con arreglo a las leyes— los fondos asignados por los ciudadanos mediante el pago de los impuestos. Ser un *taxpayer* dejó de reflejar una condición de manifiesta inferioridad (los verdaderos señores no pagaban impuestos en el antiguo régimen) para pasar a ser la fuente con que se legitimaba la autoridad de los mortales comunes y corrientes.

En España, como todos sabemos, nunca, realmente, sucedió esa grandiosa metamorfosis. Aquí tuvimos, es cierto, la Constitución de Cádiz de 1812, la famosa *Pepa* por la que tanta sangre y rabia se derramó, pero jamás el pueblo español pudo someter a sus gobernantes al imperio de la ley, entre otras razones, porque el grito brutal de "¡Vivan las cadenas!" era tal vez mucho más que una sorprendente consigna popular o la consigna ritual de una humillante ceremonia de vasallaje: acaso constituía la expresión resignada de un pueblo que no sentía al Estado como algo que le pertenecía, algo que era suyo y que libremente había segregado para su disfrute y conveniencia, sino lo percibía como una horma impuesta desde afuera para sujetar a unas personas necesitadas de ese tipo de coyunda para poder vivir en paz. "¡Vivan las cadenas!" era la manera española de admitir, humildemente, el *dictum* de Luis XIV de Francia, que el Rey era el Estado, o que la oligarquía dominante era el Estado, dado que el pueblo intuía que muy poco contaba la sociedad dentro de aquel andamiaje institucional. Para muchos de aquellos españoles, y tal vez para muchos españoles de hoy, la función del gobierno no es obedecer sino mandar. Aquí no se produjo el cambio de percepciones en el ámbito de las relaciones de poder. Aquí el Estado, como el castillo de Kafka, siguió siendo una fortaleza ajena e inaccesible, gobernada por unos seres oscuros y todopoderosos alejados de los efectos punitivos de las leyes.

No obstante, ese Estado, odiado por casi todos, dispensador de agraviantes privilegios, era, al mismo tiempo, el sueño dorado de la mayor parte de los españoles. El Estado podía ser —y así lo calificaban las mayorías— una indómita burocracia, casi siempre inútil, a veces cruel, terriblemente onerosa, pero lo sensato, dado su peso y poder, no era oponérsele, sino sumársele. Lo prudente era convertirse en funcionario y vivir protegido por su mágico manto, lejos del alcance de las leyes y de las responsabilidades. Al fin y a la postre, la seguridad que el Estado ofrecía podía ser miserable en el orden económico, especialmente en los estratos más bajos, pero siempre era mejor que el desamparo de una sociedad civil poco fiable, o los riesgos de un mercado en el que no se solía triunfar por el esfuerzo y la competencia, sino por la asignación arbitraria de privilegios y canonjías.

Pero, desgraciadamente, hay más. Esa aparente paradoja —querer formar parte de lo que se detesta— no es la única que comparece en la sicología antiliberal del hombre iberoamericano. Su distanciamiento intelectual y emocional del Estado en el que vive y en el que desenvuelve sus quehaceres ciudadanos le provoca una especie de burlona indiferencia ante las injurias que los demás puedan hacerle. Como el iberoamericano no se identifica con el Estado, como no es "su" Estado, le da exactamente igual que "los otros" no paguen impuestos, destrocen los lugares y vehículos adscritos al impreciso "bien común", incumplan las leyes, evadan el servicio militar o derrochen los caudales públicos. Sólo así se explica —por ejemplo— que a casi nadie en España le escandalice la increíble historia de Hunosa, una compañía minera que año tras año entierra muchísimo más dinero que el carbón que consigue desenterrar, pero como se trata de la tesorería general del Reino de España, la percepción de la sociedad es que no es ella quien paga. Pagan otros. Paga el Estado, ese ente ubicuo, pavoroso siempre ajeno. Ni los funcionarios —en fin— han adquirido la conciencia de ser *civil servants*, ni los ciudadanos la de formar parte de los *taxpayers*. Y así, naturalmente, es casi imposible soñar con tener algún día un país gobernado con arreglo a los principios liberales.

## Las percepciones engañosas

Lamentablemente, los inconvenientes históricos y nuestra escala axiológica de valores y actitudes no son los únicos obstáculos con que se enfrenta el pensamiento liberal en Iberoamérica. Hay otras barreras de carácter general, presentes en todas las latitudes, y la más alta y peligrosa tiene que ver con nuestras percepciones sicológicas de los fenómenos económicos. Acaece que las premisas sobre las que descansa la cosmovisión liberal no sólo se dan de bruces con nuestra historia: también son contrarias al razonamiento intuitivo de la mayor parte de los mortales. La lógica nos traiciona.

Si preguntamos, a voleo, qué es más conveniente, que las transacciones económicas que realiza la sociedad sean el resultado de un orden espontáneo surgido libremente del mercado, o —por el contrario— se limiten a actividades cuidadosamente planificadas por economistas graduados en buenas universidades, la respuesta más frecuente que oiremos apuntará a la supuesta superioridad de la cuidadosa planificación de los expertos.

Si la consulta se hace sobre los controles de precios y salarios, la respuesta será más o menos la misma. ¿Cómo el mercado va a favorecer a los pobres? Eso lo sostiene muy poca gente. Sólo la mano justiciera de los políticos o funcionarios dotados de buen corazón puede lograr que los bienes y los servicios tengan y mantengan un "precio justo". Sólo un estricto control de los salarios puede evitar que la codicia de los empresarios convierta las retribuciones de los trabajadores en unas cuotas miserables.

Algo parecido ocurrirá si se indaga sobre la forma de proteger las industrias nacionales y los puestos de trabajo: invariablemente se preferirán las barreras arancelarias y las trabas a la inmigración, porque el espejismo lógico apunta en esa falsa dirección, error al que generalmente contribuye con entusiasmo el discurso nacionalista más crudamente demagógico.

No obstante, nosotros sabemos, por la vía experimental, que el mercado es mucho más eficiente que la planificación, tanto para crear la riqueza como para asignarla a los más débiles. Y sabemos que los controles de precios y salarios conducen al empobrecimiento de los pueblos, al desabastecimiento y a la inflación. Y sabemos —además— que proteger a los productores locales de la competencia externa es la forma más rápida de envilecer la calidad de la producción, de encarecerla y de atrasarnos en el plano tecnológico. Pero, como reza el refrán brasilero, "tenemos razón, pero poca... y la poca que tenemos no sirve de mucho".

De manera que, frente a las engañosas intuiciones económicas, los liberales sólo pueden oponer los dictados de la experiencia acumulada tras varios siglos de cuidadosas observaciones. Mientras el socialismo —en cualquiera de sus variantes— deduce sus conclusiones y hace sus propuestas desde seductores razonamientos abstractos perfectamente construidos, el liberalismo tiene que recurrir a los ejemplos concretos para lograr algún grado de persuasión, dado que el sentido común nunca parece acompañarlo.

Más grave aún: los liberales tienen que defender propuestas que contradicen los instintos más elementales. ¿Cómo convencer a los mortales corrientes y molientes de que es bienvenido un cierto nivel de riesgo e incertidumbre en el mercado para que no decaiga la tensión competitiva? ¿Cómo hacerles ver que es bueno que la empresa ineficiente sea expulsada del mercado por otra más ágil capaz de utilizar los recursos de una manera más eficiente? Sin la quiebra de los menos aptos el sistema no funcionaría con eficacia. Sin "ganadores" y "perdedores" todos acabaríamos perdiendo. Sin diferencias económicas notables no eran posibles la acumulación y la inversión. El sistema depende tanto de los aciertos como de los errores para avanzar, y aun estos últimos resultan enormemente valiosos por todo lo que tienen de aprendizaje basado en el tanteo y el error como método de progresar incesantemente.

Añádansele a este discurso liberal las apelaciones a la responsabilidad individual y la solicitud permanente de que el

Estado deje de "protegernos" paternalmente contra nuestra voluntad, y se tendrá una idea clara de las ventajas sicológicas de la oferta socialista. Los socialistas siempre hablan de derechos conculcados, no de obligaciones esquivadas, y apelan al muy práctico esquema de las víctimas y los victimarios. Las responsabilidades de nuestras desdichas siempre son de otro. La culpa de nuestra pobreza invariablemente hay que atribuirla a la sevicia del otro. Pero esa injusticia —claro— se terminará mediante la equitativa redistribución de la riqueza, esa mítica multiplicación de panes y peces que hace el político populista-socialista desde todas las tribunas.

¿Cómo puede, en suma, sorprenderse nadie de la inmensa popularidad de esta forma de entender la realidad social o —en sentido contrario— de la falta de calor que suelen encontrar las propuestas liberales? Ese realista mensaje de "sangre, sudor y lágrimas" con que Churchill alistó a los ingleses frente a la amenaza nazi puede lograr su cometido en situaciones extremas, pero en las lides políticas convencionales funciona mucho mejor un candoroso texto con el que se embadurnaron las paredes de Lima en la campaña de 1990: "No queremos realidades; queremos promesas".

## La función didáctica del liberalismo

No es muy halagüeño, pues, el panorama descrito, pero ésa es la verdad monda y lironda, lo que inevitablemente nos precipita a hacernos una ingrata pregunta: ¿qué podemos hacer los liberales ante esta realidad? Y la respuesta es bastante obvia: la tarea más importante que los liberales tenemos por delante es de carácter didáctico. Hay que hacer pedagogía, difundir ideas, explicar una y mil veces lo que nosotros sabemos, hasta conseguir que una masa crítica de iberoamericanos asuma racionalmente nuestros puntos de vista y comience a cambiar el escenario político.

Afortunadamente, el liberalismo es una cantera de ideas y reflexiones que aumenta día a día, y cuyas premisas parecen confirmarse desde diversos ángulos por las cabezas más lúcidas de nuestra época, desmintiendo con sus estudios la desdeñosa acusación de que nuestra visión de los problemas de la sociedad y las soluciones que proponemos forman parte de una cosmovisión decimonónica ya sin puntos de contacto con la realidad vigente.

En efecto: los recientes premios Nobel concedidos a figuras liberales tan dispares como Hayek, Friedman, Buchanan, Coase, North, Becker o Lucas demuestran que el liberalismo ha ampliado y profundizado el marco de sus reflexiones, tanto dentro de la economía como en el derecho, la sociología o la historia. Asimismo, se multiplican los ejemplos de exitosas experiencias liberales en el mundo: la transformación de Nueva Zelanda, las privatizaciones de medio planeta, el surgimiento de cierto capitalismo popular en Gran Bretaña durante el gobierno thatcheriano, el sistema chileno de pensiones y —en general— el "caso chileno", el asombroso crecimiento sostenido del enclave hongkonés, el fulminante "milagro irlandés", el efecto positivo de las desregulaciones o hasta el interesante ejemplo de Botswana, uno de los países más pobres del mundo, que tomó el camino liberal en contraste con vecinos que han seguido la senda tradicional del socialismo africano de posguerra.

Lo que quiero decir es que existen materiales más que suficientes para construir un plural mensaje, extraordinariamente persuasivo, que poco a poco vaya calando en la opinión pública hasta darle un vuelco a la conducta política de Iberoamérica. Es un camino arduo y difícil, pero no hay otro. Sólo cuando las personas de nuestra cultura entiendan que la mejor forma de defender sus propios intereses se encuentra en el mercado y en la libertad para producir y consumir, sólo entonces es que modificarán sus viejos y nocivos hábitos electorales. Al fin y al cabo, la conducta política es —como diríamos hoy día— una consecuencia de las expectativas racionales. Sólo que esas expectativas, en nuestro confundido universo, están montadas sobre viejos pánicos, sobre mala información y sobre errores de percepción. Y todo eso es lo que hay que cambiar. Menuda tarea.

# II
## ALGUNAS CRISIS, ALGUNOS PAÍSES

# 7. LA TRANSICIÓN ESPAÑOLA (1975-1982)

## ¿LOS VALORES PREVALECIENTES IMPULSARON LOS CAMBIOS O LOS CAMBIOS GENERARON UNOS NUEVOS VALORES EN LA SOCIEDAD ESPAÑOLA?*

L a hipótesis básica que da origen a este esfuerzo colectivo convocado por Lawrence Harrison y Samuel P. Huntington —y que yo comparto en gran medida—, consiste en que el tipo de gobierno (democracia, dictadura, teocracia, militarismo, etcétera), y el desempeño económico de las sociedades son el producto de la cultura prevaleciente, de los valores y de la cosmovisión sostenidos por una parte sustancial de la sociedad.

Una vez hecha esa afirmación se yergue ante nosotros un caso singular: España. Una nación de tradición católica e historia turbulenta —especialmente desde principios del siglo XIX—, cuyo estereotipo más difundido fuera de sus fronteras la asocia, como recuerdan los grabados de Goya, al dogmatismo y el autoritarismo, a la barbarie y el atraso. Sin embargo, en el curso de poco más de un cuarto de siglo, contado a partir de la muerte del dictador Francisco Franco en el invierno de 1975, el país se ha transformado en una monarquía constitucional, estable y democrática, con casi 20 mil dólares de renta anual per cápita —el octavo más rico del planeta, con un 87 por ciento de la renta promedio de los quince países que hoy integran

* Ensayo escrito para el seminario Culture Matters II, celebrado en Tufts University, Boston, marzo 26-27 de 2004.

la Unión Europea—, dotado de una calidad de vida excepcional que lo coloca entre los más privilegiados en el mundo.

¿Qué sucedió? ¿Sin que nadie lo advirtiera se produjo un cambio cultural profundo en el seno de la sociedad española que generó súbitamente unos comportamientos diferentes? ¿Tuvo lugar una modificación fundamental en la estructura de valores de la mayor parte de los españoles y españolas? Mi impresión es que en nuestros análisis de la conducta política y económica de los pueblos solemos omitir el peso tremendo de la experiencia y el aprendizaje en el cambio de las sociedades, y muy especialmente entre las clases dirigentes que son, en definitiva, las que adoptan un curso de acción que luego validan y asumen las grandes mayorías.

En todo caso, nuestro punto de comparación para establecer si una sociedad posee suficiente "capital social", es democrática y conduce acertadamente sus asuntos económicos, parte del modelo anglo-norteamericano. Pero olvidamos que, antes de llegar a tener una democracia estable, en Inglaterra hubo largos periodos de intolerancia y persecuciones, terribles guerras civiles y religiosas, con reinas y reyes decapitados —algo que jamás sucedió en España, por ejemplo—, hasta llegar, finalmente, a la Revolución gloriosa de 1688-1689 y el inicio formal de una monarquía constitucional que gradualmente fue ensanchando la práctica democrática y facilitó (o no obstaculizó) el surgimiento de la Revolución industrial. ¿Cambiaron los ingleses su cultura y sus valores a partir de ese momento o, simplemente, tras siglos de violencia y atropellos la clase dirigente aprendió su lección y adoptó formas civilizadas de solucionar sus conflictos y transmitir la autoridad?

Lo mismo puede decirse con relación a Estados Unidos. Es verdad que, a partir del triunfo de los independentistas contra Inglaterra, los norteamericanos inauguraron la más antigua y duradera república democrática moderna, pero ¿esto se debió a una tradición cultural propia de esa sociedad o a que heredaban unos valores y principios aprendidos de Inglaterra como consecuencia de esa previa historia de violencia y frustraciones padecida por los británicos?

Este ensayo intentará demostrar que la democracia y la prosperidad de que hoy disfruta España es la consecuencia de ese simple mecanismo de aprendizaje y su efecto sobre la clase dirigente: como los ingleses en 1688, como los japoneses y alemanes en 1945, los españoles, y muy especialmente los líderes y operadores políticos, aprendieron su lección. Pero esa interpretación de los hechos nos lleva inevitablemente a una inversión de las relaciones de causa y efecto: no es siempre una cierta cultura, rica en capital social, la que nos conduce serenamente a la democracia y la prosperidad. A veces sucede que la sociedad, capitaneada por sus líderes, llega por tanteo y error a la conclusión de que tiene que modificar su conducta colectiva, y a partir de ese momento el éxito comprobado de esos nuevos comportamientos comienza a segregar valores y principios que eventualmente se transforman en capital social y le confieren solidez al sistema.

En todo caso, para los latinoamericanos éste no es sólo un debate académico. La transición española a la democracia y a la prosperidad del primer mundo es un fenómeno tremendamente auspicioso para América Latina, pues si se pudiera comprender el "milagro español" tal vez fuera posible repetirlo. Al fin y al cabo, varios países latinoamericanos fueron bastante más ricos que España a lo largo del siglo XX: la Argentina, Uruguay, Venezuela, Chile y Cuba entre ellos. Y ésta es una afirmación que corroboran no sólo las estadísticas más fiables, sino también el signo de las migraciones. A lo largo del siglo XX, millones de españoles emigraron a estos países en busca de una vida mejor que la que podían encontrar en su propia nación.

En la segunda mitad del siglo XX, esa tendencia comenzó a cambiar. A partir de los años sesenta, tras el establecimiento de una dictadura comunista en Cuba, los cubanos empezaron a emigrar rumbo a España. Al triunfo de la revolución, el per cápita de la isla duplicaba el de España, pero muy pronto ese dato cambió de signo: hoy el per cápita de España es ocho veces el de Cuba.

Pero no fueron los cubanos los únicos latinoamericanos que viajaron a España en busca de una mejor forma de vida: los ecuatorianos, los argentinos y los colombianos, entre otros, en la medida en que se acercaba el siglo XXI, iban contemplando la emigración a España como la mejor opción posible para lograr un modo de vida aceptable, y si sólo han cruzado el Atlántico unos pocos centenares de miles con dirección a la "madre patria", es porque los rigurosos controles migratorios han impedido un éxodo masivo.

¿Por qué ha sido posible el "milagro español"? Hay varias explicaciones, pero se hace indispensable aclarar primero el punto de partida de esta nueva España. Inevitablemente hay que hablar un poco de historia.

## Un poco de historia

Aquel noviembre de 1975 fue un mes especialmente tenso. El generalísimo Francisco Franco llevaba varias semanas gravemente enfermo y el país esperaba con bastante inquietud la muerte de quien había sido la figura dominante durante casi cuatro décadas. Exactamente, desde el verano de 1936, cuando encabezó el alzamiento contra la Segunda República, dando inicio a una cruenta guerra civil.

Las razones del desasosiego tenían cierto fundamento. Durante el largo período de su gobierno, el vasto aparato de propaganda franquista, con un control casi total de los medios de comunicación, había subrayado una y otra vez, aparentemente hasta convencer a una buena parte de la población, las virtudes del modelo autoritario impuesto por los triunfadores de la Guerra civil (1936-1939) y la imposibilidad casi biológica o metafísica que tenían los españoles de convivir con arreglo a las normas democráticas. Franco, incluso, había acuñado una expresión que resumía su juicio pesimista sobre la naturaleza sicológica de los españoles: eran víctimas de *los demonios familiares*.

¿Cuáles eran esos "demonios familiares"? Según Franco, la tendencia a la anarquía, a la desunión y al separatismo. Sin una mano fuerte que los controlara, los españoles derivarían fatalmente hacia el caos y la violencia, atmósfera social en la que eran imposibles el desarrollo sostenido y el progreso. En cierta medida, Franco era un pesimista seguidor de Hobbes o un "déspota ilustrado", como se calificó en el siglo XVIII a los autócratas comprometidos con la prosperidad de sus súbditos, aunque tuvieran que imponerla por medios drásticos.

En rigor, había antecedentes históricos que justificaban las sospechas de Franco. Una buena parte del siglo XIX español había transcurrido entre revoluciones, guerras civiles —las llamadas guerras carlistas— y levantamientos militares. En 1868 había sido destronada la dinastía de los Borbones —instaurada en 1700 tras una guerra terrible librada en medio planeta—, sustituyéndola un monarca importado de Italia, Amadeo de Saboya, pero sólo como un breve preámbulo a la instauración de la Primera República, inaugurada en 1871 y hundida en el caos y la fragmentación del país sólo dos años más tarde.

A partir de 1873, restaurados los Borbones en el trono, y hasta 1923, España había disfrutado medio siglo de estabilidad política dentro de un modelo imperfecto de monarquía constitucional, adulterado por el caciquismo y la corrupción y amargado por las cruentas guerras coloniales en Cuba. Pero los desórdenes crecientes, azuzados por una violenta izquierda anarquista, provocaron un golpe militar, dirigido por el general Miguel Primo de Rivera, con el respaldo del rey Alfonso XIII y de una buena parte de la población que pedía "mano dura" para poner fin a la violencia callejera.

Era el primer tercio del siglo XX, la visión liberal de la centuria anterior había perdido su atractivo y dos fuerzas emparentadas, ambas derivadas del socialismo, se enfrentaban violentamente en Europa: fascismo y comunismo. De manera que cuando Primo de Rivera, tras ocho años de gobierno militar, puso fin a su dictadura, y poco después tuvieron lugar unos comicios municipales ganados por socialistas y republicanos, de nuevo entró en crisis el modelo político español, y otra vez volvió a desaparecer la dinastía de los Borbones y la institución de la monarquía. El rey Alfonso XIII se embarcó rumbo a Italia acompañado por su familia, y nunca más volvería a España, aunque jamás renunció formalmente al trono. En Roma, en el exilio, años más tarde, en 1938, le nacería un nieto, hijo de don Juan de Borbón y Battenberg, conde de Barcelona, al que le pusieron por nombre Juan Carlos.

En 1931, en fin, surgió la Segunda República, que tendría en su aparato militar al general más joven de Europa: un gallego silencioso, de corta estatura y aspecto poco marcial, pero con experiencia y prestigio adquiridos en las guerras coloniales del norte de África, en donde había dado muestras de un valor personal cercano a la temeridad: Francisco Franco Bahamonde. "Franquito", como le decían sus escasos amigos, no dio muestras de sentirse demasiado perturbado ante el nuevo rumbo que tomaba la nación. Incluso uno de sus hermanos, piloto de aviones, era un entusiasta republicano.

Sin embargo, muy pronto los conflictos sociales comenzaron a multiplicarse peligrosamente, desembocando con frecuencia en hechos violentos. El Partido Comunista y el Partido Socialista, que entonces tenía un ala claramente pro soviética, y las centrales sindicales más fuertes, preconizaban la lucha de clases y generaban huelgas salvajes. A la "dialéctica de la lucha de clases" alentada por los comunistas, los fascistas españoles, llamados "falangistas", respondían a su vez con la "dialéctica de las pistolas", como afirmaba José Antonio Primo de Rivera, carismático abogado, hijo del general antes mencionado. Y junto a esta batalla entre grupos que propugnaban dos modelos autoritarios de Estado, otras dos zonas de conflicto enfrentaban con cierta ferocidad a los españoles: los separatismos nacionalistas y el anticlericalismo.

En efecto, crecía el independentismo entre catalanes y vascos, mientras se multiplicaban las agresiones a curas, monjas y templos católicos —más de trescientos incidentes graves durante los ocho años que duró la Segunda República—, debidas generalmente a grupos anarquistas que culpaban al clero de haber estado siempre al servicio de los poderosos y en contra de los intereses del pueblo oprimido.

Ese clima de fricciones y crispación llegó a su primera explosión en 1934, cuando se produjo un levantamiento armado en Asturias, alentado por el ala más radical de los socialistas, que puso en jaque al gobierno republicano. Para sofocarlo, las autoridades españolas llamáron al más enérgico de sus generales, el entonces joven Francisco Franco, quien, en efecto, terminó a sangre y fuego con la insurrección, granjeándose de inmediato fama de hombre duro "a quien no le temblaba el pulso" cuando tenía que dictar medidas draconianas contra los responsables de desmanes o desobediencias indebidas.

Pero el episodio de Asturias fue sólo el preámbulo de lo que sucedería en el verano de 1936. Poco después del asesinato del parlamentario conservador José Calvo Sotelo, atribuido a los radicales de izquierda, el general Franco, junto a otros militares de alto rango, quien dos años antes había contribuido a salvar a la república, el 18 de julio encabezó un golpe militar que la liquidó, precipitando al país en una cruenta guerra civil que costó varios cientos de miles de muertos, en lo que sin duda fue un ensayo general para la Segunda Guerra Mundial. Aliados al bando de los "nacionales" —el de Franco—, militaron los fascistas de Mussolini y los nazis de Hitler, mientras que los "republicanos" o "rojos" —según quien hiciera la descripción—, junto al apoyo de demócratas de izquierda, tuvieron el auxilio de la URSS de Stalin y de decenas de agrupaciones comunistas de todo el mundo, cuyos representantes lucharon incardinados en las Brigadas Internacionales.

En 1939, cuando "estalló la paz", como escribió el novelista José María Gironella, los triunfadores de la contienda, que se percibían como los últimos cruzados de la cristiandad, con Franco a la cabeza, compartían una visión histórica que los acompañaría durante décadas: con el levantamiento de 1936, suponían, habían salvado la unidad de España y al catolicismo, y habían conquistado la paz social. Pero junto a esta evaluación de su propia hazaña histórica, Franco abrigaba un sombrío diagnóstico sobre sus compatriotas: los españoles, sencillamente, no estaban hechos para la democracia y el disfrute de los derechos humanos y las libertades civiles porque la historia "demostraba" que, cada vez que se les soltaba la rienda, las fuerzas centrífugas que operaban en el seno de la sociedad destruían la vida en común. Había ocurrido en 1808 tras la invasión de Napoleón; en 1873, cuando se hundió la Primera República, y en 1936, cuando el caos de la Segunda República —a la que le tocó convivir con la depresión mundial de los años treinta— dio paso a la Guerra civil. A esos "demonios familiares" que destruían la convivencia entre los españoles sólo se les podía controlar a "palo y tente tieso", para propia gloria y beneficio de la nación.

En consecuencia, con esta melancólica visión de la historia, el régimen que surge en España tras la victoria de Franco será de carácter totalitario, con un solo partido político, popularmente llamado "el movimiento", una ideología católico-conservadora que nadie podía poner en duda públicamente, e ideas económicas adquiridas del fascismo y de cierta tradición española que provenía de fines del siglo XIX: centralismo, autarquía, nacionalismo económico, proteccionismo y un rol destacado como empresario para el Estado, considerado motor y guía de la economía nacional.

Incluso en su lecho de muerte, Franco redacta su testamento-declaración para el pueblo español e insiste en su visión de último cruzado católico sacrificado por la unidad de la patria. Les pide a sus compatriotas que respalden al monarca Juan Carlos, designado como sucesor constitucional en la jefatura del Estado, y advierte con gran preocupación: "No olvidéis que los enemigos de España y de la civilización cristiana están alerta".

## Los "fantasmas familiares" se debilitan

¿Qué sucedió con esa fatalista visión de los españoles y de la historia de España que tenían Franco y sus seguidores? Ocurrió que, poco a poco, en la medida en que cambiaba el panorama nacional e internacional, la realidad española se fue alejando de las percepciones y estereotipos de los triunfadores de la Guerra civil y de una parte sustancial de la castigada sociedad de aquellos años.

El primer mazazo fue la derrota del eje-nazifascista en 1945.

Aunque España era oficialmente neutral, los aliados percibían al régimen franquista como colaborador de Hitler y Mussolini, y en 1945 el país no fue admitido en la recién creada ONU ni se le adjudicaron fondos del Plan Marshall, mientras se les pidió a los embajadores de las naciones adscritas a la ONU que se retiraran del país. Fue una época de aislamiento internacional, apenas aliviado por las buenas relaciones de Madrid con la Argentina de Juan Domingo Perón y con la satrapía dominicana de Rafael Leónidas Trujillo.

Pero este rechazo internacional comenzó a ceder en 1953 con el pacto entre Madrid y Washington para el establecimiento de bases militares norteamericanas. En 1955, finalmente, a tenor de la "guerra fría", España fue aceptada en la ONU como miembro de pleno derecho, mas a lo largo de todo ese proceso los españoles recibieron el clarísimo mensaje de que el tipo de gobierno que tenían era visto con gran repugnancia no sólo por los comunistas, encabezados por la URSS, sino también por lo que entonces, dentro de los códigos ideológicos de la época, se llamaba "el mundo libre".

Por otra parte, el panorama social y económico de la posguerra española era bastante lamentable. El modo de vida, por lo regular, era sórdido e incómodo. La pobreza y el desabastecimiento eran la norma en el país a lo largo de las décadas de los cuarenta y cincuenta, mientras llovían noticias sobre el fantástico "milagro alemán" o el japonés que deslumbraban a los economistas. Incluso, otros países menos citados y muy afectados por la Segunda Guerra lograban un desempeño económico mucho mejor que el de España: mientras los españoles entre 1946 y 1950 sólo consiguieron multiplicar su producción industrial por 1,1, Italia la multiplicó por 1,7, Grecia por 2 y Yugoslavia por 2,2. Comenzaba a resultar evidente que la terapia franquista para eliminar la pobreza en España y conseguir el desarrollo del país no era la adecuada.

La cúpula dirigente del franquismo advierte el retraso español con relación a otros países de la cuenca mediterránea e inicia un cauteloso proceso de apertura al exterior que rápidamente empieza a mostrar resultados. Al principio, sólo se trata de no estorbar a las fuerzas productivas, pero en 1957 se produce un giro ideológico: salen del gobierno los ministros falangistas del campo económico y entran unos tecnócratas vinculados con el *Opus Dei*, distanciados del pensamiento fascista. Dos años más tarde, en 1959, formulan, y Franco lo aprueba, un plan de estabilización y liberalización que profundiza los lazos con el exterior: España se abre al mercado y reduce el papel dirigista del Estado. En esencia, comienzan a mirar hacia la Europa democrática y copian su modelo de conducción de la economía. En ese punto de la historia, el PBI por habitante de España era el 58,3 por ciento de la media de Europa occidental. A partir de ese momento se desata el primer "milagro español". Dieciséis años más tarde, en 1975, cuando muere Franco, alcanzará el 79,2.

¿Fue sólo la sagacidad de los tecnócratas del franquismo lo que propició este espectacular cambio? No: los tecnócratas tuvieron la honradez intelectual de admitir el error de los presupuestos teóricos originales del régimen de Franco, mientras el caudillo —como lo llamaban al general— tuvo la flexibilidad de no aferrarse a criterios dogmáticos en estos asuntos. Eso, al menos, es lo que se desprende de las palabras del respetado ensayista y economista Joaquín Estefanía, publicadas en el periódico *El País* de Madrid el 3 de mayo de 1998:

"El mismo año [1957] que Franco cambia de Consejo de Ministros se firma el Tratado de Roma, que consagra el Mercado Común de los seis países pioneros: Italia, Francia, Alemania, Bélgica, Holanda y Luxemburgo. Pocos meses después, y con el aval del embajador de Estados Unidos en Madrid, John David Lodge —que deseaba incorporar a España al escenario internacional, como aliado en la guerra fría—, nuestro país ingresa en el Fondo Monetario Internacional, el Banco Mundial y la Organización Europea de Cooperación Económica (OECE, antecedente de la OCDE). En 1959, la OECE daba a luz su primer informe sobre la economía española, en la que se pedía una estabilización. Según cuenta el historiador Ángel Viñas, al mismo tiempo, encerrado en una habitación del hotel Palace madrileño, el director del Departamento Europeo del FMI, Gabriel Ferré, había perfilado la filosofía económica del cambio de rumbo; esta parte de su borrador, con pequeñas variantes de estilo y complementos indispensables, fue asumida enteramente por el gobierno español en el memorándum que, con fecha 30 de junio, dirigió oficialmente a los organismos económicos internacionales y, previamente, a las autoridades norteamericanas".

## Un país de dos velocidades: una económica y otra política

Pero la apertura económica, que entre 1959 y 1975 propició tasas de crecimiento anual de hasta el 7 por ciento, no se correspondía con la apertura política. Franco estaba mucho más dispuesto a admitir modificaciones en la conducción económica del país que en el terreno político. ¿Por qué? Porque, en realidad, Franco no tenía ideas muy claras en materia económica, pero, en cambio, estaba convencido de que conocía profundamente la psicología colectiva de sus compatriotas. Él no era, como Mussolini, un ideólogo fascista, sino un militar de cuartel, amante del orden, entendido éste como sumisión total a un poder verticalmente organizado en beneficio de la sociedad. Podía entregarles a otros la llave de la tesorería, pero no el control de los calabozos.

Sin embargo, Franco pretendía que su régimen no desapareciera con su muerte, sino que se prolongara *sine die*, de manera que desde los años cincuenta comenzó a diseñar las instituciones adecuadas a ese fin. La primera de ellas, por supuesto, era la jefatura del Estado. ¿Quién lo iba a sustituir al frente de España cuando él no estuviera entre los vivos? Como había triunfado contra la república, que le parecía una receta para el caos, le pareció que lo más indicado era restaurar por segunda vez la monarquía, pese al poco crédito de la institución, y muy especialmente de la dinastía borbónica. Pero había un inconveniente adicional: el heredero natural de la corona, el conde de

Barcelona, don Juan de Borbón, hijo de Alfonso XIII, le parecía demasiado liberal y demasiado pro occidental, como había demostrado durante la Segunda Guerra Mundial con sus claras simpatías por los aliados, así que eligió como su posible reemplazo al primogénito de éste, Juan Carlos, entonces un espigado adolescente de apenas 10 años, y pidió que se lo enviaran para educarlo dentro de la visión histórica e ideológica de su régimen. Su hipótesis consistía en que el joven Borbón, "correctamente" formado por preceptores sabiamente escogidos, llegaría a ser un católico conservador, refractario a los valores liberales y poco amigo de la democracia occidental. Franco, que no había tenido hijos varones, trataba de "clonarse" para perpetuar su régimen y, cuando hablaba del futuro, solía asegurar que estaba "atado y bien atado".

Cuando Franco cree que los pedagogos y tutores ya han concluido su tarea formativa, designa oficialmente a Juan Carlos, entonces con 30 años, como sucesor en la jefatura del Estado. Eso sucede en 1969. Franco ya es un anciano y padece algunas enfermedades propias de la edad. Pero en la medida en que ve más cerca su propio final, en junio de 1973 intenta tomar algunas medidas que garanticen la supervivencia del régimen y nombra al frente del gobierno al almirante Luis Carrero Blanco, un franquista incondicional que sostiene su misma visión de España. Franco está inquieto por el aumento gradual de los actos terroristas cometidos por los separatistas radicales vascos de ETA y supone que Carrero Blanco sabrá enfrentar ese y otros peligros desestabilizadores que le parece descubrir en el horizonte.

Esa voluntad de inmovilismo exhibida por Franco, no obstante, tenía un enemigo formidable: la Comunidad Económica Europea (CEE). La Europa occidental surgida tras la Segunda Guerra, horrorizada por las masacres causadas por los gobiernos totalitarios, no estaba dispuesta a tolerar en su seno Estados que no fueran democráticos y respetuosos con los derechos humanos. Así que cuando España, en 1962, entusiasmada por el éxito de la reforma económica emprendida tres años antes, trató de acercarse a la CEE, cortés pero firmemente le explicaron que tal cosa no era posible mientras el país tuviera un régimen político como el franquista.

Para la clase dirigente franquista, especialmente para los más jóvenes, que tenían una menor carga ideológica y no habían vivido la guerra civil con la misma intensidad y pasión, ese rechazo fue una señal clave. Ya sabían que sin democracia no habría integración con la Europa pujante que estaba surgiendo, y tampoco ignoraban que ese aislamiento, aunque fuera parcial, limitaba grandemente las posibilidades de desarrollo del país. En consecuencia, dentro del gobierno fue cobrando fuerza una tendencia reformista y europeísta en la que se identificaban algunas figuras: José María de Areílza y Manuel Fraga Iribarne eran dos de las más destacadas.

En la oposición —entonces ilegal, perseguida, pequeña y escasamente eficaz— comenzó a ocurrir un fenómeno parecido. El Partido Comunista de España, que hasta mediados de los años sesenta había sido dócilmente seguidor de la URSS, percibió que el discurso político del comunista italiano Enrico Berlinguer, defensor del "eurocomunismo", era muy conveniente, y comenzó a desviarse hacia posiciones más moderadas. Los comunistas que vivían en las naciones occidentales —afirmaban— no tenían que reivindicar el modelo soviético y podían aceptar las reglas de juego democráticas. Andando el tiempo, Santiago Carrillo, dirigente del Partido Comunista de España (PCE), llegaría a escribir un libro en torno al tema: *Eurocomunismo y Estado*.

Los socialistas y los liberales, por su parte, también se dieron cuenta de que la integración en Europa podía ser la salvación de los opositores. A su manera, socialistas y liberales compartían con Franco la idea de que la sociedad española vivía bajo el asedio permanente de "demonios familiares", sólo que para ellos esas criaturas nefastas eran distintas de las que Franco creía percibir. Para los socialistas y liberales, los demonios que martirizaban a los españoles e impedían su convivencia armónica eran el militarismo, el autoritarismo y el dogmatismo, azotes que siempre acababan imponiéndose a la sociedad. Para ellos, unirse a Europa era una forma de sujetar fuertemente estas tendencias. José Ortega y Gasset lo había escrito proféticamente en 1910: "España es el problema; Europa, la solución".

## La Iglesia y los católicos cambian

Otro de los factores de hostilidad y desunión que habían crispado a la sociedad española desde principios del siglo XIX había sido el catolicismo. España fue el último país de Europa en abolir la Inquisición (1834) y la esclavitud (1886), y tal vez fue la nación donde los católicos se opusieron con mayor vigor al proceso de secularización que tuvo lugar en todo el Viejo Continente tras la Revolución francesa. Esa resistencia, muchas veces sangrienta, dio lugar a la aparición de un anticlericalismo, también violento, que llevó a Miguel de Unamuno a exclamar que "los españoles siempre marchan detrás de los curas: unas veces con velas y otras con hachas".

Franco, además, había llegado al poder al frente de una alianza que incluía católicos, falangistas y —también— ciertos liberales desencantados con los excesos de la república. Entre esos excesos —algunos de ellos ocurridos incluso antes de la Guerra civil— estaba el asesinato de varios centenares de sacerdotes y monjas, así como la profanación de templos, hechos que propiciaron una fuerte alianza entre el general gallego y la jerarquía eclesiástica que había visto en el Caudillo al salvador de la institución.

Esta alianza entre Franco y el catolicismo, naturalmente, provocaba el rechazo de la oposición, pero esos vínculos comenzaron a debilitarse en la medida que en el seno de la Iglesia, fundamentalmente en Roma, se inició un enérgico giro hacia lo que pudiéramos llamar, con cierta licencia, "la izquierda". En efecto, como sucedió en Francia, cuna de este movimiento, ya en la década de los cincuenta comenzaron los "curas obreros" españoles a convivir con el proletariado en los barrios marginales, y muchos de ellos adoptaron ideas provenientes del marxismo en las que no encontraban grandes discrepancias con cierta interpretación muy laxa de la Doctrina social de la Iglesia.

Tras la muerte de Pío XII en 1958 resultó elegido papa Juan XXIII, y con él se profundizó el cambio ideológico de la Iglesia católica, resultado del Concilio Vaticano II, convocado, precisamente, para poner al día a la institución en materia social y política. Muerto Juan XXIII en 1963, aun antes de terminarse el Concilio, Pablo VI fue elevado al trono de San Pedro, y entre las encíclicas que promulgó hubo una, *Populorum progressio*, cuya visión del desarrollo económico no distaba mucho de la que entonces mantenían los sindicatos clandestinos que se iban organizando en España.

No es nada extraño, pues, que Pablo VI en 1969 nombrara al obispo Enrique Tarancón cardenal primado de España, distinción que *de facto* lo convertía en la cabeza de la jerarquía católica, pero esa designación tenía una obvia intención política: Tarancón representaba una tendencia claramente antifranquista dentro del clero español y resultaba obvio que el Vaticano quería distanciarse públicamente del gobierno español. La vieja alianza entre el caudillo y el catolicismo quedaba oficialmente rota. Pocos años más tarde, en 1975, cuando el propio Pablo VI trató de interceder ante Franco para que no se ejecutara a unos presos políticos anarquistas y etarras condenados a muerte, el general no le respondió la llamada telefónica. Franco vivía sus últimos meses de vida y no renunciaba a su acendrado catolicismo, pero pensaba que la Iglesia había caído en manos equivocadas.

## Muere Franco y comienza la transición

En la noche del 20 de noviembre de 1975, todas las emisoras de radio de España comenzaron a transmitir música sacra. En la televisión, puesta en cadena, un nervioso y conmovido locutor anunció la muerte del Caudillo. Llevaba un mes agonizando sin

111

esperanzas y el país aguardaba inquieto la noticia. Enseguida, el entonces jefe de gobierno, Carlos Arias Navarro, abogado y ex ministro de Gobernación con fama de represor, apareció lloroso ante las cámaras y aseguró que el régimen fundado por Franco, en homenaje a su memoria, se mantendría inalterable.

Arias Navarro había llegado a la jefatura del gobierno tras la muerte de Carrero Blanco, asesinado por los terroristas de ETA en diciembre de 1973 mediante una poderosa carga explosiva colocada en una céntrica calle de Madrid en el trayecto que habitualmente tomaba el almirante para asistir a misa. Y había debutado con un discurso levemente conciliador que sólo los observadores más generosos se atrevieron a calificar de "reformista", pero en el que todos comprendieron que, con la excepción de Franco, prácticamente nadie situado en el primer anillo de poder podía creer que el régimen sobreviviría demasiado tiempo sin grandes cambios estructurales que lo alejaran de la mitología de los años treinta en que se había forjado.

Pero si Arias Navarro no era, realmente, un franquista reformista, otros políticos de relieve cercanos al gobierno sí estaban convencidos de la necesidad de impulsar los cambios cuanto antes, desde la cúpula, para evitar que la reforma surgiera violentamente impulsada desde la base. Entre ellos estaban Manuel Fraga, José María de Areílza, Pío Cabanillas y Alfonso Osorio. Meses antes del fallecimiento de Franco habían respaldado una reforma que permitía la existencia de asociaciones políticas distintas del oficialismo. Curiosamente, en 1975 un joven y poco conocido abogado vinculado con el movimiento, llamado Adolfo Suárez, parecía recorrer el camino inverso y era nombrado presidente coordinador de la Unión del Pueblo Español. Era todo un *apparatchik* al servicio de la maquinaria totalitaria. En ese momento no aparecía en ninguna lista de políticos reformistas.

Inmediatamente tras la muerte de Franco, Juan Carlos es investido por las Cortes —el parlamento— como rey de España. En las calles se escuchan muchas burlas. Le llaman "Juan Carlos el Breve" y son bastantes los que aseguran que no podrá sostenerse en el poder. Tiene que jurar los principios fascistoides de la legalidad vigente. Lo hace, pero está secretamente convencido de que la estabilidad del país y el destino de la Corona radican en fundar una democracia constitucional y democrática, anclada en los valores liberales y firmemente aliada a las grandes naciones occidentales. Probablemente le debía esta convicción a la influencia de uno de sus tutores más inteligentes: Torcuato Fernández Miranda, a la sazón presidente de las Cortes, un conservador notablemente perspicaz y con una indudable capacidad para la intriga política.

El primer gabinete de gobierno formado por el rey incluye a varios franquistas del ala reformista, pero hay un escollo: se mantiene a Carlos Arias Navarro como presidente. Hay que salir de él si se quiere llevar adelante la reforma. Torcuato Fernández Miranda tiene y le propone al rey un sorprendente candidato para reemplazar al viejo franquista: Adolfo Suárez. Por alguna razón, le ha visto las cualidades psicológicas necesarias para encabezar la trasformación política del país. El rey se deja guiar por el instinto político de su viejo maestro.

En julio de 1976, Juan Carlos I le pide la dimisión a Carlos Arias Navarro y nombra a Adolfo Suárez. La sustitución es vista con escepticismo por los franquistas reformistas, que no lo respetan en el orden intelectual, y por la oposición, que piensa que es sólo una variante del mismo tema. Pero inmediatamente se advierte que no es así: Suárez dicta una amnistía y más de cinco mil presos y detenidos políticos son puestos en libertad. A continuación, comienza una intensa labor de persuasión entre los parlamentarios para que acepten una reforma política total que pondría fin al régimen franquista y sentaría los cimientos de una democracia pluripartidista.

Finalmente, el 18 de noviembre, hábilmente guiadas por Torcuato Fernández Miranda, las Cortes franquistas, como entonces se dijo, se hacen el *harakiri* y más de las tres cuartas partes de sus miembros votan la ley de reforma política, que incluye la disolución de la institución y la convocatoria a elecciones generales. Previamente, el pueblo debe aprobar los cambios mediante un referéndum. La consulta recibe la conformidad del 94 por ciento de los que asisten a votar. Sin embargo, todavía no puede hablarse de democracia total: entre otras cosas, el Partido Comunista sigue siendo ilegal. Tras varias semanas de tensiones y desórdenes callejeros, en las que unos pistoleros franquistas asesinan a varios abogados laboralistas adscritos al Partido Comunista, en abril de 1977, finalmente, se legaliza la existencia de esta formación marxista. En ese momento era el partido de oposición más vasto y mejor organizado de España.

La transición va a velocidad de crucero. En junio se llevan a cabo las elecciones generales y vence la Unión de Centro Democrático, una coalición de reformistas, liberales, conservadores y democristianos creada *ad hoc* por Adolfo Suárez, muchos de ellos de procedencia franquista. Los socialistas ocupan holgadamente la segunda posición. El Partido Comunista entra al parlamento con 20 diputados y el 9 por ciento de los votos. Ya forma parte del sistema. Acepta tácitamente la monarquía y pocos meses después renunciará oficialmente al leninismo. Dos años más tarde, los socialistas, forzados por Felipe González, rompen públicamente con la ideología marxista. Lo que está sucediendo es una convergencia hacia el centro de todo el espectro político.

Simultáneamente, los sindicatos, los políticos y los empresarios se reúnen en la Moncloa —como se llama en España a la casa de gobierno— para buscar una forma de consenso. La muerte de Franco y los cambios políticos coincidieron con un ciclo económico recesivo, agravado por la crisis energética mundial de 1973 y el periodo de inflación que le siguió. Aumentaba el desempleo de forma alarmante y se disparaba el déficit público. Todos entendían que, si la crisis económica se iba de las manos, el cambio político podía abortar. En las fuerzas armadas había numerosos militares inconformes con lo que estaba sucediendo y se sabía de sospechosos movimientos subversivos en los cuarteles. Ante estos peligros, muy responsablemente, los sindicatos y la patronal moderaron sus respectivas demandas, la inflación comenzó a ser controlada y el país respiró aliviado. A esos acuerdos se les llamó "los Pactos de la Moncloa".

Tras la aprobación de la nueva Constitución, en marzo de 1979 de nuevo se convocó a elecciones y se repitieron más o menos los mismos resultados de las anteriores. La Constitución incluía un intenso proceso de descentralización del poder, al consagrar la existencia de 17 regiones autonómicas, cada una con su parlamento y numerosas competencias. La "España unida" de Franco daba paso, en la práctica, a una España casi federada, formada por entidades autónomas que, de manera creciente, asumían el control y la gestión del gobierno local. Era una forma paradójica de enfrentarse al separatismo.

A Suárez, sin embargo, lo acosan las divisiones dentro de su partido y en enero de 1981 presenta su dimisión y lo sustituye Leopoldo Calvo Sotelo, sobrino nieto del diputado conservador José Calvo Sotelo asesinado en 1936. No obstante, durante la ceremonia de investidura se produce un peligroso intento de golpe militar. Una unidad de la guardia civil toma el parlamento y retiene por la fuerza a los congresistas, incluidos a Calvo Sotelo y Adolfo Suárez. Otros cuerpos rebeldes del ejército se mueven en diversas provincias. Pero el rey salva la situación manteniendo una actitud firme y denunciando a los sediciosos. Era el último coletazo del franquismo. Cuando se anuncia el fracaso de los golpistas, millones de españoles jubilosos se lanzan a las calles en la mayor manifestación política que recuerda el país.

El grave incidente del golpe acelera una decisión que ya se había tomado: ingresar en la OTAN. El razonamiento era muy simple, aunque nunca se esgrimía públicamente: la OTAN no sólo servía para enfrentarse colectivamente a la amenaza soviética. También era útil para encerrar a los militares dentro de una superestructura castrense en la que no se toleraban comportamientos antidemocráticos. En junio de 1982, de la mano del presidente de gobierno Leopoldo Calvo Sotelo, España ingresaba en la institución.

Ese mismo año, en octubre, se realizan nuevas elecciones y el Partido Socialista Obrero Español obtuvo la mayoría absoluta. Felipe González se convertía en presidente de gobierno y de alguna manera se cerraba el ciclo de la transición. La derecha reformista había transmitido la autoridad pacíficamente a una izquierda que no pretendía cambiar el modelo de Estado, sino perfeccionarlo y gobernar acertadamente. En general, la clase dirigente había llegado a un consenso sobre cómo debía administrarse el país con todos y para el bien de todos, y lo que quedaba abierto a debate eran detalles técnicos y no cuestiones de fondo, salvo en el espinoso tema de las nacionalidades y el alcance de las autonomías.

El espectáculo era casi asombroso. A partir de 1975, inesperadamente, la Corona optó por la democracia, la derecha dejó de ser franquista, militarista e intolerante, los comunistas abandonaron el leninismo, los socialistas renunciaron al marxismo, los sindicatos cancelaron la lucha de clases y la Iglesia católica bendijo el proceso. De los viejos demonios familiares sólo quedó uno vivo y amenazante: el separatismo nacionalista, pero incluso ése no parecía capaz de descarrilar el proceso democrático.

### ¿Por qué tuvo éxito la transición española hacia la democracia y la prosperidad?

A riesgo de ser reiterativos, es posible enumerar doce elementos que en gran medida explican esta historia, hasta ahora feliz y ejemplar:

- Pese a que la Guerra civil había terminado en 1939, su recuerdo terrible aún permanecía vivo en la memoria colectiva y casi nadie deseaba arriesgarse a provocar una reanudación de ese proceso.
- Durante los casi cuarenta años franquistas de gobierno de mano dura, la sociedad española se hizo más dócil y obediente a las reglas y a la autoridad.

116

- En 1975, en el mundo había desaparecido el enfrentamiento entre fascistas y comunistas propio de los años treinta, y lo que existía era una rivalidad entre las democracias capitalistas, encabezadas por Estados Unidos, y las dictaduras comunistas, encabezadas por la URSS. El franquismo era un anacronismo político sin referencias ni asideros contemporáneos en el momento en que desaparece el caudillo que lo fundara.

- En 1975, cuando muere Franco, casi el 80 por ciento de los españoles eran dueños de su vivienda, en los bancos existían varios millones de cuentas privadas de ahorristas, habían surgido amplísimas clases medias, apenas existía pobreza extrema, y el país tenía el nivel de vida más alto de toda su historia. Es decir, prevalecían razones objetivas que inclinaban a la prudencia y rechazaban cualquier salto en el vacío.

- A partir del Plan de Estabilización de 1959, tras años de crecimiento vigoroso, era evidente que la economía de mercado y la apertura comercial funcionaban correctamente y se habían debilitado las propuestas radicales de los marxistas. Por otra parte, el fracaso del primer franquismo (1939-1959) había desacreditado al Estado dirigista y centralizador que preconizaba el nacionalismo económico, propio de las dictaduras fascistas.

- Primero la Comunidad Económica Europea y luego la Unión Europea funcionaron como un modelo y como un foco de atracción que exigía comportamientos democráticos en el terreno político y una franca adscripción al capitalismo moderno en el económico. Si España quería estabilidad política y prosperidad, tenía que pasar por el aro democrático y por la integración en el mundo desarrollado. Estados Unidos también influyó enérgicamente en la misma dirección.

- El rey Juan Carlos comprendió que, para reinar, tenía que legitimar sus derechos mediante una revalorización de su propia dinastía —la casa de los Borbones—, muy desprestigiada por los errores de su abuelo Alfonso XIII y de su tatarabuela Isabel II. Ese "milagro" sólo lo podía lograr convirtiéndose en el padre de la democracia para los españoles, alejándose rápidamente de los orígenes franquistas de su autoridad. Para ello, tenía que dejar de ser la cabeza simbólica de la derecha española y pasar a serlo de todos los españoles, incluida la izquierda. Cuentan las personas bien informadas que, en los inicios de la transición, hubo una reunión secreta entre el monarca y Felipe González, líder del PSOE, un partido republicano y de izquierda, y Juan Carlos le hizo la siguiente observación: "Felipe, para que tú llegues a gobernar, necesitas de mí; como yo necesito de ti para reinar".

- La derecha española, al menos la reformista e ilustrada, comprendió que la alternativa era muy clara: o se encerraba en un "búnker" ideológico y político aferrada al viejo franquismo, con lo cual perdía el camino de la modernidad y el progreso, o encabezaba los cambios y se reinventaba a sí misma dentro de un modelo democrático. Optó por la segunda opción.

- Los comunistas se enfrentaron a un dilema parecido: si insistían en procurar la demolición del Estado burgués e instaurar una "dictadura del proletariado", como en las tiranías del Este de Europa, calcadas de la URSS, fortalecerían al ala recalcitrante del franquismo y asustarían a una sociedad que no deseaba enfrentamientos sino acuerdos. Eligieron la moderación y la cooperación con los reformistas y con la Corona.

- Los socialistas españoles, guiados por Felipe González, quien tenía fuertes (aunque discretas) convicciones anticomunistas, se apartaron de los esquemas radicales del socialismo español de los años treinta y trataron de homologarse con los laboristas ingleses o los socialistas suecos. Si los socialistas ingleses y suecos podían convivir con la monarquía y la economía de mercado, no había razón alguna para que los socialistas españoles fueran diferentes.

- La Iglesia católica, que desde principios del XIX, y acaso hasta la llegada de Franco al poder, fue un factor de discordia y división, en la etapa de la transición se convirtió en un elemento cohesivo que facilitó la transformación pacífica de España.

• Los sindicatos también renunciaron a posiciones maximalistas que pusieran en peligro el sistema económico. Pactaron sus beneficios y las subidas salariales con las asociaciones patronales y hubo una cierta paz social que permitió la recuperación de la economía.

## Dos conclusiones finales

La primera conclusión a que nos precipita este análisis es que los factores que generaron la transición española no tuvieron demasiado que ver con los valores o principios predominantes en la sociedad, sino con el sentido común y el instinto de conservación de toda la clase dirigente, incluidos en ella gobierno y oposición. Asimismo, la atmósfera internacional, las presiones, la experiencia y la observación de lo que sucedía en el resto de Europa contribuyeron decisivamente en la dirección de la moderación.

No obstante, una vez establecida la democracia, consolidado el Estado de Derecho y acreditado por las grandes mayorías el modelo económico de mercado y apertura al exterior, es probable que una parte muy sustancial de los españoles haya incorporado como suyos los valores y principios que suelen asociarse a las naciones desarrolladas más estables.

En efecto, todas las encuestas realizadas por el Centro de Investigaciones Sociológicas (CIS), adscrito a la presidencia del gobierno en España, revelan que una inmensa mayoría de los españoles aprecia el sistema democrático por encima de cualquier otra fórmula de gobierno, aborrece la corrupción, dice ser tolerante y confía razonablemente en las instituciones del país. Y tal vez la primera prueba de esa profunda transformación de los españoles se dio hace ya más de veinte años, cuando millones de ciudadanos se volcaron en las calles para protestar pacífica pero indignadamente contra los militares que intentaron dar un golpe de Estado y conculcar la recién estrenada Constitución. Acaso, también por primera vez en su historia, esa inmensa mayoría de españoles sentía que el gobierno que intentaban destruir era *su* gobierno, creado y votado para servir al pueblo, y las leyes que los golpistas intentaban ignorar o violar eran *sus* leyes. La experiencia y la práctica se habían convertido en convicciones, creencias y valores profundamente arraigados. Ya formaban parte de la cultura. Es a partir de este momento en que puede hablarse de una democracia realmente consolidada.

## 8. VENEZUELA: DEL TERCERMUNDISMO A LA MODERNIDAD. UN PACTO NECESARIO PARA EL POSCHAVISMO*

*A la memoria de mi amigo Carlos Rangel*

En 1958, Venezuela puso fin a una década de dictadura militar, mientras Cuba, al siguiente año, logró una victoria parecida contra la tiranía de Batista. Los dos regímenes militares tenían mucho en común. Ambos eran producto de una vieja tradición autoritaria que después de la Segunda Guerra Mundial se adaptó a las contingencias de la guerra fría. Y los dos sucumbieron frente a una fuerza política que poseía su mayor inspiración en movimientos de corte socialdemócrata. Es verdad que la aventura venezolana culminó en 40 años de democracia, y la cubana, por ahora, en 43 de totalitarismo comunista, pero lo que pretendo subrayar es el parentesco original de ambos procesos políticos.

La hipótesis que quiero examinar consiste en que tanto lo sucedido en Venezuela con el advenimiento de Chávez, como la llegada de Castro al poder hace varias décadas, son el resultado de las percepciones, creencias e informaciones distorsionadas que todos teníamos a mitad del siglo XX y que forjaron nuestra conciencia social. Luego intentaré proponer alguna razonable salida de este laberinto en el que no sólo está metida Venezuela,

* CEDICE, Caracas, 11 de marzo de 2002.

sino toda América Latina, porque lo que aquí acontece es sólo una variante de cuanto sucede en la Argentina, en el matadero colombiano y en la propia Cuba. No es un drama venezolano sino latinoamericano.

## La cultura revolucionaria-populista-mercantilista

A mediados del siglo pasado parecía obvio que el desarrollo y la prosperidad vendrían de la mano protectora y justa de un Estado fuerte. Esa noción nos llegaba tanto desde el socialismo de derecha de personajes como Getulio Vargas o Juan Domingo Perón —dos versiones latinoamericanas del fascismo—, o desde la visión preconizada por los marxistas, ya fueran los duros camaradas pro soviéticos o la versión vegetariana de los socialdemócratas, siempre respetuosos de las libertades. La socialdemocracia de esa época, en efecto, había renunciado a la propuesta marxista de crear una dictadura del proletariado como parte del trayecto hacia una sociedad perfecta, pero, aunque no se señalaran fechas, el propósito era llegar a un fulgurante destino socialista por vías democráticas y pacíficas. Por aquellos años se habían debilitado tremendamente los viejos principios liberales que asignaban a la empresa privada el papel preponderante en el proceso de creación de riquezas. Incluso la noción de la propiedad privada como un derecho inalienable de las personas se había ido desvaneciendo ante la idea de que la función del Estado no era tutelar y proteger los derechos de los individuos, sino los intereses de la colectividad. Más aún: ese Estado fuerte se atribuía como esencia de sus responsabilidades la tarea de planificar la creación de riquezas y luego la justa distribución de lo creado entre los miembros de la tribu.

Recuerdo con nitidez cuando yo era un joven que sostenía esas creencias. La causa de la defensa de los derechos de propiedad me resultaba entonces algo poco noble, egoísta. Una causa que prácticamente nadie con un corazón solidario se atrevía a plantear. ¿No decía acaso la Iglesia, de una manera confusa, que la propiedad privada se justificaba en "función social"? Es verdad que esa expresión luego se completaba con el "principio de subsidiariedad" esbozado por la Doctrina social de la Iglesia, ese que le asignaba al Estado la responsabilidad de producir cuándo y dónde el capital privado no se animaba a hacerlo, pero lo que quedaba en la mente de los feligreses no era ese término de tan difícil pronunciación, subsidiariedad, sino la idea de que el Estado debía y podía convertirse en empresario. Esto era lo que leíamos en los periódicos, lo que nos decían en las cátedras universitarias, lo que repetían los políticos. Y ni siquiera los primeros meses de la Revolución cubana, aun cuando ya estaba enfrentado a la dictadura comunista, consiguieron alterar en mí esta visión socialistoide que entonces padecía. Nunca he olvidado que mi primera charla política cuando llegué al exilio, a los 18 años, fue para defender la peregrina idea de que no había que temerle al Estado-empresario, puesto que quienes opinaban que los gobiernos eran malos administradores lo hacían desde posiciones reaccionarias que ya no tenían vigencia en el mundo. Y lo asombroso no fue que yo dijera ese disparate en Miami en 1961, sino que el auditorio me aplaudiera con cierto entusiasmo.

Por supuesto, esta generalizada visión tenía poco de autóctona. Lo que entonces pensábamos, como frecuentemente nos ha ocurrido a lo largo de nuestra historia, tenía su origen en el exterior. Después de la Primera Guerra Mundial, y como consecuencia de la crisis de los años treinta, lord John Maynard Keynes había convencido a las principales cabezas económicas y políticas del planeta de la utilidad de valerse del gasto público para combatir el desempleo e impedir la desestabilización social que se genera durante los ciclos recesivos. Ante esa propuesta, los gobernantes vieron los cielos abiertos. Estaban legitimados para gastar más, lo que les confería más poder. La tesis consistía en que "un poco" de inflación generada por una "economía de la demanda" era más conveniente que la falta de puestos de trabajo. Llegado su devastador momento, ese "poco de inflación" destruyó las monedas de Brasil, Nicaragua, la Argentina, Chile, Perú y Ecuador y empobreció aún más a decenas de millones de latinoamericanos.

Por otra parte, comenzaron a surgir planteamientos

desarrollistas que tenían su origen en una lectura probablemente equivocada de la historia económica. La idea básica consistía en que era necesaria la industrialización para poder conseguir niveles de prosperidad parecidos a los del primer mundo. Pero para ello resultaba fundamental sustituir las importaciones con bienes nacionales. Mas para poder alcanzar ese desarrollo técnico había que proteger la industria local con aranceles altos hasta que estuviese en condiciones de competir. Además, como el capital privado disponible para dar ese gran salto no era suficiente, el Estado tenía que hacerse presente. La CEPAL le proporcionó a este análisis su respaldo teórico y los organismos internacionales le imprimieron su visto bueno. O sea, todos los caminos, insisto, conducían en la misma dirección: el fortalecimiento del Estado en detrimento de la competencia, y en perjuicio de los derechos individuales y de propiedad.

Otra idea entonces presente entre nosotros era la llamada "teoría de la dependencia", tomada de la interpretación que en el siglo XIX hizo Marx de las relaciones económicas entre Inglaterra y la India. Para el pensador alemán resultaba claro que Londres le había designado a la India un papel económico complementario. Como en los viejos pactos coloniales, la India sólo podía producir aquello que Inglaterra no producía, pues su destino era el de convertirse en suministradora de materia prima y en compradora de las exportaciones inglesas. De manera que nuestros teóricos antiimperialistas latinoamericanos no tuvieron que esforzarse demasiado para darles forma a sus planteamientos: los grandes círculos económicos del primer mundo habían determinado que América Latina sólo debía desempeñar el rol de territorio dependiente, condenado a comprar en el exterior los productos manufacturados que necesitara y a vender la materia prima que las naciones desarrolladas requerían para elaborar sus bienes. Los nuestros no eran realmente países sino mercados cautivos.

¿Cómo corregir las infinitas imperfecciones de América Latina y terminar con las injusticias seculares que nos oprimían? Para esa tarea existía un héroe mítico: el revolucionario. Entonces esa palabra se mencionaba con un tinte de orgullo. El revolucionario era el agente del cambio. Podía ser un comunista, un aprista, un adeco, un copeyano, un cubano "auténtico" o un miembro del PRI mexicano. Podía ser un socialista chileno, un sandinista nicaragüense, un independentista puertorriqueño. Ser revolucionario en América Latina significaba sospechar de las intenciones de los empresarios, culpar a Estados Unidos de la mayor parte de nuestros males, querer la redención de los humildes y procurar el desarrollo económico de la sociedad y la independencia política frente a las potencias imperiales. Pero lo interesante no es lo que querían los revolucionarios, sino el modo con que pensaban lograr sus objetivos. No se trataba de convencer al pueblo de las bondades de sus planes y concepciones políticas y económicas, sino de llegar al poder, ignorar las normas del derecho burgués y desde la cúpula dictar una serie de medidas que traerían la felicidad colectiva. Los revolucionarios tenían a mano un recetario perfecto para lograr sus buenos propósitos: reformas agrarias que redistribuían las tierras, nacionalizaciones de bienes y empresas "estratégicos" y la creación de numerosos organismos estatales que planificarían y dirigirían la vida de las personas. Los revolucionarios se caracterizaban por saber lo que cada uno debía poseer, debía producir o debía gastar. Los revolucionarios eran asombrosamente sabios.

Obviamente, no existía ninguna razón válida que limitara la presencia de esta raza de héroes preclaros en las filas de los políticos, así que comenzaron a surgir militares revolucionarios. Perón fue uno de los primeros. Arbenz fue otro. Y luego Velasco Alvarado y Omar Torrijos. También los hubo en Bolivia y en Ecuador. En algún momento se les llamó *nasseristas* por sus similitudes con Gamal Abdel Nasser, el dictador egipcio salido de las fuerzas armadas. El presupuesto teórico de estos revolucionarios de uniforme contenía varios razonamientos seductores: según ellos, en países desordenados y con instituciones débiles, sólo las fuerzas armadas tenían el peso y la disciplina para gobernar con la eficiencia, el patriotismo y el rigor intelectual que se necesitaban para definir cuáles eran los intereses del país que debían defenderse a capa y espada y cuáles los peligros que acechaban. Era la "doctrina de la seguridad nacional".

Por si no bastara ese incesante bombardeo antidemocrático y antiliberal, permanente y desde todos los ángulos, el arte y la literatura entonces vigentes coincidían sobre la misma diana. El muralismo mexicano de Rivera, Orozco y Siqueiros, imitado en todos nuestro países, nos traía imágenes de un mundo de seres explotados por los poderes imperiales, saqueado por los capitalistas y esquilmado por la clase dirigente. La literatura indigenista o la de corte político reiteraba los mismos esquemas. Entonces vibraban novelas como *Huasipungo* del ecuatoriano Icaza, *Señor presidente* del guatemalteco Asturias o *El mundo es ancho y ajeno* del peruano Ciro Alegría. Los temas se repetían: los indios eran terriblemente maltratados por los finqueros criollos y extranjeros, Washington resultaba ser un depredador sin escrúpulos, los políticos no eran otra cosa que gentes abyectas y despreciables al servicio de la dominación extranjera. Meros lacayos.

Con esos elementos construimos lo que podría llamarse una "cultura revolucionaria", o tal vez populista, o mercantilista, o acaso todo junto: una cultura revolucionaria-populista-mercantilista. Se trataba de una forma abarcadora de juzgar los problemas, de (supuestamente) entender sus orígenes y de proponer soluciones. El rasgo más notable de esta cultura era que buscaba villanos y culpables, a los que responsabilizaba del fracaso económico y político de nuestras sociedades. Había un elemento muy simplista en los juicios morales que se formulaban: estaban basados en una especie de teología ideológica que preconizaba la idea de que tras la opresión y la miseria siempre estaba la actuación de algún malvado o de un grupo de canallas.

### El descrédito de esa cultura

Fue en la década de los ochenta, en la llamada "década perdida", cuando, poco a poco, se fue abriendo paso una lectura distinta de nuestros quebrantos. De la misma manera que las viejas ideas que conformaron la cultura revolucionaria-populista-mercantilista nos llegaron del exterior, la nueva visión tam-

126

bién fue un producto extranjero. A partir de esos años, ciertos núcleos de la *intelligentsia* latinoamericana comenzaron a comprender el papel de las instituciones en el desarrollo y la estabilidad de los pueblos, las razones psicológicas y sociales que explican la ineficacia y la torpeza del Estado-gerente, los factores culturales que determinan o inclinan a las sociedades en la dirección del progreso o el estancamiento, y las dimensiones y proporciones que deberían tener la sociedad civil y el Estado para lograr armónicamente cotas crecientes de prosperidad.

Fue entonces cuando descubrimos la importancia de una nueva categoría sociológica y económica, el "capital social", e incluso una variante ética igualmente vital para el desarrollo de los pueblos: el llamado "capital cívico". ¿Cómo pretender dar el salto hacia el primer mundo si no contábamos con una masa crítica de ciudadanos bien formados en el terreno técnico y educativo, pero dotados, al mismo tiempo de las virtudes ciudadanas que se requieren para lograr el éxito colectivo: sentido de la responsabilidad, honestidad, apego a la verdad. Era muy fácil acusar de corrupción a los políticos y silenciar, al mismo tiempo, la corrupción de quienes evaden los impuestos, de quienes exigen privilegios y canonjías del Estado, o de quienes ascienden por sus vínculos políticos y no por sus méritos. Como regla general, se podía comprobar la correspondencia casi milimétrica entre el envidiable nivel de desarrollo de las sociedades en las que abundaba el capital humano y el capital cívico, frente al pobre desempeño de aquellas que exhibían un cuadro opuesto.

Simultáneamente, redescubrimos la importancia de poner en práctica políticas públicas dictadas por la ortodoxia económica. Lo sensato era contar con presupuestos equilibrados, cero déficit fiscal si ello fuera posible, una deuda pública manejable y una tasa baja de impuestos para estimular la formación de capital y las correspondientes inversiones. Los aranceles debían ser reducidos para obligar a nuestros productores a competir en precio y calidad. Lo importante era satisfacer al agente principal de la ecuación económica: el consumidor. Había surgido una nueva manera de clasificar a los ciudadanos: el "consumidor soberano". Una criatura que ejercía una especie de democracia comercial reclamando su derecho a decidir cómo deseaba gastar su dinero libremente sin que el Estado le impusiera ningún tipo de patriotismo industrial. Pero ese respeto por el consumidor indicaba la aparición de otra convicción muy clara: la experiencia demostraba que no había sustituto para el mercado. La asignación arbitraria de los precios o su congelación aparentemente justiciera generaba unas distorsiones terribles empobrecedoras para el conjunto de la economía. Los burócratas casi nunca eran más eficientes que el mercado.

También aprendimos que era absolutamente falsa la premisa de que nosotros, los latinoamericanos, habíamos sido condenados a la periferia en el orden económico. Ante nuestros ojos vimos cómo algunas naciones excéntricas y pobres les arrebataban a Estados Unidos y a Europa la hegemonía casi total sobre algunos renglones de la producción. A mediados de la década de los cincuenta, por ejemplo, todos los electrodomésticos eran norteamericanos. Treinta años más tarde eran coreanos, taiwaneses o japoneses. Habría sido perfectamente posible que los fabricantes de esos productos hubieran sido mexicanos, venezolanos o brasileros. Sencillamente, la teoría de la dependencia era un disparate, como le tocó reconocer, cabizbajo, a Fernando Henrique Cardoso, uno de sus promotores más ardientes. Lo que ocurría era lo contrario: los países se enriquecían por medio de la colaboración, la imitación de los más exitosos y los vínculos con los centros financieros y comerciales internacionales. Sin globalización no hubieran sido posibles los famosos milagros de los tigres asiáticos ni el notable enriquecimiento de una nación como España. Sin la globalización, las instituciones financieras internacionales no hubieran acudido en socorro de países agobiados por la falta de liquidez, como en el pasado les ocurrió a México, Brasil o la Argentina.

## El conocimiento limitado

Pero ocurre, desgraciadamente, que el acceso a este cúmulo de conocimientos y percepciones no es capaz de sacarnos del atolladero. Y es que estas nuevas certezas, aprendidas de la experiencia, sólo son compartidas por un pequeño núcleo de la población. La verdad es que la mayor parte de nuestros ciudadanos no suscribe esta visión del desarrollo y de la estabilidad política. Nuestras gentes continúan atrapadas en la vieja cultura revolucionaria-populista-mercantilista. Es lo que se sigue escuchando en las universidades y lo que se publica en los periódicos o se divulga por radio y televisión. Es lo que continúan repitiendo muchas congregaciones religiosas o las asambleas de sus dirigentes. Como los viejos paradigmas se habían montado sobre la base de la existencia de una perversa relación entre buenos y malos, entre abusadores y humillados, el fracaso del modelo revolucionario-populista-mercantilista no es atribuido a sus defectos intrínsecos o al error intelectual del que partía, sino a la mala actuación de una raza degenerada de personas terriblemente malvadas. Pero frente a esas desdichas —continúa insistiendo el grueso de nuestras poblaciones— algún día vendrá en un carro de fuego un genuino representante de los humildes dispuesto a salvar a las muchedumbres de sus odiosas servidumbres y carencias.

Todavía más: existe otro elemento que explica con mayor claridad la persistencia de los errores que nos mantienen en el atraso y la zozobra. Se trata de una fatalidad del proceso cognoscitivo. Muchas de las ideas y de las proposiciones acertadas que aporta el pensamiento liberal son contrarias a la intuición primaria. Cuando se le pregunta a una persona de escasa o media instrucción si los precios de las cosas o de los servicios deben ser fijados por el mercado o mediante las decisiones de burócratas sabios formados en buenas universidades, o incluso de revolucionarios inspirados por la buena fe, la respuesta probable es que corresponde a los burócratas y a los revolucionarios esa labor de determinar el valor de las cosas. En una cultura como la nuestra, donde se les concede un rango especial a las autoridades, es difícil persuadir a la sociedad de las virtudes y ventajas de un mercado ciego que nadie controla, salvo la oferta y la demanda, esa "mano invisible" de la que habló Smith. Cuando a ese hipotético ciudadano se le pregunta si cree que las decisiones favorables al pueblo van a ser tomadas mediante el laborioso procedimiento democrático o por la fulminante voluntad de un caudillo bienintencionado, una parte sustancial de nuestras gentes opinará que hay más probabilidades de recibir justicia y equidad de un hombre bueno instalado en la cúpula del poder que de una maquinaria política inevitablemente corrompida o de un complicado proceso parlamentario.

En efecto, en nuestras sociedades, pese a sus frutos nefastos, no ha muerto la cultura revolucionaria-populista-mercantilista. Está viva y coleando. Eso explica, por ejemplo, el centelleante ascenso al poder de una persona como el teniente coronel Hugo Chávez. En 1992, cuando intentó el golpe militar, los venezolanos no lo aplaudieron a rabiar por su conducta antidemocrática, sino porque se convirtió súbitamente en el representante de esa siempre traicionada cultura revolucionaria. De él se esperaba que hiciera lo que no habían hecho los presidentes durante las tres décadas largas que había durado la democracia. Y la verdad es que el señor Chávez probablemente pensara que él era capaz de traerles la felicidad a los venezolanos mediante la ejecución de una profunda transformación económica y política. No era un mentiroso, sino un creyente, categoría que a veces complica mortalmente los problemas. Chávez se creía su propio cuento. Su discurso era el de los revolucionarios convencionales, pero "enriquecido" (y enrarecido) con varios factores aún más radicales tomados del extremismo islámico de Khadafi y del ejemplo de Fidel Castro.

Por eso fracasó. Porque sus ideas están equivocadas. Si uno realiza el mismo experimento debe esperar los mismos resultados. ¿Por qué no rectifica? Porque no sabe que está equivocado. Una vez instalado en el poder con el apoyo abrumador del pueblo, y una vez puestos en marcha los cambios revolucionarios, si el señor Chávez hubiera tenido sentido crítico, y si no estuviera cegado por el resplandor de sus espejismos ideológicos, tal vez hubiera podido darse cuenta de que estaba minuciosa y aplastantemente errado. Pero el señor Chávez, como suele ocurrir con las personalidades mesiánicas, es incapaz de rectificar el rumbo. A este tipo de personas narcisistas, convencidas de su genialidad, le resulta mucho más fácil explicar sus fracasos como consecuencia de la actividad siniestra de sus enemigos que por sus propias limitaciones. De alguna forma, ello confirma las claves sobre las que se sostiene su visión de la realidad. Para él la explicación de aciertos y desaciertos sigue siendo una dicotomía entre el bien y el mal, una lucha entre el *ying* y el *yang*, como creo que postulan los chinos.

## Una sociedad desconcertada

Es obvio que la caída en picado de la popularidad del presidente Hugo Chávez se debe al desengaño de los venezolanos. La inmensa muchedumbre que lo llevó al poder, y durante los dos primeros años de su mandato lo aplaudió delirantemente, hoy se siente defraudada. Esperaba que el revolucionario le solucionara sus problemas, pero ha ocurrido a la inversa: el revolucionario, como era inevitable, los ha agravado. La gran diferencia, sin embargo, entre esta revolución bolivariana y la cubana, la sandinista, o la libia, es que la existencia en Venezuela de una prensa libre y de una sociedad acostumbrada a expresar a viva voz sus ideales ha impedido que el descontento y el rechazo popular hubieran sido silenciados en los calabozos o cercenados en los paredones. Sencillamente, el presidente Chávez trató de implantar una revolución, pero no pudo o no supo poner en práctica los métodos dictatoriales que se requieren para erigir esos sistemas contra natura. Por eso hoy se trasluce nítidamente la inmensa debilidad que padece su gobierno.

Pero el problema que se plantea en Venezuela es mucho más grave que la anécdota lamentable del paso por el poder del señor Chávez. Dentro de una semana, dentro de un mes o dentro de tres años, muy probablemente será otro el inquilino radicado en Miraflores, mas el conflicto que enfrentará ese sucesor seguirá tercamente vigente. El conjunto de la sociedad venezolana seguirá esperando que una persona excepcional, llena de buenas intenciones, le traiga la solución de sus problemas básicos. Millones de personas continuarán pensando que viven en un país muy rico permanentemente saqueado por venezolanos inescrupulosos. Millones de venezolanos, como cientos de millones de latinoamericanos, no saben y ni siquiera se imaginan las claves que explican el proceso de creación de riquezas.

He ahí la gravedad de la situación. Cuando un partido político trate de explicar que la riqueza se crea —entre otras razones— mediante el trabajo intenso y prolongado, el cumplimiento de la ley, el respeto por los contratos y por la propiedad privada o el buen funcionamiento de los tribunales, le virarán la espalda. Si un líder político moderno y bien informado se atreve a decir que es mucho más importante respetar el derecho civil que entonar *La Marsellesa*, seguramente no lo van a entender. En cambio, cuando un demagogo prometa el cielo y las estrellas, y cuando jure y perjure que la pobreza de los más necesitados es sólo la consecuencia de la codicia de los poderosos, y que no hay otro alivio a esa injusticia que cambiar de arriba abajo el registro de propiedad, recibirá de nuevo los aplausos de la multitud. Es bueno, aunque muy triste, recordar que al señor Chávez lo eligieron por sus planteamientos y promesas, y hoy lo repudian por sus resultados, sin darse cuenta de la íntima relación que vinculaba la causa con sus inevitables efectos.

## El fin de la tragedia

El dilema es evidente. Nuestros problemas no comenzarán a solucionarse hasta que no cambiemos de una punta a la otra esos rasgos de nuestra cultura política que impiden el desarrollo de nuestros pueblos y condenan a la miseria a una parte sustancial de nuestra población. No habrá solución a largo plazo hasta tanto el conjunto de la sociedad no haya desterrado los errores, sofismas, y falsas percepciones con los que construimos nuestro fallido presente. Eso requiere un extraordinario esfuerzo educativo en todos los ámbitos de la sociedad. Hay que persuadir a los comunicadores sociales, a los maestros, a los sindicalistas, a las elites dirigentes de los partidos políticos. Hay que llevar la información correcta a los sínodos de obispos, a las órdenes re-

132

ligiosas, a prácticamente todo aquel que posea la posibilidad de comunicar un mensaje.

Afortunadamente, podemos sacar el debate de un marco exclusivamente teórico y colocar ante los ojos de nuestros interlocutores dos ejemplos muy esperanzadores: el de España y el de Chile. Los venezolanos no ignoran que a mediados del siglo XX, y hasta bien entrada la década de los setenta, Venezuela era un destino deseado por millones de gallegos, asturianos y canarios que querían buscar en el nuevo mundo una forma de vida más decorosa que la que entonces podía proporcionarles España. Pero luego se invirtieron los papeles: hoy son decenas de miles, o tal vez millones, los venezolanos que quisieran marchar a España porque no tienen esperanzas en la redención a corto plazo del país. ¿Por qué se ha producido este cambio de roles? Precisamente, porque en España se fue oscureciendo la visión tercermundista hasta prácticamente desaparecer. Sólo los nostálgicos del estalinismo son hoy capaces de reivindicar los viejos esquemas de la cultura revolucionaria-populista-mercantilista. Prácticamente en todo el arco democrático del país, desde la moderada izquierda socialista hasta la moderada derecha del señor Aznar, existe el consenso básico sobre cómo se gobierna en una democracia moderna y próspera.

El caso de Chile es semejante. Con sus 12.400 dólares per cápita ya Chile alberga a la sociedad más rica de América Latina. Una sociedad que en menos de una década ha reducido los niveles de pobreza del 40 por ciento al 20. Una sociedad en la que, gobierne la derecha, la democracia cristiana o la socialdemocracia, todos están de acuerdo en la importancia fundamental de gozar de un Estado prudente que maneje los asuntos macroeconómicos dentro de la ortodoxia y una sociedad civil que realice sus transacciones dentro de las reglas del mercado y a la sombra del Estado de Derecho. En Chile, el déficit fiscal es prácticamente inexistente y la inflación se sitúa por debajo del 3 por ciento. El Estado-empresario ha dejado de existir, con la excepción de la producción de cobre, y han surgido más de dos mil empresas exportadoras en el ámbito privado. La deuda y el gasto público se manejan con mucho cuidado y los casos de corrupción son verdaderas excepciones. Exactamente igual a lo que sucede en España, la sociedad chilena ha alcanzado un consenso general sobre el modelo de Estado que desea para el país: el mismo que se tiene en las naciones del primer mundo. Ya nadie que se mueva en la esfera política con una mínima solvencia puede decir disparates impunemente. No hay payasos. Lo castigarían en las urnas, porque la sociedad chilena, como sucede en los países desarrollados, hoy valora la buena gerencia y la sensatez en el ejercicio de las funciones públicas y no la pirotecnia verbal o los gestos de feria. Sólo quedan fuera del consenso algunos, ya muy pocos, pinochetistas irredentos, y los inefables comunistas, pero éstos apenas alcanzan el 4 por ciento del electorado, y prácticamente nadie, o casi nadie, les hace el menor caso.

Naturalmente, cuando se esgrimen estos dos ejemplos inevitablemente surge una inquietante pregunta: ¿acaso es necesaria la implantación de una feroz dictadura para conseguir eliminar las creencias e informaciones equivocadas de nuestros pueblos? ¿Será verdad también, en esta circunstancia, que la letra sólo entra con sangre, como aseguraba el viejo *dictum* pedagógico? No lo creo. Uno de los casos más interesantes de desarrollo en el mundo contemporáneo es el de Irlanda. País católico, como los nuestros, de cuyos pobladores se decían los peores epítetos: borrachos, irresponsables, torpes, vagos y otras lindezas. A los irlandeses se les suponía, como a nuestra gente, aptos para el arte y la poesía, pero negados para la ciencia y la técnica. Y, también como nosotros, los irlandeses traían en su memoria política una severa carga de violencia y frustración. Pues bien, Irlanda, en el ejercicio de su democracia, sin violencias ni imposiciones, pero recurriendo a las libertades económicas y políticas del Estado liberal, en la última generación se ha transformado en el "tigre europeo" más agresivo, con unas tasas de crecimiento anual en torno al 8 por ciento, dejando atrás a España en todos los indicadores económicos y sociales.

Hace varias décadas, los dirigentes de la clase política venezolana, tras la caída de Pérez Jiménez, fatigados por una larga historia de fracaso de las instituciones democráticas, fueron capaces de forjar un consenso político para superar esa vieja maldición de autoritarismo y caudillaje. Hoy ese acuerdo, el famoso "Punto Fijo", es execrado por millones de venezolanos, pero para un observador imparcial, como es mi caso, parece obvio que en la historia republicana del país no hay otras cuatro décadas mejores que las que ese acuerdo posibilitó. ¿Por qué se agotó? Porque, como decía al principio de estos papeles, el pacto, sin que entonces nadie lo advirtiera, se sustentaba sobre presunciones socioeconómicas erróneas, las propias de la época, que minaron seriamente las relaciones entre la sociedad y el Estado y acabaron por desacreditar a la clase política que lo había desovado.

El poschavismo llegará probablemente a corto o medio plazo. Ése será el momento —o quizás ya llegó— para que la ancha clase política democrática, hoy en la oposición, forje otro pacto que eche las bases de la Venezuela próspera, moderna, justa y desarrollada, que puede lograrse si se establece el consenso entre la clase dirigente y se lanza una campaña seria y abarcadora de formación e información que sustituya para siempre la cosmovisión preconizada por la cultura revolucionaria-populista-tercermundista. Por lo pronto, me pareció un buen auspicio de esa Venezuela posible la reunión de los sindicalistas y los empresarios bajo la atenta mirada del respetado padre Ugalde y el aplauso de numerosos políticos. La Venezuela que debe salir de este amargo episodio no puede ni debe volver al reñidero y el desconcierto de antaño. El genio político de los venezolanos y sus mejores virtudes sociales tienen que demostrarse en saber recorrer sin violencia las veredas que conducen al primer mundo. Es hora ya de comenzar a pensar en ese viaje largo y glorioso.

## 9. PARA VOLVER A ENAMORARSE DE LA PATRIA*

"Para volver a enamorarse de la patria". La frase que le da título a este texto es muy parecida a la que pronunció en España José María Aznar a principios de la década de los noventa. "Hay que volver a enamorarse de España", dijo Aznar. Nosotros tenemos que volver a enamorarnos de nuestras respectivas patrias.

Lamentablemente, una de las ceremonias más frecuentes en América Latina consiste en saludar alborozados la recuperación de la democracia. Pero eso sólo quiere decir que, con la misma periodicidad, solemos perderla. En efecto, nuestros pueblos, cada cierto número de años, suelen verse en ese trance. Primero se extingue la democracia, y luego, tras un gran esfuerzo, un tirano de turno o un grupo de ciudadanos autoritarios tienen que ser desalojados del gobierno por la fuerza, para poder restaurar la libertad y las leyes... mas sólo hasta que otros compatriotas vuelven a echar por tierra nuestras instituciones republicanas.

Es importante examinar estos espasmódicos fracasos de nuestra historia latinoamericana. Y lo que sigue debe tomarse como esas reflexiones melancólicas a las que suelen entregarse los soldados después de la batalla, especialmente si han sido heridos de gravedad. Y no debe haber duda de que tras la invasión norteamericana de 1989 todos los panameños fueron

* Conferencia pronunciada en Panamá poco después de la invasión de diciembre de 1989.

136

heridos de gravedad. Los que ejercieron el poder despóticamente hasta la invasión americana, y los que luego lo ocuparon. Todos los panameños han perdido, porque eso, exactamente, es lo que ocurre cuando la sociedad se muestra incapaz de solucionar sus conflictos pacíficamente y queda flotando en la atmósfera un enrarecido olor a fracaso y amargura que no consigue disipar la alegría momentánea del triunfo sobre la tiranía.

## Convivencia y conflicto

Reveladoramente, la historia escrita del bicho humano es, en esencia, la historia de sus conflictos. Por supuesto, también se puede escribir otra historia. La historia, por ejemplo, de la arquitectura o de la vida cotidiana, pero los acontecimientos que siempre nos estremecen, los que nos marcan, son los que tienen que ver con la lucha por el poder. Y a juzgar por los papeles que se conservan, todo empezó en la antigua Grecia, con la *Ilíada*, y desde entonces no ha habido en el planeta otra cosa que tirios y troyanos. Batalla que ya encierra la semilla de todos los conflictos posteriores: quién manda, sobre quién se manda, cómo se manda, cuáles son los límites de la autoridad. Todo eso está en los textos clásicos, y se repite una y otra vez a lo largo de la historia, en todas las latitudes, en todas las culturas, porque parece, como temía Hobbes, que la guerra es el estado natural de la especie.

¿Por qué ocurre esto? ¿Por qué tenemos siempre que ser tirios y troyanos enfrentados en un campo de batalla? Alguna vez le leí a un psicólogo poco conocido una explicación sobre la naturaleza humana que me pareció iluminadora. Por una mala broma de la memoria —esa fabricante de ingratitudes— no recuerdo su nombre ni el título del libro, pero sí me quedó grabada la esencia de su pensamiento: el ser humano es una criatura condenada todas las horas de su vida a alimentar su propio ego. Una criatura obligada a defender su condición de individuo distinto del resto de sus congéneres. Un ser que posee una clara autopercepción de su diferencia, lo que le esclaviza a sí mismo y le precipita a tener que proteger ese perfil íntimo, esa frontera de su yo siempre amenazado, con acciones que lo distingan del resto de la especie. Todas las horas de vigilia —y quién sabe si algunas de las horas del sueño— están dedicadas a esa extraña tarea de cultivar, blindar y colocar el ego propio entre la muchedumbre amenazante de otros egos que intentan sepultar al individuo en medio de la masa.

Quizás ahí esté la clave de nuestro tenebroso comportamiento. Quizás a partir de esta melancólica observación del psicólogo olvidado podamos explicarnos el origen y la permanente presencia entre nosotros de los conflictos y las guerras, de la violencia que utilizamos para imponer nuestros intereses y nuestros ideales, es decir, las abstractas prolongaciones de nuestro yo personal.

No obstante, ninguna teoría será nunca capaz de explicar satisfactoriamente la conducta de las personas. Y probablemente ninguna hipótesis política podrá responder con toda claridad a las preguntas antes consignadas: cómo mandar, cómo obedecer, cómo establecer los límites de la autoridad y —sobre todo— cómo evitar que los conflictos deriven en acciones violentas.

Los griegos, que pensaron en casi todo, alguna vez propusieron que mandaran los mejores. Los mejores constituirían eso que se llama la *aristocracia*. Otras veces alegaron que sólo la experiencia podría determinar la jerarquía, y confiaron entonces en los ancianos del grupo: la *gerontocracia*. Ha habido, también, teóricos de la monarquía que suponían que ciertas personas o familias, ungidas por la gracia de Dios, podrían acertadamente dirigir las tribus y los grupos. En nuestros días se estima que es la soberanía popular la entidad que con más tino y legitimidad otorga o elimina el poder.

Pero de lo que se trata, de lo que siempre se ha tratado, es de evitar los conflictos, porque esa criatura permanentemente en guerra, siempre insurgida contra el resto de las criaturas, sabe que tiene que ponerle barreras a su propia peligrosidad.

Porque se conoce a fondo, intuitivamente le teme al yo suelto y revoloteante de sus demás congéneres.

## La especie sin frenos

Por supuesto, hay razones para tenernos un profundo miedo. El etólogo Konrad Lawrence alguna vez desarrolló la triste teoría de que el hombre era extraordinariamente peligroso porque carecía de instintos naturales capaces de frenar su agresividad. Casi todos los animales poseen unos mecanismos biológicos insertados en su código genético que les impiden la voracidad destructiva dentro de la propia especie. "Perro no come perro", dice el viejo refrán, pero debió añadir: "Hombre sí come hombre". Y no hay más que acercarse al conflicto balcánico para ver en pocos kilómetros cuadrados la tragedia que afectó a los seres humanos desde que Caín sintió el irresistible impulso de hacer prevalecer su ego ante un Jehová arbitrariamente apegado al obsequioso Abel.

Tal vez lo relevante de ese conflicto balcánico sea, precisamente, lo poco que separa a los contendientes y la limitadísima variedad que los enfrenta. Todos son eslavos. Desde hace miles de años conviven —quizás haya que crear el verbo *conmatar* para entendernos mejor—, se casan entre ellos y derivan del mismo tronco cultural, puesto que el islamismo de ciertos bosnios no es más que otra expresión espiritual de la misma tradición semita que dio origen al judeocristianismo. Son los mismos, pero se mataban sin conciencia ni límite. Se hacían las peores atrocidades. Mas no son distintos de nosotros. Y lo terrible es que todos somos bosnios: cuando llega el momento todos somos capaces de asesinar al prójimo sin que nos tiemble el pulso o sin sufrir la menor laceración moral.

Alguna vez he escrito, y creo que ahora debo repetirlo, que lo más monstruoso de los campos de exterminio nazis —o de cualquier campo de exterminio— es que los verdugos no son sicópatas que se solazan en el crimen, no son asesinos despistados, sino personas absolutamente normales que antes de la guerra fueron amables estudiantes, notarios de provincia o farmacéuticos risueños. La dentellada a la yugular del adversario está al alcance de cualquiera.

Como se deduce de estos papeles, los liberales tenemos que ser escépticos. Muy escépticos. Como nos conocemos, no nos hacemos demasiadas ilusiones. Y debemos temerles a los conflictos, no por lo que tienen de intrínsecamente negativo, sino porque son capaces de desatar la bestia que yace dormida en el alma de las personas honorables. Rousseau no era un liberal: no puede serlo quien ingenuamente creía que los seres humanos son buenos por naturaleza. El liberal era John Locke, que defendió a través de toda su obra la necesidad de regular las relaciones humanas mediante instituciones de derecho. Ése es un liberal. Ese que cree que sólo sujetando a la fiera con la ley escrita se puede preservar la convivencia. Una sociedad sólo puede ser libre, tranquila y predecible si quienes la componen están firmemente atados por normas jurídicas.

## Buenos y malos

Parece una abstracta lección de filosofía política, o más bien de melancolía política, pero sin estos párrafos no se entiende lo que voy a decir a continuación, quizás para sorpresa de algunos de mis grandes amigos panameños: el mal del norieguismo, expulsado del poder por la invasión norteamericana de diciembre de 1989, y por la previa y heroica resistencia del pueblo panameño, no estaba en ciertos canallas, y ni siquiera en ese personaje detestable llamado Manuel Antonio Noriega. El mal estaba en toda la sociedad panameña. Fue el producto lamentable de errores muy profundos, de valores torcidos y de percepciones equivocadas que yacían en el seno del pueblo.

Como es obvio, yo no soy un experto en la historia ni en la sicología panameñas, pero conozco muy bien cuanto sucede en Cuba y sé que el origen de nuestros pesares no es distinto: los dictadores y las dictaduras nunca caen inopinadamente del cielo. Nos los ganamos a pulso. Y créanme que me es tan ingrato asegurarles a los panameños que los episodios del norieguismo, o del anterior torrijismo, son producto del país, como me resulta ingrato comunicarles a mis apesadumbrados compatriotas que el señor Castro no está instalado desde hace varias décadas en el trono dictatorial de Cuba por milagro del destino, sino como resultado de una manera muy especial y muy equivocada que teníamos los cubanos de solucionar nuestros conflictos. Digámoslo con un ejemplo, con una metáfora muy clara, para que nadie se sienta ofendido: ni Noriega ni Castro pudieran haber surgido nunca en la Confederación Helvética. Sólo podían haber sido paridos por la sociedad panameña y por la cubana. Y créanme que esto lo digo con una especial carga de tristeza.

¿Cuál es el objeto de este humilde reconocimiento de nuestras propias culpas? Les aseguro que no es un ejercicio de masoquismo, y ni siquiera una expresión de la piedad cristiana. Es algo quizás más útil que todo eso. Tan pronto como somos capaces de admitir que la frontera entre el comportamiento canallesco y el comportamiento civilizado y respetuoso es muy débil, nos resulta mucho más fácil, primero, perdonar, y segundo, entender que la clave de la convivencia democrática permanente, el elemento básico de la estabilidad política y de la continuidad de las instituciones, no está en el castigo a quienes transgreden las normas —aunque sea necesario—, sino en poner todo nuestro empeño en evitar que eso suceda. Esto quiere decir que la gran tarea política de los liberales no es la del que apaga las llamaradas una vez que el fuego se ha extendido, sino la de quien previene y evita los incendios, pues no se protege la democracia castigando severamente a quienes corrompen sus fundamentos, sino blindándola contra las posibles transgresiones. Y ese blindaje, esa armazón, no tiene nada que ver con los mecanismos represivos ni con los policías especializados. No es, tampoco, con ejércitos con lo que se consigue que la democracia sobreviva. Y si hay un pueblo al que eso le resultará muy fácil de comprobar es al pueblo panameño, puesto que sólo tiene que asomarse a la frontera norte para encontrar cómo un pequeño país prácticamente desarmado, como es Costa Rica, ha conseguido vivir dentro de la libertad, la democracia y la tolerancia la casi totalidad de su último siglo republicano. ¿Dónde radica el secreto de la democracia costarricense? Algunos analistas podrán decir que en su carácter de pequeña nación agrícola, aislada en su fértil valle del mundanal ruido; otros podrán atribuirlo a la reforma educativa de fines del XIX, pero la causa más probable apunta hacia un fenómeno tan sutil como difícilmente comprobable: la inmensa mayoría de los ticos parecen estar de acuerdo en querer vivir en un régimen democrático y se muestran dispuestos a acatar las leyes del país. ¿Por qué esa conducta tan atípica en Centroamérica? Pues por algo que hay que subrayar con vehemencia: porque la democracia les ha resultado útil, práctica, conveniente.

Esto es muy importante que lo admitamos los liberales. Los pueblos que defienden la democracia no lo hacen por amor a las abstracciones filosóficas, sino porque la democracia les ha resultado un modelo de relación social fundamentalmente beneficioso. Los costarricenses, pese a todos los problemas que padecen, desde hace un siglo han podido comprobar que el país funciona cada vez mejor. Por supuesto que no han faltado los sobresaltos, las frustraciones y los retrocesos, pero la experiencia acumulada les enseña que el sistema, con todos sus defectos, puede superar los problemas.

Si se analizan los casos de otras democracias exitosas —Suiza, Noruega, Estados Unidos, u otras más recientes como Japón o Italia—, se llega a la obvia conclusión de que estos pueblos son demócratas porque *les conviene* ser demócratas, y no hay en esta aseveración el menor asomo de crítica. La tendencia natural e instintiva de los seres humanos es proteger, defender y tratar de perpetuar lo que les conviene y, por la otra punta, rechazar y anular lo que no les resulta útil o lo que se les antoja perjudicial.

Si suscribimos este modo de entender las lealtades políticas de los seres humanos, los liberales tenemos que llegar a la conclusión de que nuestra tarea es la de crear las condiciones para que la democracia resulte conveniente, rentable, para que funcione eficientemente, de manera que se hagan imposibles esos bruscos episodios con los que frecuentemente se interrumpe el ritmo constitucional de nuestros países.

Hace unos minutos yo aseguraba que personajes como Noriega, Torrijos o Fidel Castro eran impensables en una sociedad como la suiza. Y si repasamos la nómina de las democracias estabilizadas del planeta, podemos llegar exactamente a la misma conclusión. En ninguna democracia consolidada y estable es posible la irrupción de un revolucionario iluminado dispuesto a implantar la prosperidad y la justicia por medios coactivos. Sería instantáneamente detenido por la risotada de sus compatriotas. ¿Por qué ocurre este fenómeno? ¿Por qué los perón, los fujimori o los velasco-alvarado no tienen cabida en las sociedades democráticas del primer mundo? No hay ninguna diferencia genética entre un suizo y un argentino, pero existe un abismo en la cantidad y la calidad de la información que uno y otro poseen, y sobre todo los distancia la experiencia. Desde 1848, cuando los suizos tuvieron su última revolución, esa complicadísima amalgama de franceses, alemanes e italianos avecindados en el corazón de Europa, comenzó a vivir una experiencia democrática que le resultó exitosa. Así fueron acumulando un determinado tipo de información que les permitió forjarse una idea bastante exacta de por qué su país prosperaba y qué tenían y qué no tenían que hacer para defender sus intereses.

En la Argentina —y pongo este ejemplo entre otros veinte que me vienen a la cabeza—, tras el paréntesis liberal de los últimos veinticinco años del siglo XIX y los primeros veinte del posterior, sobrevino un periodo de confusión que provocó la pérdida de la fe en el sistema y fue abriéndoles la puerta a las aventuras totalitarias. Sólo así se explica que una nación fundamentalmente instruida, como la Argentina, se dejara seducir por alguien tan minuciosamente equivocado como fue el primer Perón.

Ese ejemplo podemos aplicarlo a cada uno de nuestros pueblos y con él podemos entender a cada uno de nuestros tiranos. No nos caían del cielo, repito, sino nos los buscábamos nosotros mismos con nuestra absoluta desinformación, con nuestras vacilaciones y perplejidades.

## El fracaso como punto de partida

Los panameños reestrenan la democracia y deben preguntarse qué hay que hacer para no volver a destruir la convivencia en libertad. Algunos espíritus apocados creen que esto sólo se conseguirá mediante la tutela permanente de Estados Unidos. A mí me parece que ésa es una equivocadísima manera de tratar de solucionar los problemas del país. La democracia nunca puede ser inducida desde afuera, y a nadie en sus cabales se le puede ocurrir que Estados Unidos se dedique permanentemente a patrullar las calles de un país para impedir que los ciudadanos de esa nación se comporten antidemocráticamente. Más aún: a Estados Unidos, aunque nunca lo diga, no le importa demasiado la existencia de un régimen democrático en Panamá o en la Cochinchina. Si ese régimen democrático existe, bienvenido, porque es algo que favorece a toda la humanidad y genera prosperidad colectiva, pero ni Estados Unidos ni ninguna otra potencia se van a dedicar permanentemente a salvar a unos panameños de la crueldad de otros panameños.

Tenemos que ser nosotros mismos quienes nos demos a la tarea de preservar la democracia en nuestros países. Y cuando digo nosotros, pienso, en primer término, en los liberales, porque es nuestra familia política la que mejor entiende los resortes de la vida democrática, la que mejor conoce la delicada carpintería de un Estado de Derecho, la que con mayor claridad entiende ese sutilísimo juego, esa permanente tensión que existe entre el individuo, la sociedad y las instituciones del Estado en que ambos se entremezclan, coinciden y suelen colisionar.

En Madrid, donde participaba en un seminario sobre la transición en Cuba, y en el que el tema era, precisamente, cómo conseguir soldar la fractura que dejará el comunismo en mi país, sitio donde encontraremos a una población totalmente divorciada de cualquier gobierno que surja, sorda a todo lo que le suene a discurso del poder, a prosa oficial, propuse que el Poder Ejecutivo se dividiera entre un jefe de Estado, directamente elegido por el pueblo, que realizara las funciones de *ombudsman* y del *contralor*, y un primer ministro, elegido por el parlamento, a quien le tocara la responsabilidad de gobernar, es decir, de administrar sensatamente los recursos que el pueblo le confía. El objetivo de esa presidencia nueva y distinta, directamente vinculada con el pueblo, es fácil de percibir: lograr que el ciudadano común vea en la cabeza del Estado, en la posición más importante del país, a una persona cuya función sea defender enérgica y rápidamente los derechos e intereses de la sociedad. Esto, que es vital para Cuba, acaso también lo sea para los panameños, porque la gran reconciliación que hay que conseguir no es la de los adversarios políticos —ésa es más bien fácil de lograr— sino la del grueso de la población panameña con el sistema en el que vive. Es ahí donde radica el problema.

En todo caso, si queremos no volver a perder la democracia en Panamá, o en cualquier otro punto de América Latina, tenemos que estar dispuestos a cambiar varias cosas de raíz, y quizás la primera de ellas sea la percepción que la sociedad debe tener del sector público. Para que los panameños —o los paraguayos o los belgas— respeten el modo democrático de gobierno, cuando observen a un funcionario, a un político, o cuando se relacionen con ellos, no pueden ver a un ser arbitrario, insolente o todopoderoso, sino a un humilde servidor público tan vulnerable como cualquier otro ciudadano a los rigores de la ley. Los liberales, pues, tenemos que luchar por la subordinación del servicio público y por la instauración del señorío indiscutible de la sociedad civil.

Cuando un norteamericano da un puñetazo en el mostrador de la ventanilla de un burócrata y exige que se le atienda como es debido porque él es un *taxpayer*, o cuando le escribe, airado, a un senador, y demanda una explicación, porque él es un *taxpayer*, lo que está haciendo no es un desplante ni un gesto arrogante, sino está ejerciendo sus derechos con la autoridad que le confiere saber que el sistema está organizado en torno a deberes y responsabilidades, por una parte, pero también, por la otra, en torno a derechos y prerrogativas.

Por eso, si mañana un coronel americano, o un general, intentara conculcar la Constitución, los *taxpayer*, lejos de aplaudirlo, como ocurre en Perú, o como ocurrió en Panamá cuando Torrijos dio su golpe militar, saldrían a pedir su cabeza, porque esa Constitución les pertenece a todos, y en ella se sustenta la eficacia de un sistema del que toda la sociedad forma parte de una manera bastante equitativa, y del que la inmensa mayoría se beneficia.

La gran paradoja de los liberales, si lo somos de verdad, es que tenemos que luchar por conquistar nuestra propia insignificancia relativa, y debemos contentarnos con el honor de servir con honor. Debemos contentarnos con saber que no somos ni queremos ser protagonistas de hazañas descomunales, sino apenas nos enorgullecemos de lograr que las leyes se cumplan, que el orden no se quiebre, que los tribunales funcionen, y que la sociedad marche de acuerdo con reglas razonablemente establecidas. ¿Qué hay que hacer para evitar los noriega de este mundo en América Latina? ¿Qué hay que hacer para no tener que rescatar la democracia con cada nueva generación? Hay que colocarse bajo la autoridad de la verdad y de la honradez. Hay que tender puentes entre la sociedad y sus dirigentes, situando el peso de la mayor autoridad en la sociedad civil y no en el sector público.

¿Qué hay que hacer, en suma, para conseguir que la patria, la nación, vuelva a ser un proyecto de vida en común, como la definía Ortega y Gasset a principios del siglo XX? Hay que entender que la frase martiana de "una república con todos y para el bien de todos" tiene que ser mucho más que un eslogan político. Si no nos beneficiamos *todos* de la democracia y de la libertad, la democracia y la libertad se acabarán para todos.

Durante más de una década los panameños olvidaron el Estado de Derecho y fueron gobernados de manera despótica. Esa pesadilla desembocó en la desgracia de ver el país ocupado por un ejército extranjero, y el dolor de saber, además, que la invasión americana tal vez era la menos mala de las opciones disponibles.

146

Ahora es el momento de comprometerse a luchar por que nunca más se repita ese triste episodio. Es el momento de la madurez y la reflexión. Es el momento de volver a enamorarse de Panamá. Ésa es la buena herencia que a veces nos deja cicatrices más profundas.

# 10. ¿POR QUÉ PANAMÁ ES POBRE?*

Por qué los países latinoamericanos son pobres? ¿Por qué Panamá es pobre? Pregunta que puede responderse con una respuesta rápida e hiriente como un latigazo: porque su sociedad no crea suficiente riqueza, y la que crea, generalmente, sólo alcanza y beneficia a un pequeño porcentaje de la población. Lo que inmediatamente nos abre la puerta a otra ráfaga de incómodas indagaciones. ¿Cómo lo sabemos? ¿Por qué ocurre este fenómeno? ¿Hay formas de corregirlo? ¿Qué consecuencias tiene no hacerlo?

## Situémonos en perspectiva

Ante todo, empecemos por restar dramatismo a la cuestión, o, al menos, por situarla en sus justas proporciones. En el mundo, *grosso modo*, hay seis mil millones de habitantes repartidos entre 266 países o territorios organizados. Ahí se inscriben nuestra veintena de repúblicas con sus 400 millones de habitantes mal contados. Cuando se saca un promedio planetario de condiciones de vida llegamos a un per cápita anual en torno a los 6.500 dólares, 63 años, 80 por ciento de personas de 15 años capaces de leer y escribir, mortalidad infantil de 58 por 1.000 nacidos vivos y un desempleo en torno al 30 por ciento de la población en edad de trabajar.

* Conferencia pronunciada en Panamá ante la Asociación Panameña de Ejecutivos de Empresa, 18 de septiembre de 2001.

Panamá, de acuerdo con el *Índice de desarrollo humano* publicado por Naciones Unidas en 1999, que desde entonces no ha cambiado sustancialmente, alcanza los 6.700 dólares per cápita, el más alto de Centroamérica, suma a la que se llega teniendo en cuenta su capacidad adquisitiva real, es decir, el *purchasing power parity*. Su expectativa de vida es cercana a los 70 años, casi el 90 por ciento de la población ha sido alfabetizada, la mortalidad infantil es de 21 por 1.000 nacidos vivos y el desempleo es algo menor que el 15 por ciento. Es decir, si estos datos de la ONU se ajustan a la realidad, los índices de bienestar de los panameños son superiores a la media de los habitantes del planeta.

El problema, naturalmente, radica en que la media planetaria es una abstracción estadística con la que difícilmente los panameños pueden establecer un contraste que los deje satisfechos. Nunca olvidaré una conversación que tuve con un presidente panameño —de los elegidos dentro de las normas democráticas—, una persona que me pareció muy inteligente, a quien le pregunté si Panamá iba a profundizar su relación con los demás países centroamericanos. Recuerdo que se quedó pensando unos segundos, y me respondió: "Para los panameños, Montaner, la referencia cultural no es Tegucigalpa o Guatemala sino *Dadeland*, el *mall* famoso de Miami". En realidad no había ironía ni crítica en sus palabras, sino la convicción realista de que los parámetros utilizados por los panameños para situarse en el mundo, sus coordenadas sociales, eran, para bien o para mal, las de Estados Unidos.

Y en realidad nada perverso existe en el hecho de que los latinoamericanos intentemos encontrar nuestro lugar relativo comparándonos con Estados Unidos o Canadá. A fin de cuentas, las historias de las Américas, la nuestra, de raíz hispana, y la de procedencia anglosajona, forman parte de una misma matriz europea. La diferencia estriba en que la colonización de Panamá comenzó ciento cincuenta años antes que la de Estados Unidos, pero las referencias de unos y otros eran muy parecidas: religión judeocristiana, derecho romano germánico, cosmovisión helénica, lengua indoeuropea, alfabeto latino, números arábigos y un extenso etcétera de coincidencias innegables. Lo que probablemente carece de sentido es tratar de establecer nuestro modelo de comparación en África, basándonos en que muchos de los latinoamericanos tienen ancestros negros, o en nuestras desgraciadamente orilladas y debilitadas etnias precolombinas. La cultura abrumadoramente dominante en nuestro mundo, como les sucede a los estadounidenses, es la de procedencia europea, independientemente del color de la piel que sujete nuestro esqueleto.

## *Fuera prejuicios y falsas explicaciones materiales*

Descartemos, ahora que hemos mencionado el factor raza, unos cuantos prejuicios y falsas explicaciones con los que se intenta explicar el desarrollo o subdesarrollo de ciertos pueblos.

Cuando se examinan esos papeles de la ONU a que he hecho referencia, y se hacen dos listas, la de los treinta países más habitables y acogedores, los que ofrecen mejor calidad de vida, y se la enfrenta a la de los treinta más miserables e inhabitables, en la primera, en la lista "buena", sólo comparece un país americano que no sea Estados Unidos y Canadá. Ese país es una pequeña y próspera isla del Caribe llamada Barbados y situada en el número veintinueve, por delante de Corea del Sur y justamente debajo de Portugal. Los negros barbadienses, a juzgar por esta clasificación, han logrado una calidad de vida de "primer mundo". Por otra parte, entre los treinta países extremadamente pobres, los de la lista "mala", casi todos situados en África, pero con algunas naciones asiáticas entre ellos, sólo hay un país de América, y tampoco, curiosamente, es de raíz ibérica: me refiero a Haití, el número veintitrés, cuyo pavoroso nivel de vida se coloca entre Senegal y Zambia.

El ejemplo es perfecto porque descarta cualquier conclusión racista: eliminados Estados Unidos y Canadá de la comparación, las dos sociedades extremas de América, la más exitosa y la más desgraciada, son negras, de donde debe deducirse que la raza carece de la menor importancia cuando se trata de explicar el fenómeno de la creación de riqueza. Algo que también se comprueba dentro de una misma etnia: los chinos continentales, en su inmensa mayoría, subsisten dentro de modos de vida calificables como de "tercer mundo", los de Taiwán, en su inmensa mayoría, se acercan a los niveles de desarrollo del "primero".

Ahora hay que referirse a otro *clisé* universalmente difundido: la idea de que el tamaño y la población son factores clave para lograr el desarrollo. La verdad es que algunas de las naciones más ricas del mundo son realmente pequeñas y cuentan con poblaciones muy limitadas: Holanda, Bélgica, Suiza, Dinamarca, Andorra, Luxemburgo o Liechtenstein. Mientras que algunas de las mayores y más pobladas están, precisamente, entre las más pobres: la India, Pakistán, Bangladesh, China. Es preciso, pues, revisar el concepto de economía de escala. Lo importante no es el tamaño o la población del país productor, sino sus redes de integración con el resto del mundo. Hong Kong es un buen ejemplo de lo que digo. Israel podía ser otro, pero el más impresionante acaso sea Singapur, una ciudad-estado con un per cápita más alto que el de Inglaterra. Un enclave perdido en el Pacífico que ha conseguido, mientras se desarrollaba, erradicar casi totalmente la pobreza.

¿Tal vez Singapur logró ese milagro económico como consecuencia de sus recursos naturales? No, naturalmente. Ésa es otra falacia. Singapur carece de cualquier don concedido por la naturaleza. Por supuesto que es muy conveniente contar con riquezas minerales o con un suelo fértil, pero ahí tampoco se esconde el secreto de la prosperidad. Un país como Holanda ha tenido que crear riqueza luchando contra la naturaleza, no aprovechándose de ella. En el otro lado del espectro, Venezuela y Brasil tal vez sean las naciones mejor dotadas por la naturaleza, pero esos bienes que poseen son potenciales, y muy poco sirven a los pueblos si no existen otros elementos de carácter cultural que permitan explotarlos racionalmente. En todo caso, por ahora quiero limitarme a fundamentar una conclusión elemental, pero que no hay que perder de vista: no existe la menor justificación étnica o material para que Panamá no esté entre las naciones más prósperas, justas y felices del planeta. Incluso más: las condiciones materiales, geográficas y sociales de Panamá son muy promisorias si se comparan con las de otras sociedades pobres del planeta. Acerquémonos ahora a las naciones desarrolladas del planeta con el ánimo de tratar de saber cómo llegaron a la posición que ocupan.

## El perfil de las naciones prósperas

¿Cuáles son esas naciones prósperas del primer mundo? En general, todas las que descienden del tronco británico: la propia Inglaterra, Estados Unidos, Canadá, Australia, Nueva Zelanda, y últimamente, con un ímpetu tremendo, Irlanda, el país de la Unión Europea de economía más dinámica. Junto a ellas, las que tienen una raíz germánica: Alemania, Holanda, Austria. Todas las escandinavas: Islandia, Dinamarca, Suecia, Noruega, Finlandia. Pero también países latinos o grecolatinos: Italia, Francia, España, Portugal, Grecia, Chipre. Y los híbridos: Suiza, Bélgica y Luxemburgo, que son una combinación de la cultura latina y la germánica. Incluso, los hay asiáticos: Japón, Singapur, Taiwán, Hong Kong, en menor medida Corea del Sur, y varios casos excéntricos: la mencionada isla de Barbados, el sultanato de Brunei, que es un pozo de petróleo al servicio de muy poca gente, o Israel, que es o devino en una nación culturalmente europea, montada sobre tradiciones semitas y reinstalada en su histórico solar asiático de Medio Oriente.

¿Es posible encontrar rasgos comunes que expliquen por qué esas naciones han alcanzado unos altos niveles de desarrollo? Tal vez las reflexiones más interesantes sobre este tema son las que los investigadores Lawrence Harrison y Samuel Huntington reunieron en el libro *Culture Matters*, pero no hay duda de que la obra pionera en este campo es *La ética protestante y el espíritu del capitalismo*. En efecto, hace casi cien años, en 1905, el sociólogo alemán Max Weber creyó encontrar una respuesta en la raíz religiosa —halló en el calvinismo o puritanismo ciertos valores que no veía con igual vigor en el catolicismo—, pero hoy es difícil sostener esa hipótesis, aunque no la base en que se origina: lo fundamental es entender que lo que hace a una sociedad mejor o peor creadora de riquezas son las actitudes, valores y conocimientos prevalecientes en un porcentaje amplio de las personas que la componen, la cosmovisión que de todo ello se deriva y el consecuente comportamiento que provoca.

Es decir, estamos hablando de personas portadoras de lo que hoy llamaríamos "un valioso capital humano", algo que va mucho más allá de la mera instrucción académica y de la experiencia profesional. ¿Cómo son esas personas, cómo fueron formadas por la sociedad, independientemente del patrimonio genético que cada una de ellas traía? Como regla general, podemos suponer que el comportamiento de esas personas exhibía ciertas características estimuladas por los sistemas educativos y por los valores familiares prevalecientes: eran emprendedoras, estaban dotadas de cierta audacia —lo que confiere seguridad y una razonable autoestima— y sentían alguna urgencia por destacarse. Asimismo, habían aprendido a respetar las reglas, aceptaban sus responsabilidades como individuos, entendían que las relaciones interpersonales están hechas de derechos y deberes y, hasta cierto punto, acataban las estructuras jerárquicas y la disciplina.

Pero esa criatura, educada de esta forma peculiar, para dar sus mejores frutos tenía que desplegar sus actitudes en un medio social propicio que alentara la curiosidad científica, proporcionara medios para adquirir una buena formación y estimulara tanto el trabajo en equipo como la saludable ambición individual. De nada le hubiera servido a un potencial "capitán de industria" haber vivido en una sociedad que penalizara moralmente la creatividad individual, como sucede en Cuba o en Corea del Norte, o, en el caso de una mujer enérgica y laboriosa, si le hubiera tocado vivir en el Afganistán de los talibanes. Por el contrario, si esa inquieta criatura se mueve dentro de un ambiente éticamente hospitalario que, sin olvidar los impulsos solidarios, aplauda los éxitos individuales cuando son el resultado del esfuerzo y la inventiva y no del quebrantamiento de las leyes, lo probable es que las figuras más exitosas se conviertan en *role models* que provoquen el deseo de imitación entre los más jóvenes. Ése es el caso de personajes míticos como Bill Gates, surgido de la nada como un meteoro en medio de la admiración de los estadounidenses, que no sienten como una agresión, sino como un triunfo, el que este empresario se haya convertido en el hombre más rico del planeta en el curso de una década.

Obviamente, tanto las virtudes personales como los valores de la sociedad necesitan de un marco institucional adecuado para que ambos rasgos puedan concertarse adecuadamente. Muchas veces ocurre que ciudadanos ejemplares, grandes creadores potenciales de riqueza, viven en sociedades encorsetadas por instituciones y tradiciones rígidas, como parece ser, por ejemplo, el caso de los hindúes, la minoría más exitosa actualmente en Estados Unidos, procedentes, sin embargo, de una nación desastrosamente pobre, fragmentada en dos centenares de castas y dividida en etnias que se odian y hostilizan incesantemente. Cuando el Estado, en cambio —como sucede en la Unión Americana—, garantiza la paz, fomenta la convivencia, protege eficientemente la vida, la seguridad y la propiedad, y se rige por leyes que no establecen diferencias ni otorgan privilegios a ciertos ciudadanos, cuando las leyes son administradas por jueces razonablemente justos, esos mismos hindúes, condenados a una existencia miserable o mediocre en su país de origen, consiguen situarse en un nivel de creación de riqueza, medido por el ingreso familiar, superior al de la media de los norteamericanos blancos.

Bien: ya tenemos a un individuo con los trazos sicológicos idóneos, que actúa en un medio social acogedor, protegido por un Estado de Derecho que le garantiza la posesión y disfrute de los bienes logrados mediante actividades lícitas. Pero estos tres elementos no dan sus mejores frutos en todos los modelos económicos, sino en aquellos que poseen ciertas características. ¿Cuáles? De acuerdo con la experiencia acumulada, en donde existe un cuadro macroeconómico estable y predecible: moneda fuerte que no pierda rápidamente su valor adquisitivo, inflación y deuda bajo control, presión impositiva que no impida la formación y reinversión del capital, equilibrio fiscal suficiente para cumplir con las obligaciones básicas del sector público sin incurrir en déficit o con muy poco déficit.

A esas señales macroeconómicas hay que añadir, además, las que facilitan la multiplicación de las transacciones: normas comerciales dictadas por el mercado y no por la burocracia, vinculaciones con los grandes centros financieros agrícolas e industriales del mundo, sistemas bancarios severamente controlados en el terreno legal para evitar fraudes y actos irresponsables con los dineros de los depositantes, y mercados abiertos sin sectores subsidiados (o con la menor cantidad posible de ellos, de acuerdo con el realismo político) que distorsionen la economía, y sin los blindajes arancelarios que provocan el encarecimiento de los bienes y servicios que requiere el consumidor. En otras palabras, un clima que favorezca la creación de empresas, pues resulta evidente que es aquí, en el aparato productivo, donde únicamente es posible generar riquezas.

Resumo lo dicho en un párrafo que recoge la idea central de este epígrafe: la cantidad de riqueza que una sociedad es capaz de crear estará en función de estos cuatro factores que se conjugan de manera inextricable: primero, el tipo de sicología individual que prevalece; segundo, los valores subyacentes en la comunidad en que ese individuo actúa; tercero, la clase de Estado en el que desempeña su trabajo, y cuarto, el modelo económico dentro del que realiza sus transacciones. No hay sobre la tierra ninguna sociedad perfecta, sino diversos grados de adecuación entre estos cuatro elementos. Hay sociedades en las que la educación y los valores subrayan más la obediencia y la disciplina, como sucede en Japón con respecto a Estados Unidos, que parecen poner su acento en la libertad y la responsabilidad individuales. Las hay que se destacan por las garantías de su sistema judicial —Inglaterra, Suiza—, o las hay con sectores públicos más obesos, como es el caso de las escandinavas. Pero todas las naciones exitosas, sin excepción, se mueven dentro de estos parámetros de comportamiento, lo que acaso explica por qué las sociedades que las habitan son mejores creadores de riquezas que otros pueblos menos afortunados.

## Un cuestionario para los panameños

Si diéramos por sentado que lo que acabo de señalar es correcto, vale la pena responder al largo y farragoso cuestionario que sigue, preguntas, además, perfectamente válidas para todos los pueblos de nuestra estirpe.

Primero concretémonos al ámbito de la formación de la personalidad: ¿educan nuestras familias y nuestras escuelas para la disciplina, la búsqueda de la excelencia, la sujeción a la autoridad legítima, el respeto a la jerarquía, el cumplimiento de normas, incluida la puntualidad, y el establecimiento de metas individuales procuradas por procedimientos lícitos? ¿Predicamos la ética de la responsabilidad y enseñamos a nuestros hijos y alumnos a colocarse siempre bajo la autoridad de la verdad? ¿Fomentamos en ellos un espíritu de tolerancia, de curiosidad intelectual, de competencia sana?

Sigamos con la atmósfera en la que respiran nuestras sociedades: ¿estimulamos la admiración por quienes han alcanzado el éxito económico o preferimos zaherirlos contrastando sus medios de vida con los de las personas desvalidas? ¿Censuramos con severidad a quienes quebrantan las normas y violan los derechos de los demás y los excluimos socialmente, o no hay sanciones morales para ellos? ¿Reconocemos nuestras responsabilidades con los gastos comunes y afrontamos seriamente el abono de los impuestos que fija la ley, o tratamos de evadir estas obligaciones y ni siquiera nos indigna que otras personas las incumplan? ¿Participa voluntaria y entusiastamente la sociedad civil en organizaciones espontáneamente creadas para ejercer la solidaridad con los necesitados, con los marginados, con los que requieren ayuda? ¿Ejerce esa sociedad civil la fiscalización y vigilancia de los actos de gobierno, o se comporta de una manera estricta y honorable dentro del marco de la familia y los amigos y de una manera laxa y complaciente en el terreno de la vida pública, como si no le concerniera directamente lo que sucede en este sector? ¿Participa la sociedad civil activamente en la vida política seleccionando a los mejores candidatos y respaldando a los partidos de su predilección, o rechaza y esquiva cualquier forma de vinculación con una actividad que le parece "sucia" o "deleznable"? ¿El espíritu que anima a la comunidad universitaria —profesores, estudiantes, administradores— es el de la investigación, la colaboración con el sector productivo y el acatamiento de las reglas, o predomina el gusto por el desorden y la protesta sistemática?

Y ahora el Estado: ¿protege nuestras vidas y propiedades adecuadamente? ¿Es confiable nuestro sistema judicial? ¿Son realmente independientes nuestros jueces? ¿Son realmente iguales ante la ley todas las personas que componen nuestra sociedad? ¿Elegimos a nuestros funcionarios y establecemos las jerarquías en el sector público mediante un sistema de reclutamiento basado en los méritos de las personas o nos guían el clientelismo y el amiguismo? ¿Las relaciones entre el Estado y las empresas privadas están basadas en la transparencia y el mercado o en vínculos políticos y clientelismo? ¿Son honrados nuestros funcionarios y políticos? Cuando no lo son, y se demuestra, ¿resultan apartados de sus cargos y debidamente juzgados y castigados conforme a lo que establece el código penal? ¿Responden los funcionarios y los políticos electos por sus actos de gobierno? ¿Dan cuenta periódica y de forma transparente de la ejecución de los presupuestos y de los dineros confiados a su cargo? ¿Se cuenta con una burocracia imbuida del espíritu de servicio que acepta, humildemente, que su función es trabajar en beneficio de quienes pagan sus salarios por medio de los impuestos? ¿Se ofrece en los planteles públicos, o en los concertados con el sector privado, incluidas las universidades, una educación de calidad, moderna y equiparable a la de las naciones desarrolladas, acompañada de una buena formación cívica? ¿Garantiza el sector público de la salud, o pacta para ello con el sector privado, que todas las personas tengan acceso a un mínimo de atención sanitaria y alimentos en la época de la infancia, de manera que pueda decirse, seriamente, sin incurrir en una suerte de cinismo, que se trata de una sociedad abierta en la que los adultos pueden competir limpiamente y procurar su felicidad individual?

Refirámonos, por último, al modelo económico: ¿se cuenta con una moneda estable? ¿Es justa o excesiva la presión fiscal? ¿Están bajo control la inflación, el déficit fiscal y la deuda pública? ¿Son transparentes las licitaciones y concursos públicos para suministros? ¿Se derrochan los dineros públicos o el gasto se mantiene dentro de límites razonables? ¿Funciona el mercado libremente, sin aranceles discriminadores, sin subsidios y sin privilegios fiscales que favorezcan a ciertos sectores en detrimento de otros? ¿Hay controles de precios y salarios fijados por burócratas? ¿Hay libertad para negociar salarios y condiciones de despido? ¿Actúan los sindicatos responsablemente? ¿Hay estrictas regulaciones e inspecciones a las entidades bancarias y financieras que impidan la comisión de fraudes? ¿Existe una ley de quiebras que garantice suficientemente el derecho de los acreedores? ¿Se cuenta con leyes claras que garanticen el cumplimiento de los contratos y sanciones severas para quienes los incumplen dolosamente? ¿Son sencillos los trámites para establecer o cerrar las empresas? ¿Hay libre movimiento de capitales? ¿Se puede comprar y vender, exportar o importar libremente, sin trámites engorrosos? ¿Hay garantías jurídicas para las inversiones nacionales y extranjeras? ¿Existe una tradición comercial fundada en la confianza y en el cumplimiento de los acuerdos, es decir, en los principios éticos a los que está obligado cualquier empresario, o lo que predomina es la picaresca y la trampa? ¿Intentan modernizarse nuestras empresas adquiriendo las técnicas de producción, administración y mercadeo que aumentan su eficiencia y productividad haciéndolas más competitivas local e internacionalmente? ¿Prevalece entre nuestros empresarios un espíritu de riesgo e innovación?

## La teoría de dependencia

Tras esa agotadora batería de preguntas es conveniente reiterar algo expresado anteriormente: ninguna sociedad del planeta, ni Suiza, que es el país más estable, pacífico y rico que existe, ni Estados Unidos, que es la potencia económica y militar más grande que ha conocido la historia, pueden responder a todas estas preguntas con entera satisfacción. Es sólo cuestión de grados: de cuánto nos alejamos de la perfección ideal va a depender el nivel de desarrollo y prosperidad que hemos sido capaces de alcanzar.

También, a estas alturas, es útil aclarar al lector algo que probablemente le extrañe: ¿por qué no se han señalado las responsabilidades que han jugado en nuestro destino las grandes potencias planetarias? Al fin y al cabo, durante todo el siglo XX las teorías más exitosas para explicar el subdesarrollo y la pobreza de nuestras gentes se basaban en la explotación atribuida a los poderes imperialistas. Explotación que hasta implicaba, como señalaban los apóstoles de la "teoría de la dependencia", que ni siquiera era posible abandonar el círculo de la miseria porque los países del "centro", los que formaban el corazón del sistema, les imponían a los de la "periferia", los nuestros, el tipo de producción a que debían dedicarse, convirtiéndolos en una especie de satélites empobrecidos cuya función principal era nutrir a los países poderosos de las materias primas que necesitaban o de ciertos bienes y servicios que resultaba más conveniente producir en el tercer mundo.

En realidad no vale la pena dedicar demasiado esfuerzo a desmontar esta explicación de la pobreza, basada esencialmente en el análisis que Marx hizo en el siglo XIX de las relaciones entre la India e Inglaterra, porque la realidad y la experiencia han desmentido totalmente esta teoría. Ningún poder contemporáneo ha tratado de impedir que algunos países de la "periferia" que se lo han propuesto —Taiwán, Singapur, Hong Kong, Corea del Sur— desarrollaran exitosamente industrias capaces de competir con las del primer mundo. Incluso, cuando algún país latinoamericano, como es el caso de Chile —hoy el más rico de la región—, aceptó el reto de la globalización, abrió sus mercados y comenzó a producir dentro de las normas de precio y calidad del mundo más próspero, frente a los que vaticinaban el desastre, logró dar un salto impresionante.

Por otra parte, la conducta observable en las grandes economías del planeta dista mucho de parecerse a la caricatura que ofrecen los enemigos del capitalismo. La verdad es que ante las crisis financieras de países como México, Brasil y la Argentina, los tres grandes de América Latina, nunca ha faltado el apoyo de naciones como Estados Unidos por medio del Fondo Monetario Internacional y el Banco Mundial. Claro que Estados Unidos, todavía bajo la influencia de Keynes en Bretton Woods, no lo hace necesariamente por solidaridad, sino en busca de una estabilidad económica planetaria que evite las crisis en cascada que el mundo conoció en las décadas de entreguerras del siglo XX. Pero sea cual fuere el motivo, lo cierto es que la moderna economía internacional no está basada en el saqueo de los débiles, sino en el comercio y la colaboración. Algo que puede comprobarse, por ejemplo, en el Tratado de Libre Comercio que vincula a Estados Unidos, Canadá y México. Objetivamente, ¿cuál de los tres países se ha beneficiado más de esos nexos? ¿Cuál ha atraído más inversiones, ha multiplicado sus exportaciones y ha creado más fuentes de trabajo? Sin duda, México. ¿Es posible, ante este ejemplo evidente, continuar achacando nuestras deficiencias a la codicia sin límites de los países imperialistas? ¿No será mucho más sensato aceptar nuestras responsabilidades y tratar de corregir todo aquello que hacemos mediocre o defectuosamente?

## Copiemos a los exitosos

Para solucionar un problema, cualquier problema, lo primero que hay que hacer es identificarlo. Nosotros, los latinoamericanos, dentro de una escala muy variada que va desde los países del Cono Sur, que rozan el umbral del primer mundo, hasta casos dramáticos de pobreza como Nicaragua, Honduras o Bolivia —no digamos Haití—, tenemos un problema, y éste consiste en que no somos capaces de crear riquezas con la misma intensidad que las naciones punteras del planeta, y esto nos produce una ingrata sensación de agobio y malestar.

Una vez identificado, lo que se impone es comprobar si otras personas en situaciones parecidas han conseguido solucionar o aliviar sus problemas. Y aquí, afortunadamente, surgen casos que demuestran por dónde está la salida de la crisis. Chile, por ejemplo, si no se desvía de la ruta económica elegida en los años ochenta, si mantiene el rumbo contra viento y marea, a medio plazo probablemente será el primer país latinoamericano que dé el salto a la modernidad y al primer mundo, erradicando la pobreza extrema y creando amplias clases medias. Pero acaso hay otra nación de nuestra estirpe que merezca que nos acerquemos a su ejemplo. Me refiero a España. La "madre patria" fue durante casi todo el siglo XX un país bastante pobre del que emigraron millones de personas. Muchas de ellas fueron a parar a la Argentina, Venezuela y Cuba, precisamente porque en estas ex colonias había muchas más oportunidades de desarrollo que en la propia España. ¿Qué quiere decir esa frase vaga "oportunidades de desarrollo"? Pues, sencillamente, que con el trabajo personal, la tenacidad, la inventiva y la astucia los inmigrantes en tierras americanas podían crear más riquezas que en su país de origen.

¿Por qué sucedía esto en España? Porque desde fines del siglo XIX se había impuesto un modelo de desarrollo "hacia dentro", basado en las reglas del mercantilismo. Modelo que fue exacerbado con el feroz nacionalismo de los vencedores de la Guerra civil del '36, imbuidos del dirigismo y estatismo propios de los credos fascistas, al extremo de proclamar la autarquía como objetivo de la nación española. Es decir, España, que repudiaba cualquier forma de dependencia de los poderes extranjeros, sería capaz de autoabastecerse en todos los terrenos. Ése era el ideal.

Como resultaba previsible, este modelo fracasó en toda la línea, y en 1959 comenzó el camino de la apertura económica, no así la política, que debió esperar otra generación. España, en fin, espoleada por economistas más liberales, abrió sus mercados, estimuló las inversiones extranjeras y empezó a reproducir los modos de producción y administración de las naciones más prósperas del mundo. ¿Resultado? A fines de 1975, cuando Franco murió, la renta de los españoles superaba el 75 por ciento de la media de lo que entonces se llamaba el Mercado Común Europeo, el desempleo era mínimo, millones de españoles eran dueños de sus casas y autos, y poseían sus tranquilizantes cartillas de ahorro. España había dejado de ser un país pobre.

El ejemplo español ahora lo estamos viendo repetirse en Irlanda, país que era uno de los más miserables de Europa hace sólo veinte años y hoy supera la media de los quince que integran la Unión Europea. Y lo vimos en los cuatro dragones de Asia, tan insistentemente mencionados en estos papeles, y lo volvimos a comprobar en el caso de Nueva Zelanda, cuando en la pasada década de los ochenta emprendió su radical reforma hacia la apertura y la desregulación. Pero de todos los ejemplos que registra la historia contemporánea, ninguno es más elocuente que el de Japón.

En efecto, en 1853 Japón era todavía un país feudal acaudillado por un emperador al que se le atribuían cualidades divinas, y en el que la clase dirigente tenía la voluntad de aislarse del mundo, especialmente de los bárbaros occidentales, para evitar la contaminación ideológica que ello acarreaba. Todavía Japón no conocía las máquinas de vapor y sus industrias no pasaban de talleres artesanales en los que se utilizaban métodos de producción que recordaban los de la época medieval. En ese año, varias cañoneras norteamericanas capitaneadas por el comodoro Perry llegaron a sus costas y, mediante la intimidación, obligaron al país a firmar un tratado por el que se le obligaba a abrir sus puertos al comercio.

Ante esta situación, los japoneses se dieron cuenta de que tenían ante ellos tres caminos: primero, tratar de resistir por la fuerza las imposiciones de los imperialistas; segundo, admitir mansamente el control progresivo del país, como había sucedido en la India y, en cierta medida, en China, y tercero, aprender los modos de producción de los insolentes extranjeros que habían venido a importunarlos para nunca más tener que rendirse a sus intimidaciones.

Como todos sabemos, los japoneses eligieron el tercero de esos caminos. En 1867 se produjo una verdadera revolución, la de la etapa Meiji, y comenzó un furioso proceso de adquisición de saberes y quehaceres que se centró en el "saqueo" intelectual de las dos naciones que en ese momento parecían más poderosas: Inglaterra y Alemania. Se despacharon ingenieros a Inglaterra para aprender a construir máquinas industriales y barcos, y a descubrir cómo se organizaba una marina de guerra; se enviaron militares, profesores y juristas a Alemania para, a su regreso, reorganizar el ejército, las universidades y el sistema legal. Intuitivamente, los japoneses entendieron que la economía sólo podía funcionar eficientemente dentro de cierto contexto social e institucional mucho más amplio, así que no se limitaron solamente a los aspectos materiales. De nada valía copiar un artefacto si éste no se inscribía dentro de una atmósfera general en la cual cobrara sentido su existencia. ¿Resultado de este gigantesco esfuerzo de apropiación de saberes y quehaceres? En 1905 ya Japón era una potencia militar y naval capaz de poner de rodillas a Rusia, como se demostró en la guerra librada en aquel año, y muy pronto una cuarta parte de la producción mundial de tejidos de algodón saldría de sus modernas hiladoras *made in Japan*.

En realidad, la hazaña de Japón no era un fenómeno nuevo. Por el contrario: la historia del mundo occidental estaba basada en ese mismo método de imitación de la nación que lo encabezaba. Los griegos absorbieron la cultura y los modos de producción de Egipto y Mesopotamia. Los romanos tomaron de los griegos los elementos clave de su poderosa cultura. Las tribus germánicas se latinizaron hasta adquirir los rasgos del pueblo al que habían derrotado a partir del siglo V después de Cristo. Y el procedimiento no es algo perteneciente a la antigüedad: en el siglo XIX, frente a quienes les recomendaban que permanecieran siendo buenos agricultores, los alemanes optaron por industrializarse copiando a los británicos. En esa misma época, los norteamericanos impulsaron sus formidables universidades, especialmente las facultades de medicina, copiando a los alemanes. El método era ése: imitar primero, innovar después, y, por último, crear *ex novo*. Y para nosotros, los latinoamericanos, estos ejemplos son especialmente importantes, pues tal vez hemos perdido demasiado tiempo buscando una originalidad que no se justifica, en lugar de mirar fijamente el modelo de las naciones de avanzada para aprender sus modos de creación de riqueza.

¿Qué hay que hacer? Hay que identificar los centros de excelencia y traerlos a nuestros países. Pongamos media docena de ejemplos de los varios centenares posibles. Hay que traer por la oreja a Harvard, con su excelente escuela de estudios empresariales, y a Johns Hopkins, con su extraordinaria facultad de medicina. A la ENA francesa, la École Nationale d'Administration, que forma a los burócratas franceses, quizás los más competentes. Hay que aprender de los españoles lo que hacen las cooperativas Mondragón, con su centenar de empresas y sus decenas de miles de trabajadores razonablemente satisfechos y ejemplarmente productivos, o el desempeño de los catalanes en el prestigioso centro oftálmico fundado en Barcelona por el doctor Barraquer. Lo que quiero decir es que universidades, fábricas y centros de investigación ejemplares existen en todo el mundo, y son mucho más accesibles de lo que supone el común de la gente, amén de que existen programas de colaboración entre naciones, programas de los que nuestras gentes pueden beneficiarse espectacularmente. Sólo un pequeño país como Israel cuenta con más de medio centenar de programas para ayuda al tercer mundo, muchos de ellos dedicados a algo en lo que los hebreos son grandes expertos: la agricultura. No aprovechar estas oportunidades es condenar a la pobreza, inútilmente, a millones de personas.

## El negocio de eliminar la pobreza

Sólo me quedan unas cuantas reflexiones sobre la pobreza de los panameños, sobre sus causas y sobre cómo irla eliminando gradualmente. Sería útil advertir que las clases medias o altas del país, por los modos de vida que tienen o los códigos culturales que dominan, son intercambiables con personas que desempeñan trabajos parecidos en los países del primer mundo. Es decir, en muchos aspectos decenas de miles de panameños han dado el salto a la modernidad y a la prosperidad y no se diferencian sustancialmente de los holandeses, los belgas o los norteamericanos. El problema radica en el número: constituyen una minoría, y no parece que disminuya rápidamente el porcentaje de las personas miserables en el país.

Sin embargo, hay (yo les voy a proponer) otra forma de análisis, totalmente descarnada, que acaso tenga más posibilidades reales de persuasión que las fundadas puramente en las consideraciones éticas. Para los grupos sociales medios y altos, la pobreza de los panameños sólo tiene un aspecto miserablemente conveniente que, por cierto, tenderá a desaparecer con el crecimiento económico sostenido: la abundancia de servicio doméstico barato. A partir de esa egoísta consideración, todos son trastornos y problemas: la pobreza, lógicamente, fomenta la delincuencia y la inseguridad, afea el entorno urbano —lo que ahuyenta al turismo— y propaga formas de convivencia terriblemente violentas y vulgares, socialmente inestables, en las que se multiplican los hogares monoparentales, con hijos que se crían sin padres, mal escolarizados y propensos a repetir en sus descendientes los hábitos aprendidos en su infancia, hasta crear lo que se llama la "cultura de la pobreza". Esto es, un mundo hermético y marginal que en América Latina acaso tiene su expresión más trágica en las infinitas *favelas* brasileras.

Todo eso, además, tiene un alto costo para la sociedad trabajadora y creadora de riquezas. No hay nada más ingenuo que pensar que los "excluidos" y los "marginados" no cuestan. Por el contrario, cuestan muchísimo en seguridad, como puede comprobar cualquiera que en Colombia, México o Venezuela, y últimamente en Ecuador, observe los muros que rodean las casas, las ventanas enrejadas, el enjambre de guardaespaldas o los coches blindados. Pero más cuestan como oportunidades perdidas, o, para usar el término clásico, como *lucro cesante*. Cada pobre desempleado que no consume es una merma del mercado potencial. Cada persona que no tributa al fisco es una carga mayor para quienes tienen que hacerlo. A nadie, absolutamente a nadie, le resulta indiferente la existencia de personas que no crean riqueza con su trabajo. Eso, sin duda, nos perjudica y empobrece a todos.

Por otra parte, hay una correspondencia casi milimétrica entre niveles de pobreza y niveles de educación. En un enorme porcentaje, los pobres son los que no saben, los que no están educados, y frente a este fenómeno hay varias percepciones que no son excluyentes.

Como personas educadas en la tradición cristiana, independientemente de si se tiene fe, la pobreza se nos plantea como un *problema moral*. Quien tiene no puede ser indiferente ante quien nada tiene. Está claro en los Evangelios: los cristianos deben darle de comer al hambriento, de beber al sediento y de vestir al desnudo. La *caridad* forma parte de nuestra tradición. Para quienes inscriben la pobreza dentro de la caridad, ayudar a los pobres es un acto bondadoso que —por lo menos a los creyentes— los acerca al cielo. Es dar sin esperar nada a cambio, pero ese gesto vulnera un principio del mercadeo: el acto de invertir los recursos, si queremos que se repita, debe tener una finalidad positiva para quienes lo realizan y desgraciadamente son muy pocos los que se conforman con recompensas espirituales. Por eso la caridad siempre es muy escasa. Dato sin duda lamentable, pero perfectamente comprobable.

Cuando la persona incorpora la visión del *político*, cuando la pobreza se ve desde el ángulo político, la responsabilidad es de otra índole. Desde hace por lo menos dos siglos, *gobernar* consiste en mejorar el nivel de vida de las mayorías. Esto es una consecuencia del traslado de la autoridad de manos del monarca soberano a manos del elector. En este caso, aliviar la pobreza es una transacción política.

Pero es razonable proponer otra visión de la pobreza, que en modo alguno contradice las magníficas intenciones de la Iglesia o las convenientes servidumbres del político: a todos les conviene acabar con la pobreza porque es la forma más rápida, eficiente y permanente de expandir los mercados. Cada niño pobre que nos pide una limosna, cada familia que vive arracimada y hambrienta en una habitación, sin agua potable, sin electricidad y devorada por los parásitos, además de ser una desgracia moral y un espectáculo conmovedor que debe estremecer a toda persona honrada, constituye un severo límite a nuestras posibilidades de crecimiento económico, sencillamente porque viven fuera del mercado. No podemos hacer negocios con ellos y no podemos beneficiarnos mutuamente.

Si asumimos ese punto de vista, de inmediato debe cambiar nuestra actitud hacia la pobreza: erradicarla es algo que nos conviene, y el esfuerzo económico que hagamos en esa dirección tendremos que considerarlo una inversión productiva y no un gasto. Es una inversión cuyos resultados se verán a largo plazo y los empresarios deben clasificarla bajo el rubro de "acceso a nuevos mercados".

Esta inversión, por otra parte, tiene un efecto multiplicador de larguísimo alcance. Mientras la finalidad de un consumidor determinado no es transferible, una vez que una persona ha sido educada, hay una alta probabilidad de que constituya hogares con hijos que, a su vez, serán educados, especialmente si la madre ha recibido una buena instrucción.

Es decir, cuando se saca a una persona de la pobreza y se la educa, ese consumidor perpetuará en sus descendientes el hábito de consumir. Si la mitad de los latinoamericanos son pobres, y casi con toda seguridad, el 50 por ciento de esos pobres padece lo que algunos llaman "pobreza extrema", es fácil prever lo que significa para el bienestar de la sociedad duplicar el tamaño del mercado.

Bien: si ya está claro el objetivo (terminar con la pobreza para ampliar las dimensiones del mercado), ahora se impone precisar el cómo hacerlo. Lo más sencillo sería decirle al Estado: "Vea, Estado, queremos duplicar nuestro mercado y para ello queremos que usted emprenda la tarea de educar a las masas". Pero sabemos que el Estado carece de recursos para el esfuerzo que se necesita, y también sabemos que es minuciosamente ineficiente en esta tarea. Si lo que hace, lo hace mal y a un alto precio, ¿por qué agregarle otras responsabilidades?

Por otra parte, si el Estado decidiera acometer esa ingente empresa de acabar en una generación con la pobreza por el procedimiento de educar a toda la población, los recursos sólo podría extraerlos de las empresas, que es donde únicamente se generan riquezas, y eso significaría más impuestos, menos ahorro, menos inversión y —por lo tanto— más pobreza. Así que lo conveniente, lo inteligente, es que los propios empresarios pongan manos a la obra, trasladen sus conocimientos y experiencias al tema de la educación, y creen instituciones educativas buenas y económicas, en las que por un módico precio cualquier persona pueda adquirir la formación que le permitirá ganarse la vida decentemente en el futuro.

Una objeción convencional a este planteamiento es que la buena educación cuesta mucho, pero eso no parece ser cierto: a principios de 1997 se dio a conocer el tercer estudio comparativo de los niveles de conocimiento en matemáticas y ciencias entre cuarenta y un países, lo que se conoce como *Third International Maths and Science Study (TIMSS)*, y uno de los hallazgos más notables fue que la relación entre gasto por estudiante y resultados académicos no es tan clara como se creía.

Japón, que gasta la mitad por estudiante de lo que invierte Estados Unidos, ocupa el tercer puesto en excelencia, mientras los norteamericanos no aparecen en la lista hasta el número veintiocho. Los estudiantes surcoreanos, que están aún mejor preparados que los japoneses (se ubican en segundo lugar), gastan todavía menos: una tercera parte de lo que Estados Unidos invierte por estudiante. Y tampoco parece ser que la clave de la calidad de la enseñanza esté en el número de alumnos por aula, porque los "dragones de Asia", con muchos más estudiantes por clase, obtuvieron mejores resultados que Estados Unidos o Suiza.

Aparentemente, los resultados están relacionados con la calidad de los maestros y con la posibilidad de someterlos a la presión de la competencia. Un maestro mal pagado e inamovible de su puesto, como cualquier profesional en esa tesitura, es alguien abocado a la indolencia y a la falta de interés. En ese estudio, por cierto, sólo hubo un país latinoamericano representado, Colombia, y entre las cuarenta y un naciones escrutadas ocupó el número cuarenta, seguido muy de cerca por Sudáfrica, donde las mayorías negras tienen una educación muy deficiente.

Si el reto es educar razonablemente bien —lo mejor que se pueda— a las grandes mayorías desposeídas, pero hacerlo al menor costo posible, la experiencia nos dice que hay que emplear algunos conceptos del mundo empresarial. Las cadenas de *fast-food* o comida rápida están pensadas para dar un servicio de calidad en un ambiente confortable y al menor precio posible, dado que la implacable competencia siempre puede ofrecer lo mismo a menos costo. Podrá sonar vulgar, pero quien consiga crear una especie de McDonald's de la educación le estará haciendo un gran servicio a la sociedad que no puede pagar una escuela de lujo.

¿Cómo se introducen los conceptos del mercado en la escuela? Un ejemplo interesante es el que dio Nicaragua bajo la dirección de Humberto Belli, ministro de Educación, primero con Violeta Chamorro y luego con Arnoldo Alemán. Tras la guerra civil de Nicaragua, Belli se encontró con unas escuelas pobres, caóticas, maestros mal pagados, alto índice de deserción escolar y numerosos conflictos sindicales. Frente a este panorama, a Belli se le ocurrió proponerles a los docentes una especie de privatización de la gestión de las escuelas públicas.

En síntesis, el cambio consistía en que maestros, estudiantes y padres asumían la responsabilidad de dirigir y administrar el centro, fijando horarios, métodos de trabajo y modos de premiar o castigar a quienes infringían las reglas. El ministerio se limitaba a determinar los objetivos o metas generales y a aportar un cheque mensual por cada estudiante matriculado. La cuantía del cheque la determinaba la suma que salía de dividir el presupuesto general entre el número de estudiantes. Naturalmente, si los padres no estaban conformes con la educación que recibían sus hijos, podían llevarlos a otras escuelas, pero si estaban muy satisfechos, podían acordar darles a los maestros una remuneración extra.

En otras palabras, Belli introdujo en la escuela dos mecanismos clave del mercado: la competencia y un sistema de premios y castigos. ¿Resultado? En las escuelas —más de la mitad— que adoptaron este sistema, los maestros ganan bastante más que en las que el Estado controla, y los gastos son menores. En las escuelas de gestión social, es decir, privadas, el índice de deserción escolar es mucho más bajo y se gasta la mitad de agua y electricidad.

Pero, en ese caso, de lo que estamos hablando es de la reforma de la enseñanza pública mediante la utilización de mecanismos del mercado, y el tema de estos papeles se le parece, pero es otro: ir a la búsqueda de un sistema educativo privado bueno, eficiente y barato, que incorpore a millones de latinoamericanos al desarrollo y la prosperidad.

Esas escuelas, para que surtan el efecto deseado, además de transmitir los conocimientos usuales (lengua, aritmética, historia, geografía, etc.) tendrían que enseñar valores, porque otra cosa que se sabe con total certeza, es que para que los alumnos se conviertan en buenos ciudadanos tienen que contar con una determinada escala de valores.

Hay que enseñarles a ser responsables, cumplidores, puntuales, honestos, respetuosos de las normas, tolerantes, compasivos, creativos, emprendedores, solidarios, y ese largo etcétera de valores y aptitudes que conforman a los seres humanos valiosos. Afortunadamente, hoy la pedagogía sabe cómo transmitir esos valores y actitudes, y de lo que se trata es de formar adecuadamente a los maestros y de dotar a la institución de un espíritu de excelencia que fomente en los estudiantes, padres y maestros el orgullo de pertenecer a algo importante.

Cada empresa tiene la responsabilidad de producir y comerciar los bienes y servicios que genera de la más eficaz manera posible. Para esos fines, sin duda, las empresas tienen el claro propósito de conquistar cuotas de mercado, y a luchar por ese objetivo dedican buena parte de sus energías. Y si esto es así, ¿no parece obvio que la mejor manera de ampliar ese mercado para todos puede ser ir rebajando a la mayor velocidad posible los índices de pobreza para que cada vez sea mayor el número de panameños integrados en el aparato productivo y consumidor? Ésa no es una labor que le corresponde únicamente al Estado. Es una labor que le conviene a toda la sociedad, pero, tal vez en primer término, a quienes tienen como tarea la de crear riquezas, es decir, al motor y corazón económico de este país.

Del mismo modo, pues, que tiene toda lógica anunciarse en los medios de comunicación para aumentar cuotas de mercado, lo tiene ayudar a crear las condiciones para que cientos de miles, quizás millones de personas, puedan convertirse en consumidores de clase media, en ciudadanos productivos que con su prosperidad contribuyan a aumentar nuestro propio bienestar. El rasgo que, finalmente, unifica el perfil de las naciones desarrolladas es precisamente ése: existen en ellas unos vastos niveles sociales medios que crean y consumen riquezas para beneficio de todos. La pobreza de los otros es, qué duda cabe, un motivo legítimo de pena. Pero es más que eso: es una desgracia que nos afecta a todos. Incluso, es hasta un pésimo negocio.

# III

## POLÍTICAS PÚBLICAS
## Y POLÍTICAS PRIVADAS

# 11. EL COMERCIO LIBRE, LOS PRECIOS Y LOS DERECHOS DE LOS CONSUMIDORES*

Primero déjenme presentarles mis paradójicas credenciales históricas y personales para hablarles del libre comercio. Hace treinta y cuatro años, a poco de llegar a España con el propósito de residir allí de forma permanente, decidí viajar con mi familia a la tierra de los Montaner en los Pirineos catalanes. Buscaba mis raíces, o parte de ellas, y quería que mi mujer y mis dos hijos participaran de esa pequeña aventura genealógica. Sabíamos que las huellas iban de Lérida a Andorra, de ahí a Mallorca, y de Mallorca a Cuba.

En Andorra descubrí que existía el "paso de los Montaner", así que, de la mano de un experto local, llegamos a un intrincado pasaje en medio de las imponentes montañas. Mi primera confusión, fruto de la ignorancia y de la pronunciación caribeña, fue que interpreté que se trataba del "pazo de los Montaner", pues "pazo", con zeta, es como se denomina en ciertas zonas de España a una casa rural, generalmente de cierta entidad. Pero no: se trataba, sencillamente, de un laberinto sinuoso en la garganta de los Pirineos, por el que hace siglos solían pasar rápidamente mis antepasados.

"¿Y qué hacían mis remotos parientes?", pregunté ansioso.

"Eran judíos conversos que se dedicaban muy eficazmente al contrabando", me explicó sin emoción mi guía andorrano. Y luego siguió: "Los franceses ahorcaron a don Ramón en aquel árbol. Y los españoles en aquel otro a don Miguel. Parece que el

* Conferencia pronunciada en Guayaquil en agosto de 2004.

175

más ágil, don José María, logró huir y no se detuvo hasta que llegó a Mallorca".

"Creo que posteriormente uno de sus descendientes llegó a Cuba", agregué para completarle la anécdota.

"Y no le he contado sobre las mujeres de esa familia y la taberna que tenían...", intentó decirme, pero lo atajé a tiempo.

"Gracias, no es necesario, ya me lo imagino", le respondí rápidamente antes de que mis hijos comenzaran a hacer más preguntas de la cuenta.

En el viaje de regreso a Madrid, embutidos todos en un pequeño Renault, comprado precisamente en Andorra para ahorrarme los impuestos españoles —prueba de que seguía viva la herencia indeleble de don Ramón y don Miguel, dos mártires de la libertad de comercio—, les dejé en claro que los contrabandistas suelen abaratar las mercancías y, aunque es censurable que violen las leyes, tampoco puede dudarse de que las leyes que encarecen artificialmente las mercancías o los servicios perjudican severamente a la sociedad, y con especial crueldad a los más pobres.

De paso, también les expliqué cómo Andorra, un pueblo de cultura catalana, incrustado entre Francia y España, situado en un pequeño valle en medio de los Pirineos, independiente, pacífico y estable desde hace 700 años, pero sin industrias y apenas sin agricultura, ha llegado a convertirse en uno de los rincones más ricos de Europa, propiciando y practicando el libre comercio, incentivo con el que atrae a cientos de miles de comerciantes y turistas todos los años, especialmente cuando sus poderosos vecinos incurren en el error de castigar con impuestos excesivos las transacciones comerciales o la tenencia de capitales.

Con esos antecedentes familiares, no es extraño que cada vez que paso una aduana sienta una mezcla de temor y culpabilidad motivada por la declaración en la que detallo las pertenencias con que ingreso al país. Las declaraciones invariablemente expresan amenazas y advierten contra cualquier mentira o disparidad que sea descubierta. ¿Será considerado un delito de contrabando el perfume traído a la vieja amiga o la corbata comprada en el avión? ¿Me intentarán confiscar el *laptop* o el teléfono portátil? Nunca se sabe. En todas las aduanas, las autoridades buscan objetos que puedan gravar, actitud que disuade al viajero y lo inhibe de llevar consigo bienes valiosos.

En buena lógica debería ocurrir al revés: el país que me recibe debería estarme agradecido si traigo riquezas por las que los naturales no han tenido que abonar suma alguna. Si en este viaje yo hubiera traído cien computadoras personales en vez de una, las consecuencias siempre serían positivas, puesto que, si las vendiese a un buen precio, los compradores se beneficiarían, y si las donase a colegios o a personas necesitadas, los usuarios mejorarían sus condiciones de vida. Sólo en el caso de que no hiciera nada con ellas nadie obtendría un beneficio, pero esa estupidez es algo que no suelen hacer las personas, aunque sí los gobiernos, de vez en cuando.

## El libre comercio

Qué duda cabe de que el comercio libre hoy forma parte de un candente debate que se escucha desde Canadá hasta la Argentina. Hay *globofóbicos* —gentes que detestan el libre comercio internacional y, de paso, también el doméstico— y hay *globofílicos* —que lo defendemos—. Pero la verdad es que no se trata de un tema nuevo. Toda América, la latina y la sajona, en el último cuarto del siglo XVIII y el primero del XIX se fue a la guerra contra los poderes coloniales europeos, entre otras razones, en busca de mejores oportunidades económicas y libertad de comercio.

Como es sabido, los llamados comuneros de Nueva Granada se alzaron en armas en 1781 para oponerse al monopolio del alcohol y el tabaco que les impusieron las autoridades españolas, preludio de la posterior guerra de independencia. Episodio semejante al que fue el detonante final de la guerra de independencia norteamericana comenzada en 1776, cuando los ingleses, de manera inconsulta, gravaron con impuestos las importaciones de su colonia, especialmente las de té, a lo que se sumó la terca decisión de la corona británica de mantener el monopolio de este comercio transatlántico por medio de la Compañía de las Indias Orientales.

Pero lo curioso es que en aquellos años de formación de nuestras repúblicas los progresistas que defendían las virtudes del libre comercio, los *globofílicos* de entonces, eran los revolucionarios progresistas, mientras los *globofóbicos* eran los reaccionarios partidarios de los poderes coloniales, de los tributos onerosos y de los controles de precio. Dos siglos más tarde, esa percepción ha dado la vuelta, y hoy los que se llaman "progresistas", aunque defiendan el modelo económico de las naciones que menos progresan, son los enemigos del comercio libre y de la libertad económica: "Cosas veredes, Mío Cid".

## La batalla de los precios

Pero situémonos en el corazón exacto del debate: cuando se discute sobre comercio libre, sobre subsidios o sobre monopolios, de lo que realmente se está hablando es del precio de las cosas o de los servicios. Cuando lo que hoy llaman, en mal castellano, un "grupo de interés" pide el cierre de las fronteras a ciertas mercancías o servicios, o pide gravarlos con tributos para no hacerlos competitivos, casi siempre lo hace para obligar al consumidor cautivo a pagar un precio más alto por esa mercancía o ese servicio producido localmente de forma más costosa y probablemente con inferior calidad. Cuando ese u otro "grupo de interés" gestiona y consigue que el gobierno le asigne un subsidio durante la fase de producción, logra enmascarar el aumento de los precios al consumidor, sólo que éste, en lugar de pagar esa diferencia en el momento de adquirir la cosa o el servicio, lo ha abonado previamente mediante el pago de impuestos que van a parar al bolsillo del empresario o comerciante subsidiado.

Esa leche o ese pan subsidiados le parecerán baratos, pero sólo porque no incluye en el precio el subsidio que todos han tenido que abonar para compensar la ineficiencia del productor. Incluso, peor aún: la mayor parte de las personas que han pagado ese precio escondido a veces ni siquiera adquiere el bien o el servicio en cuestión. Pagan por algo que no reciben ni van a recibir nunca. Pero cuando este atropello al consumidor se convierte en una verdadera humillación, es cuando el Estado legitima la existencia de un monopolio para beneficiar descaradamente a una empresa influyente a la que todos pagamos un tributo disfrazado de precio.

A veces, incluso, el subsidio que nos perjudica no es el que se emplea para abaratar ciertos productos en beneficio del consumidor (aunque en perjuicio del no consumidor), sino el que se utiliza para mejorarle los precios a otra sociedad y así disfrazar nuestra falta de competitividad. Eso se ve en los estímulos a los exportadores: los gobiernos, con el argumento de proteger a un sector productivo poco competitivo, toman el dinero del bolsillo de los contribuyentes y se lo dan a los exportadores para que éstos puedan colocar sus mercancías a mejor precio en mercados exteriores, beneficiando injustamente a otros consumidores.

De ahí que no estén descaminados quienes propugnan el fin de los subsidios y la eliminación radical de los aranceles, estableciendo el paradójicamente llamado "arancel cero", medida que inmediatamente abarataría los bienes y servicios, multiplicaría la competencia e inevitablemente aumentaría la productividad. Es cierto que los aranceles constituyen una manera sencilla de cobrar impuestos, pero esa ventaja como forma de recaudación queda eclipsada por la corrupción que genera. Las aduanas, con frecuencia, son una fuente inagotable de trampas e injusticias, donde los más débiles no pueden defenderse frente a la astucia y la capacidad de los más fuertes para comprar funcionarios, pagar sobornos y violentar las leyes.

Es muy importante entender que la lucha por la igualdad ante la ley, consagrada en todos los textos legales desde las revoluciones liberales modernas del siglo XVIII, se ha ido depurando y refinando, y hoy, tácitamente, también incluye el derecho que tiene el consumidor a ser tratado con equidad, y sin sufrir el agravio comparativo de que otra persona posea privilegios que a él le son negados, como es el de obligarnos a pagar unos precios más altos por las cosas o los servicios en beneficio de quien ha conseguido esa ventaja. No hay mucha diferencia entre la concesión hecha por Carlos V a Hernán Cortés, en pago por sus servicios a la corona, para que recibiera como beneficio personal el tributo de 20.000 indios, que la concesión que hace el Estado moderno a una empresa para que los consumidores tengan que pagarle un precio más alto por adquirir determinado producto.

¿Cuál es el precio justo, el que no ofende a nadie, el que no enmascara un privilegio? Es el que determina un mercado libre al que todos puedan concurrir sin ventajas artificiales. No es falso, como señala el premio Nobel Joseph Stiglitz, que el mercado es imperfecto, pero la experiencia demuestra que más imperfectos son los burócratas y los políticos cuando lo manipulan, como señala James Buchanan, otro premio Nobel igualmente prestigioso. Defender el libre comercio, el libre mercado, no es sólo una batalla que pertenece a la economía. Forma parte de la lucha por la libertad y la dignidad de las personas. Y es de tal importancia que debería existir una disposición en las constituciones —semejante a la primera enmienda a la Constitución de Estados Unidos, que protege la libertad de expresión— que prohibiera a los Estados legislar en materia de comercio exterior o nacional si con ello se afectan artificialmente los precios que tendrían que pagar los consumidores.

Es cierto que en ese proceso de libre competencia hay ganadores y perdedores, y que no podemos evitar que algunas empresas quiebren o se tornen inviables, pero es así como el sistema de libre empresa se purifica, asigna mejor el capital disponible y crea beneficios para futuras inversiones. Precisamente, el riesgo al fracaso es uno de los acicates que agudizan la imaginación, generan innovaciones y estimulan el perfeccionamiento de bienes y servicios. Una economía, como sucedía en el mundo comunista, en la que los precios no guardaban relación con los costos, y en la que millones de consumidores cautivos debían adquirir lo que les asignaban los burócratas planificadores y no lo que libremente deseaban, perversa relación que garantizaba la supervivencia de unas empresas sin beneficios ni motivaciones, tenía que terminar por hundirse en un charco de miseria y mediocridad, como ocurrió en Europa a partir del luminoso año 1989, catástrofe, por cierto, prevista por Ludwig von Mises desde los años veinte, cuando publicó su profético ensayo *Socialismo*.

## Los pretextos de los enemigos de la libertad económica

Naturalmente, los grupos de interés siempre tienen a mano una buena excusa para justificar su oposición al libre comercio y al mercado. La vieja e incombustible fauna populista, emparentada con los corporativistas de todas las épocas, alegremente inasequible a la realidad, alega que uno y otro empobrecen a los más débiles y enriquecen a los más fuertes, cuando resulta evidente que las economías más libres suelen ser las más prósperas, y donde el número de personas calificadas como pobres o indigentes ocupa un porcentaje muy reducido del censo. Puede ser cierto, según el *Índice Gini*, que las diferencias entre los muy ricos y los muy pobres se mantengan, e incluso se agudicen ligeramente en un país como Chile, en el que resueltamente todo el arco político democrático ha suscrito la visión liberal de la economía, pero ese dato pesa menos que la disminución del número de pobres desde 1990, cuando se implantó la democracia en ese país y los nuevos gobernantes decidieron continuar con el modelo liberal hasta alcanzar el per cápita más alto de toda América Latina.

El caso de México es parecido. El Tratado de Libre Comercio que vincula a México, Canadá y Estados Unidos en un mercado común, según un estudio reciente del Banco Mundial, ha reducido un 15 por ciento el número de pobres, ha aumentado al menos un 25 por ciento las exportaciones e incrementado un 40 las inversiones extranjeras, mientras puede atribuírsele un 4 por ciento de su PBI. Todo ello producto de unas transacciones comerciales que hoy alcanzan la cifra de 250 mil millones de dólares, con un saldo positivo para México del orden de los 36 mil millones. En el lado norteamericano, aunque existen indicios de ciertos beneficios para los consumidores —además de la desaceleración del número de inmigrantes ilegales—, es muy difícil conocer el impacto real porque, francamente, aunque 250 mil millones de dólares es una cifra respetable, cuesta trabajo rastrear su huella cuando se inscribe en un PBI de 10 trillones (americanos).

Sin embargo, según los adversarios del libre comercio, esos lazos económicos constituyen una forma de anexión imperial con la que los países ricos subyugan a los débiles. No importa la fácil verificación de que los países más pobres del mundo son aquellos que menos relaciones comerciales tienen con los ricos. No importa que el sentido común y la experiencia nos enseñen que en una relación entre pobres y ricos quienes tienen más posibilidades de beneficiarse son los que menos riquezas poseen. No importa el ejemplo de España, que por abrirse al comercio y al mercado ya alcanza el 87 por ciento del PBI promedio de la Unión Europea y continúa en ascenso, por lo que es hoy la octava economía del planeta y la que más puestos de trabajo crea en la vieja Europa. No importa el mencionado ejemplo de Chile, hoy la primera economía per cápita de América Latina. Nada de eso vale: ni la evidencia, ni la comprobación empírica, ni la hipótesis razonable. Lo único que vale para estas personas, cegadas por los dogmas ideológicos, tercamente enquistadas en el error de la lucha de clases, elevado a la lucha de naciones, es la superstición de que hay que huir de los contactos estrechos con las naciones del primer mundo porque siempre saldremos esquilmados.

¿De dónde han sacado esa superchería? La han sacado de un antiquísimo error, anterior al surgimiento del capitalismo: son gentes convencidas de que la riqueza es una especie de cantidad constante, y cuando alguien se beneficia siempre tiene que ser a costa del perjuicio de otro. Son seres que creen que el comercio es una operación de suma-cero, pues nunca descubrieron que cuando dos personas, empresas o países comercian, es muy probable que ambos se beneficien.

## Globofóbicos del primer mundo

Por eso, cuando se escuchan los llantos de los *globofóbicos* del tercer mundo, no deja de ser irónico que en los países ricos sean cada vez más las voces de quienes también se oponen al libre comercio. Y la prueba de esta afirmación está en la creciente cascada de declaraciones de los candidatos demócratas durante la campaña del 2004. ¿Qué afirman? Que se están perdiendo puestos de trabajo bien remunerados porque muchos empleos son "exportados" a países del tercer mundo. Pruebas al canto: hace poco tiempo, recién comenzado el 2004, la legendaria fábrica norteamericana de pantalones "vaqueros" Levi Strauss, establecida hace siglo y medio por un inmigrante alemán, anunció el cierre de las dos últimas fábricas que le quedaban en Estados Unidos y comunicó que las trasladaba a América Latina y a Asia. En su momento, Levi Strauss llegó a tener sesenta y tres fábricas en Estados Unidos.

Magnífico. Eso quiere decir que los consumidores norteamericanos podrán pagar menos por los pantalones, y que los obreros de unas naciones más pobres van a tener un empleo. Es verdad que algunos trabajadores estadounidenses van a resultar perjudicados por el cierre de las fábricas, pero millones de norteamericanos se van a beneficiar porque el precio de sus pantalones favoritos continuará al alcance de sus bolsillos, y ese ahorro irá a otros rincones de la economía que resultarán favorecidos, y en los que se crearán otros puestos de trabajo. También es verdad que esos pantalones serán importados y su costo incidirá en la negativa balanza comercial norteamericana, pero, como se reveló en la década de los noventa, una balanza comercial negativa no impidió que la economía norteamericana tuviera uno de los desempeños mejores de su historia económica, junto a unos bajísimos índices de desempleo, que todavía hoy se mantienen por debajo del 6 por ciento de la fuerza laboral, mientras, por la otra punta del ejemplo, una balanza comercial extremadamente positiva no le ha servido a la economía de Japón o de Alemania para crecer al ritmo estadounidense.

Por otra parte, Estados Unidos no puede aspirar a ser, como es, el corazón económico, financiero, técnico, científico, político y cultural del planeta, con una divisa reina, con multinacionales que cubren el globo y fuerzas militares que garantizan la estabilidad de enormes regiones del mundo y su propia seguridad, y, simultánea y mezquinamente, tratar de protegerse de la competencia comercial exterior, como hacen con el azúcar y otros productos agrícolas, o como hasta hace poco hacían con el acero. Esa actitud, que perjudica a los consumidores locales norteamericanos y afecta terriblemente a los productores de sociedades a veces muy pobres, producto de la labor de los infatigables *lobbystas*, no se compadece ni con los principios y valores de Estados Unidos, ni con los intereses del pueblo consumidor.

Además, la historia demuestra que son falsas las premisas en las que los proteccionistas norteamericanos de hoy —que son los de siempre— basan sus argumentos. En la década de los setenta, cuando gobernaba Jimmy Carter, y el país, en medio del mayor pesimismo, padecía un ciclo de inflación y pérdida de competitividad, los estadounidenses contaban un elocuente chiste: Carter era víctima de un accidente y caía en coma. Veinticinco años después, en el 2000, despertaba y le explicaban la situación de la nación. "Todo está muy bien, presidente —le decían—. Hay paz, se acabó la inflación y la sociedad es feliz." Carter, sin creérselo del todo, siempre apegado a los ejemplos prácticos, preguntó: "¿Cuánto vale 1 libra de cacahuetes?." "Oh, muy barata, presidente —le respondieron—, sólo 10 yenes". O sea, que Japón había desbancado totalmente a Estados Unidos.

Por aquellos años los proteccionistas hablaban del peligro nipón, como ahora hablan del peligro chino, o como se quejan de las maquilas mexicanas. Según los agoreros más preocupados, la "barata" mano de obra japonesa, unida a la laboriosidad de ese pueblo, destruiría el tejido industrial norteamericano, incapaz de soportar la competencia, y muy especialmente las exportaciones de automóviles. Pues bien, estamos en el 2004, Japón sigue siendo un gran país, en gran medida ha reemplazado a Estados Unidos como productor de automóviles y electrodomésticos, aunque su economía lleva más de una década estancada o con crecimientos muy bajos, mientras Estados Unidos muestra una economía vigorosa, con índices galopantes de productividad.

Lejos de padecer el embate de los japoneses, sucedió algo aún más conveniente para norteamericanos y nipones: Japón multiplicó exponencialmente sus inversiones en Estados Unidos y viceversa. Las dos economías se trenzaron fuertemente. Hoy Honda o Sony son marcas tan familiares para los norteamericanos como Microsoft o McDonald's son japonesas para los habitantes del "país del sol naciente", como dice el reclamo turístico. Y hasta hubo otra consecuencia benéfica en el terreno técnico: ante el empuje cualitativo de los japoneses, los norteamericanos tuvieron que mejorar la calidad de su industria automotriz para poder competir, puesto que resultaba un atropello incalificable que, amparados en el nacionalismo y la defensa de los puestos de trabajo, trataran de obligar a los consumidores norteamericanos a adquirir automóviles peores y más caros. Esa extorsión, felizmente, se acabó.

## Algunas prácticas sindicales perniciosas

Hay, claro, otros enemigos tenaces del libre comercio, y ellos suelen ser, por una parte, los sindicalistas proteccionistas, decididos a blindar a sus afiliados con barreras arancelarias o con simples prohibiciones a las importaciones, y, por la otra, los pequeños comerciantes abroquelados en corporaciones decididas a defender sus beneficios a cualquier costo, aunque se perjudiquen los consumidores. A ambos grupos hay que reprocharles las limitaciones que imponen a la libertad de comercio en clarísimo detrimento de los consumidores. En España, donde vivo, y en varios países de Europa, los mercados tienen obligatoriamente que cerrar a una hora determinada, y les está prohibido abrir los domingos, salvo el primero de cada mes. Asimismo, para proteger al comercio minorista, existe una fuerte resistencia encaminada a impedir que las tiendas llamadas "grandes superficies" se instalen en las ciudades, de manera que los pequeños comerciantes tengan menos competencia y puedan seguir vendiendo a precios más altos, agravio que se les inflige a los consumidores de la mano de sindicatos y comerciantes fraternalmente coludidos.

Ese "daño al comercio" es una de las razones que explican

la superioridad del modelo norteamericano, su agilidad sin par y la conveniente rapidez con que circula en el país la masa monetaria, asignando los recursos mucho más eficientemente que en Europa. Me viene a la mente, nítidamente, una madrugada en Los Ángeles, California, en que mi hijo Carlos, cineasta en esa ciudad desde hace años, me pidió que lo acompañara a un gran supermercado para comprar salmón ahumado para el desayuno del día siguiente. No me sorprendió, porque sabía que en Estados Unidos hay supermercados que abren las 24 horas de los 365 días del año, pero lo que sí me pareció novedoso y admirable es que en ese enorme establecimiento había una sucursal bancaria, y a esa hora, a las tres de la madrugada, junto a nosotros, mientras adquiríamos el salmón, un insomne angelino estaba contratando una hipoteca para adquirir una casa.

Es obvio que el envidiable vigor de la economía norteamericana en gran medida proviene de las facilidades con que se pueden llevar a cabo las transacciones comerciales. Crear una sociedad anónima toma dos horas. Abrir una cuenta bancaria, veinte minutos. Alquilar un local y contratar empleados, una mañana. El teléfono y las tarjetas de crédito son herramientas para acelerar las ventas y las compras. Y todo lo anterior se puede llevar a cabo por Internet. Las compañías privadas de transporte funcionan las 24 horas. Los servicios de asesoría técnica no se detienen nunca. Recuerdo, hace un par de años, un 1º de enero, fecha en la que se paraliza el universo y el sol sale casi por milagro, tuve un tropiezo con mi *laptop*, una machacada Toshiba comprada en Estados Unidos, y, sin ninguna esperanza, llamé al teléfono de servicio, aparentemente situado en Chicago. Para mi estupor, me contestó un caballero que hablaba muy bien el inglés, pero con un ligero acento hispano. Seguí la conversación en castellano. Era un amable tico que estaba situado en San José y que, muy hábilmente, me sacó del atolladero.

Quiero decir que el tiempo es un elemento clave del comercio, y restringir los horarios o los calendarios de las transacciones comerciales es también una agresión a los consumidores y productores, y un factor artificial de encarecimiento de los bienes y servicios. Si una persona decide comprar salmón ahumado o hipotecar una casa a las 3 de la madrugada, no son un sindicato arrogante o una corporación de comerciantes quienes deben autorizarlo o prohibirlo, sino el mercado. Si la inmensa tienda de Los Ángeles estaba dispuesta a abrir sus puertas, y si los clientes estaban dispuestos a entrar en el establecimiento, nadie debería impedir el derecho a que ese contacto se lleve a cabo, entre otras razones, porque no sólo se beneficiarán compradores y vendedores, sino el conjunto de la sociedad, incluida la clase trabajadora, que tendrá un nuevo turno para ganarse su salario.

## La libertad de comercio no lo es todo

Hechas estas afirmaciones, me queda por establecer una melancólica observación final que no es muy halagüeña: nadie debe pensar que la mera libertad de comercio, nacional e internacional, va a traernos la dicha de manera fulminante. Éste es sólo un elemento. Un elemento importante que facilita la prosperidad creciente, pero hay otros acaso más determinantes, y el esencial es la oferta: qué producto o servicio ofertamos. Si no nos esforzamos en alcanzar niveles de excelencia en los bienes que pensamos proponer, los esfuerzos no generarán grandes rendimientos. Esto exige un tenso compromiso con la investigación y una agónica lucha por aumentar la competitividad que jamás concluye. El comercio libre es, pues, una condición importante para lograr el éxito, pero es apenas un elemento fundamental de la ecuación económica, pero por sí sólo no realiza milagros.

## 12. EMPRESARIOS, ASALARIADOS Y DESEMPLEADOS: UN EJERCICIO DE SENTIDO COMÚN

Los políticos norteamericanos suelen decir que sólo hay tres promesas electorales capaces de seducir a los votantes: *jobs, jobs and jobs*. Trabajo, trabajo y trabajo. No parece haber nada más importante para la sociedad que ganarse la vida, algo, por otra parte, perfectamente razonable.

Sin embargo, hay tres perspectivas sobre el trabajo:

- La del empresario que, en busca de su propio beneficio, ofrece un puesto de trabajo con el objeto de crear o aumentar bienes o servicios que propone al mercado.
- La del que tiene ese puesto de trabajo ya creado, desea mantenerlo, y pretende, a su vez, sacar el mayor rendimiento por los servicios que presta.
- La del que necesita trabajar y anda a la busca de una oportunidad laboral.

Lamentablemente, estas tres perspectivas casi nunca se armonizan racionalmente. Suele haber conflictos, y éstos nos obligan a tratar de establecer prioridades, de manera que las soluciones que se ofrezcan sean las más convenientes o las menos dañinas. Una sociedad que comprenda cuál es la mejor forma de articular los intereses de las personas con relación a la creación, mantenimiento y obtención de empleo va a ser mucho más hábil para generar riquezas que acaben por beneficiar al conjunto. Veamos este asunto desde los tres ángulos señalados.

*Las premisas sobre la empresa*

Establezcamos, pues, una cadena de axiomas que nos permita entender lo que nos conviene y lo que nos perjudica. Consignemos, primero, once premisas difícilmente discutibles sobre quien ofrece un puesto de trabajo, esto es, sobre la empresa y sobre el empresario.

PREMISA Nº 1
Sólo se generan riquezas en las empresas, es decir, en las organizaciones que crean un producto o un servicio para el consumo de unas personas distintas de quienes produjeron esos bienes.

PREMISA Nº 2
Esas organizaciones pueden estar constituidas por una persona, por dos o por doscientas mil, como la General Motors. Y aunque no es exactamente igual en todos los países, se puede afirmar que el 90 por ciento de los asalariados del planeta trabaja en pequeñas y medianas empresas que no llegan a cincuenta trabajadores.

PREMISA Nº 3
Para poder subsistir, las empresas están obligadas a tener beneficios y a invertir constantemente en bienes de capital o en alguna forma de investigación que les permita mejorar lo que ofrecen. Si las empresas no obtienen beneficios, sencillamente, desaparecen, y con ellas los puestos de trabajo de los asalariados.

PREMISA Nº 4
De donde se deduce que a cualquier sociedad le interesa que haya muchas empresas que obtengan beneficios, aunque sólo sea para que generen empleo.

PREMISA Nº 5
Cuando hay muchas empresas exitosas que compiten, se

produce una puja al alza de los salarios. Los trabajadores ganan más.

PREMISA Nº 6
*Contrario sensu*, cuando las empresas, de una manera crónica, no obtienen beneficios o incumplen sus obligaciones perjudicando a otras empresas, o cuando se endeudan inútilmente obteniendo capital que no devuelven a los sectores financieros, también perjudican al conjunto de empresarios, pues a menor capital disponible, y a mayor cuotas de obligaciones impagadas, inevitablemente se corresponde una mayor tasa de intereses para todos.

PREMISA Nº 7
*Ergo*, es un inmenso disparate —en el que suelen incurrir políticos y sindicalistas— oponer capital y trabajo como si se tratara de elementos adversarios. Capital y trabajo son, simplemente, elementos complementarios de la producción.

PREMISA Nº 8
El sector público, que no está sujeto a la competencia del mercado, y que navega bajo la cómoda bandera de que "el Estado siempre es menor de edad, y, por lo tanto, hay que protegerlo", en realidad no crea riquezas, sino consume una parte de las riquezas creadas por las empresas del sector privado.

PREMISA Nº 9
Esto teóricamente pudiera no ser así, como cuando el sector público se convierte en empresario, pero la experiencia demuestra que el Estado es un pésimo empresario que suele gastar mucho más de lo que produce, con lo cual afecta al conjunto de esa población que tiene que aportar la diferencia. Es decir, perjudica a todas las empresas, les limita sus beneficios y les impide crear fuentes de trabajo.

## PREMISA N° 10

A veces el Estado-empresario consigue obtener beneficios, pero esto sólo suele ocurrir cuando operan monopolios y asignan precios leoninos a sus bienes y servicios. La Tabacalera o la Telefónica en España eran buenos ejemplos que comenzaron a dejar de serlo cuando entró la competencia. Las consecuencias las pagan los consumidores, distorsión que afecta al resto del mercado.

## PREMISA N° 11

Si aceptamos estas once premisas, la lógica nos precipita a admitir que la prioridad de cualquier sociedad es estimular la creación de empresas en el sector privado que obtengan beneficios para poder ofrecer trabajo a toda la población con edad y disposición para laborar.

## *Salarios*

Desde esta perspectiva, y asumiendo como ciertas las anteriores reflexiones, puntualicemos esquemáticamente lo que significa el salario para cualquier empresario:

- El salario que devengan los trabajadores es un factor que se agrega al costo de los materiales de producción, y en muchos casos es el componente básico de ese costo.
- Si el salario es muy alto con relación al que paga la competencia, ocurren dos fenómenos contrarios a la salud de la empresa: el producto creado se encarece notablemente, con el riesgo de ser barrido del mercado por otro producto más barato, nacional o importado, o bien desaparecen los beneficios de la empresa, y ésta no puede adquirir bienes de capital, investigar y crecer, y mucho menos contratar nuevos empleados.
- Por el contrario, si los salarios son muy bajos, los trabajadores buscarán otros empleadores y la empresa tendrá que sufrir las consecuencias de su mala política de remu-

neración. De la misma manera que existe un mercado para los productos, como sabemos, hay también un mercado laboral. Y si algo está perfectamente establecido es que las empresas que mejor funcionan, y que más crecen, son aquellas capaces de contratar a la mejor gente y mantenerla en sus puestos de trabajo.

- Cuando los salarios se "indexan" con el aumento del costo de la vida, ignorando la realidad del mercado y los precios de la competencia, lo que generalmente ocurre es un aumento de la inflación que acaba por reducir la capacidad adquisitiva del asalariado. El peor enemigo del asalariado es la inflación.

- No se puede o no se debe "abrir" la economía y aceptar la competencia que trae la globalización si no se flexibiliza simultáneamente el mercado laboral. Cuando esto se olvida se condena a las empresas a no poder competir.

Es una verdad de Perogrullo que todo sistema económico es elástico. Los precios están siempre en movimiento y se afectan por una multitud de factores casi siempre incontrolables: hallazgos científicos, desarrollos tecnológicos, cambios demográficos, sucesos políticos o simples accidentes naturales.

Y si la economía es elástica, y si los precios están sujetos a esos inevitables bandazos, ¿no resulta evidente que la rigidez en la fijación de los salarios conspira contra la supervivencia de las empresas? Creo que el ejemplo no muy lejano de lo que les sucedió a las empresas norteamericanas de transporte aéreo Eastern y Pan American es suficientemente elocuente.

## Asalariados

Para el asalariado, sus prioridades parecen ser claras: obtener la mayor remuneración posible por su trabajo, así como cierta seguridad en el empleo. Sin embargo, con frecuencia las decisiones que adopta son contrarias a la defensa de sus propios intereses, lo que aconseja advertir lo siguiente:

- Si se quiere seguridad en el empleo, nada conviene más que ser un buen trabajador en una empresa boyante que obtenga buenas ganancias. Ningún empresario se desprende de un buen empleado si su negocio rinde beneficios.
- Si el salario o los beneficios marginales que obtiene el trabajador —seguro médico, vacaciones pagadas, etcétera— son insostenibles en épocas de ciclos recesivos, la inevitable consecuencia final será la pérdida del puesto de trabajo. Un salario o unos beneficios marginales que se alejen del mercado laboral son la mayor fuente de inseguridad.
- Si esos salarios o esos beneficios marginales son muy altos, aun cuando las regulaciones jurídicas impidan el despido, estos factores provocan inevitablemente una disminución considerable en la contratación de nuevos trabajadores. Ésta es una de las razones por las que en Europa el desempleo duplica el de Estados Unidos.

Cuando el sindicalismo organizado olvida estos principios básicos, perjudica considerablemente la causa de los propios trabajadores, provoca inflación, destruye el poder adquisitivo de los salarios y genera un alto índice de desempleo.

En un mundo donde la competencia parece acentuarse, la mejor forma que tienen los asalariados de prosperar es el aumento de la productividad y la constante elevación de la formación profesional. La manera más inteligente de aumentar el salario no consiste en tratar incesantemente de obtener más dinero por realizar la misma labor, sino producir más o aprender nuevas destrezas para desempeñar nuevas tareas mejor remuneradas.

De ahí que los convenios de trabajo sectoriales suelan ser un costoso disparate. Tomemos, por ejemplo, el sector metalúrgico y asumamos que los sindicatos obtienen la "conquista laboral" de cierto salario mínimo, cinco semanas de vacaciones anuales, quince pagas al año —en lugar de las doce naturales— y una penalización a la empresa de cuarenta y cinco días de salario por año trabajado en caso de "despido injustificado". El cuadro descrito, por cierto, es común en la Europa de hoy.

¿Resultados? Se le han impuesto las mismas condiciones de contratación a una gran fundición que acaso cuenta con 4 mil empleados y una facturación enorme, que a una pequeña fábrica de ventanas de aluminio, con 75 empleados y una realidad económica totalmente diferente. Y frente a esto lo que sucede, naturalmente, es que la empresa débil no puede cumplir con las exigencias generales, mientras que la fuerte, siempre y cuando la economía experimente un ciclo de crecimiento, sobrevive sin grandes dificultades, pero suele caer en picado cuando llega una época de recesión.

Lo lógico, pues, para defender los intereses reales de los trabajadores, dentro de lo que es posible y conveniente, consiste en no recurrir a convenios de trabajo colectivos de carácter sectorial, siempre basados en supuestos abstractos, sino remitirse a la realidad concreta de cada empresa, y ahí pactar unas condiciones razonables. De lo que se trata es de no matar a una gallina que a veces pone huevos de oro, a veces de plata, a veces sólo alcanza a poner huevos de hierro y —a veces— sufre períodos de esterilidad.

Hay que desterrar la noción de la "conquista social" como algo obligatorio y permanente. Hay coyunturas en las que son posibles ciertas remuneraciones y privilegios y otras situaciones en las que sólo se puede salvar el puesto de trabajo renunciando a las famosas "conquistas sociales".

## Desempleados

¿Qué le conviene más a la persona desempleada, sea un joven que busca su primer trabajo o una persona que ha perdido el suyo?

- Le conviene un tejido empresarial, amplio, complejo y competitivo, preferiblemente rico, capaz de ofrecerle múltiples oportunidades de trabajo.

- Le conviene un clima jurídico de contratación en el que los empresarios se arriesguen a abrirles las puertas a nuevos trabajadores, entre otras razones, porque podrían prescindir de ellos con relativa facilidad si cambiaran las circunstancias económicas, o si el nuevo empleado no armoniza bien con su centro de trabajo.
- Le conviene un mercado de trabajo en el que los salarios no hayan sido artificialmente aumentados, porque ese factor le va a hacer mucho más difícil la obtención de empleo.

## Para combatir el desempleo

No hay duda de que hay que encarar seriamente el tema del desempleo, pero antes de llegar a ello conviene desmontar una curiosa idea que ha terminado por abrirse paso en los círculos políticos: la idea de reducir el número de horas de quienes tienen empleo para que trabajen otras personas desempleadas.

- La idea de reducir el tiempo que cada persona trabaja para que trabajen más personas no parece muy sensata.
- Esa propuesta parte de la base de que el trabajo es un factor estático, cuando se trata de un elemento dinámico que crece o decrece en función de la producción y el mercado.
- Al margen de la dificultad que entraña para una empresa reducir el periodo de trabajo para contratar a más personas, si la producción y la productividad fueran las mismas (probablemente se reduzcan) todo lo que se lograría sería dividir el mismo salario entre más personas.
- Para que los políticos que defienden esta proposición vean lo absurdo de la idea, una sencilla manera de analizarla sería plantear la creación de dos parlamentos: uno que sesione por las mañanas y otro por las tardes. O dos jefes de gobierno: uno de lunes a jueves y el otro de jueves a lunes.

- El trabajo no debe ser creado por actos de gobierno, sino como consecuencia de la realidad del mercado y la imaginación espontánea de los empresarios. La historia demuestra que la construcción artificial de puestos de trabajo, lejos de expandir la economía, lo que hace es empobrecer a las sociedades.

A partir de estas reflexiones sobre los empleos, el salario y la seguridad, ¿cómo combatir, en suma, el flagelo de la falta de oportunidades laborales, la inseguridad y las permanentes tensiones económicas? La respuesta ya está dicha: fomentando la creación de empresas. ¿Y cómo se logra ese milagro? Poniendo en práctica por lo menos las siguientes seis medidas:

1. Eliminando la penalización económica en la contratación. El empleo no debe conllevar carga fiscal. Eso es un disparate. Cuando al salario del trabajador se le añade la llamada carga social que debe abonar el empresario (un 43 por ciento en España, un 60 por ciento en la Argentina), esto se hace a costa de destruir el empleo potencial y encarecer la producción.

2. Flexibilizando totalmente las condiciones de contratación y despido, de manera que las empresas puedan adaptarse a una economía cambiante que con la globalización tiende a hacerse más dinámica y fluctuante.

3. Disminuyendo considerablemente los impuestos sobre beneficios. Más allá del 20 por ciento parecen ser perjudiciales para el conjunto de la economía. Una alta tasa de impuestos sobre beneficios impide la inversión y la creación de puestos de trabajo.

4. Desalentando los convenios sectoriales de trabajo, de manera que cada empresa pueda pactar libremente las condiciones de contratación que le permitan prevalecer en el mercado.

5. Eliminando el salario mínimo para que los trabajadores jóvenes y sin experiencia puedan, al menos, aportar la ventaja

comparativa de su menor costo para aprender y entrar al mercado laboral con el objeto de ganar experiencia. Poner los mismos requisitos para todos los trabajadores, sin tener en cuenta la experiencia, es lo que explica que entre los jóvenes menores de 25 años se duplica el número de desempleados en Europa.

6. Derogando regulaciones absurdas que impiden o dificultan la creación de empresas o el libre ejercicio del comercio en las ya establecidas.

Se pudieran añadir otras veinte consideraciones de diversa naturaleza, pero bastaría con tomar en cuenta esta media docena de medidas para ver cómo se produce de manera casi inmediata el alivio del desempleo, aumenta la seguridad y se robustece la economía general. Puro sentido común.

## 13. EL DESARROLLO Y LA ESTABILIDAD COMIENZAN POR LA MONEDA*

Como la prensa advirtió hasta la fatiga, el 1º de enero de 1999 Europa parió el *euro*. Se dijo que se trataba de la moneda común adoptada por once países de la Unión Europea, siendo la excepción más notable la de los ingleses, que desconfían de la pericia europea en el manejo de estos asuntos, no olvidan la horrenda hiperinflación alemana de los años veinte y no quieren renunciar a la libra esterlina. También se autoexcluyeron los escandinavos —suecos, daneses—, con la excepción de los finlandeses. Por otra parte, para poder formar parte del euro se requería coincidir en algunos parámetros macroeconómicos básicos: cierto equilibrio fiscal, un bajo índice de inflación y una deuda externa que no excediera un determinado porcentaje del PBI. En otras palabras: una economía razonablemente saneada.

Al principio, hablar del euro como "moneda" era una licencia poética. Desde su creación oficial el 1º de enero de 1999, el euro fue una *unidad de cuenta*. Es decir, una referencia abstracta para expresar los precios de las cosas, aunque era posible comprar bonos del tesoro o realizar otros tipos de transacciones en euros. Su existencia, como tantas cosas de este extraño universo nuestro, era *virtual*. En el mundo cotidiano, si a un italiano una *pizza* le costaba, digamos, mil liras, ahora le seguía costando 1.000 liras, pero, además, se le notificaba que equivalía a tantos euros. Y cuando un español, un alemán o un belga recibían su

---

* Conferencia pronunciada en Guayaquil el 1º de febrero de 1999 en la Cámara de la Pequeña Industria.

salario, la empresa les dejaba saber que las pesetas, marcos o francos que les entregaban equivalían a tantos euros.

Estábamos, pues, en el ensayo general. En la era del "calentamiento" para recibir físicamente la moneda, y comenzar a actuar con ella en los bolsillos, como ocurrió el 1º de enero de 2002. Y digo "calentamiento", pues ya hubo un "precalentamiento" que duró nada menos que veinte años: el "ECU", la *European Currency Unit* fue establecida en 1979, pero como no se comenzó a hablar en serio de la moneda europea hasta una década más tarde, con muy buen juicio decidieron engavetar el poco atractivo nombre de ECU —demasiado técnico— cediéndole paso al "euro" de marras.

Eso sí: poco antes de anunciar la aparición del euro, los países que habían acordado participar de la aventura establecieron una paridad fija que aproximadamente reflejaba el previo cambio del ECU. Cada uno de esos (por ahora) metafísicos euros les costaba a los españoles 166,386 pesetas, a los holandeses 2,20371 florines, a los franceses 6,55957 francos. Y no los abrumo con más fracciones, pero lo que deseo es que adviertan cuán fino se hiló para establecer los cambios. En las magnitudes que estaban en liza una fracción de más o de menos en el aquilatamiento de la moneda representaba una considerable cantidad de dinero.

En todo caso, para los participantes en lo que se llama el "eurosistema", hallar la paridad y fijarla era fundamental, pues la principal función de la *unidad de cuenta* es expresar los precios. Si un parisino quiere saber el precio de un apartamento frente al Paseo del Prado, o un madrileño en los Campos Elíseos, primero tienen que ponerse de acuerdo en el valor que le atribuyen al euro. Y ese valor tiene que ser fijo.

Naturalmente, ese cambio fijo o irreversible sólo vinculaba a los países comprometidos con la utilización de la nueva moneda, pues con el resto de las divisas continuó funcionando la ley de oferta y demanda. A las pocas horas de existir, y en medio de la euforia, si un norteamericano hubiera querido adquirir 1 euro —algo perfectamente posible, pese a la inexistencia real de la moneda— habría tenido que abonar 1 dólar y 18 centavos; pero varios días más tarde, si hubiera decidido venderlo, habría perdido algo más de 2 centavos. El euro había bajado su cotización con respecto al dólar. Con el tiempo, volvería a subir.

Al margen de su condición de *unidad de cuenta*, la moneda o el papel dinero tiene otras dos funciones íntimamente relacionadas. La más evidente es la de *medio de cambio*. La moneda no se introdujo, como comúnmente se dice, para sustituir los *trueques*, sino para facilitarlos. Es el instrumento del que disponen los humanos para cambiar su trabajo o sus ahorros por los bienes y servicios que desean adquirir. Pero en el momento en que arbitraria o súbitamente la autoridad cambia el valor de ese instrumento, todo el sistema de trueque se ve afectado. La segunda función es la de *depósito de valor*. Sirve para acumular los excedentes no consumidos que hemos obtenido. Esos *ahorros*, en gran medida se conservan en moneda, y cuando un gobernante disminuye su valor previo, lo que está haciendo es empobreciendo a quien la posea. Le está quitando algo que antes poseía. Todo esto es lo que las autoridades monetarias europeas están intentando impedir que ocurra con la nueva moneda.

Bien hecho. En el Medievo, cuando los nobles mallorquines le tomaban juramento al nuevo rey, le exigían con la mayor severidad que entre sus compromisos más importantes estuviera el de mantener el valor de la moneda. Para reinar había que pasar por ese prudente aro, pues a aquellos hábiles negociantes del Mediterráneo les resultaba obvio que sin monedas que conservaran su capacidad de compra, la convivencia social perdía uno de sus pilares básicos. En aquel entonces, y la práctica venía desde la vieja Roma, los gobernantes, cuando carecían de oro o plata, recortaban físicamente las monedas, y con el metal rebañado fundían otras nuevas a las que arbitrariamente les asignaban el mismo valor. Era otra forma de provocar inflación y de reducir el valor de la moneda, aunque a ellos tal vez sólo les pareciera una forma expedita de multiplicar los recursos públicos disponibles.

Introduzco esta referencia histórica porque la anécdota contiene un elemento clave en la comprensión de este fenómeno: sin un signo monetario estable y confiable es prácticamente imposible construir una sociedad ordenada, orientada al crecimiento y al progreso. Más aún: sin una moneda que conserve su valor, son prácticamente imposibles la serenidad política y la transmisión sosegada de la autoridad. También es verdad que una moneda estable por sí sola no es capaz de consolidar la democracia en ningún sitio, pero su ausencia es una receta casi segura para provocar la anarquía, el caos, y, como secuela provocada, la tiranía de quienes vienen a organizar la casa tras el desbarajuste.

## La soberanía y el dinero

Es de tal importancia este factor, que los europeos, inventores del concepto moderno "nación-estado", celosos hasta la guerra a degüello por defender el concepto de soberanía, han decidido sacrificar sus instintos nacionalistas más feroces con tal de contar con una moneda común y estable en la que puedan confiar a largo plazo.

¿Lo hacen sólo por razones económicas? No. También está en juego la voluntad de consolidar aún más la unión política. Ya tienen un supraparlamento y un supragobierno. Se dirigen poco a poco a la creación de un ejército europeo, y cuentan, mientras tanto, con la OTAN. Gozan, además, de un mercado integrado y de tribunales internacionales capaces de poner orden cuando surgen discrepancias. ¿Qué puede unir todos esos elementos, qué puede fundirlos en un abrazo aún más estrecho? Sin duda, una moneda común.

Pero hay otras ventajas. La existencia del euro supone una severa limitación al poder de los políticos. Es una camisa de fuerza. El Banco Central Europeo, la autoridad monetaria que maneja la emisión de euros, no depende de ningún gobierno específico y se controla de acuerdo con principios económicos bastante ortodoxos. El modelo es el Bundesbank alemán, y ya se sabe que cuando Ludwig Erhard, a fines de los cuarenta, echó las bases de la moderna economía alemana, muy dentro de la Escuela de Friburgo, una derivación de los llamados "austriacos", optó por prescribir una total libertad de mercado compaginada con una total rigidez en el manejo de la emisión monetaria. Erhard era un liberal muy influido por Von Mises, o por Röpke, un discípulo de Von Mises, y así se comportó al frente de la economía alemana.

Al colocar la capacidad de emitir moneda en una autoridad bancaria internacional, los gobernantes europeos han hecho algo que rara vez hacen los políticos: han cedido voluntariamente el más importante atributo de la autoridad. Al perder el control de la máquina de imprimir billetes, han limitado tremendamente la capacidad de endeudamiento del sector público que poseían, obligándose a la moderación y al control de los gastos. El euro, súbitamente, los obliga a actuar responsablemente, algo que puede ser bueno para las naciones, pero que no siempre es útil para ganar elecciones.

Esta pérdida de poder real no sólo afecta a los políticos. Los grupos de presión también pierden capacidad de intriga. Ya no podrán los exportadores llamar a la puerta de los políticos para pedir o exigir una moneda más "barata" que los haga más competitivos sin necesidad de aumentar la productividad. Y tampoco podrán los importadores requerir una moneda más "cara" que los exima de la necesidad de reducir sus márgenes comerciales. Pero nadie debe lamentarlo, porque los grandes beneficiarios de una moneda inmune a las presiones de los grupos de interés son los sufridos consumidores, es el conjunto de la sociedad. Claro que es mucho más fácil recurrir a las manipulaciones cambiarias antes que aplicarse para ser más productivos y eficientes, pero en el mundo económico globalizado en que vivimos, esa actitud resulta suicida.

Para el resto del planeta, Estados Unidos incluido, la aparición del euro, sin la menor duda, es también una ventaja. Quienes piensan que a Estados Unidos debe preocuparle la aparición de otra divisa importante capaz de competir con el dólar no entienden la naturaleza del comercio. Es más seguro realizar transacciones con empresas o países que no presentarán problemas cambiarios a la hora de cumplir con sus obligaciones. Es mucho más tranquilizante negociar en euros que en pesetas, liras o escudos portugueses. En los últimos treinta años la peseta se movió en una demasiado amplia franja de cambios con relación al dólar: estuvo tan "cara" como 55 pesetas por dólar y tan "barata" como casi 200. Y esas fluctuaciones, que unas veces beneficiaban a los exportadores, y otras los perjudicaban, siempre afectan negativamente al conjunto de la economía.

Me explico: cuando un inversionista extranjero hacía planes para invertir o para exportar a países cuyas monedas padecían cierta inestabilidad, o se exponía a que un cambio en el valor de la divisa le echara a perder su negocio súbitamente, o suscribía un "seguro de cambio" que encarecía el costo financiero de la transacción. Esa incertidumbre desapareció, y con ella no pocos de los gastos que provocaba. Simultáneamente, contar con una moneda "dura", como es el euro, permite que los empresarios locales puedan contraer deudas en el exterior sin el temor de que un bandazo cambiario los arruine en 24 horas al aumentar vertiginosamente el monto de la deuda.

## El ejemplo para América Latina

¿Podemos aprender algo los latinoamericanos de la aparición del euro? Por supuesto que sí: varias lecciones básicas. La primera es que la columna de fuste de cualquier sociedad que quiera prosperar indefinidamente es contar con una moneda sólida y confiable, que pueda intercambiarse libremente por otras divisas que gocen de las mismas ventajas. La segunda es que esa moneda fuerte no puede sostenerse en el vacío. Necesita un marco macroeconómico saludable. De nada vale "declarar" que nuestra moneda está firmemente atada al dólar o a una canasta de divisas si no creamos una atmósfera económica en la que esa declaración tenga realmente sentido.

El caso brasilero es un buen ejemplo de lo contrario. El "real" surgió con vocación de estabilidad. Fernando Henrique Cardoso, entonces presidente, tenía el propósito de terminar con el previo caos de los cruzeiros. Pero no pudo controlar el déficit fiscal ni la deuda externa. Tampoco pudo reducir los gastos del Estado en la proporción debida. La tradición populista del país se lo impidió, esta vez acaudillada por la irresponsable actitud de algunos gobernadores regionales, en cuya primera línea estaba Itamar Franco, ex presidente, a quien el mexicano Ernesto Zedillo, con toda propiedad, llamó "fabricante de miseria".

La sociedad brasilera, en fin, solicitaba más gasto público, no menos, y no estaba dispuesta a aceptar "sacrificios". Pronto se vio que la situación era insostenible y los capitales comenzaron a marcharse. Todos los días se compraban cientos de millones de dólares. La percepción generalizada era que el sector público brasilero estaba en quiebra. Y así ocurría: llegado el momento, se tiró por la borda el cambio fijo y se permitió la libre flotación del real. En menos de una semana la moneda había perdido el 40 por ciento de su valor. La Bolsa respiró, puesto que la devaluación detenía la sangría de divisas, pero la verdad final era que los brasileros, si contabilizaban sus activos en dólares, eran, súbitamente, un 40 por ciento más pobres que la víspera de la devaluación, y en esa misma proporción se les habían encarecido las importaciones y las deudas contraídas en moneda fuerte.

Ante esta situación, el economista Jeffrey Sachs criticó con severidad al Fondo Monetario Internacional por haberle aconsejado al gobierno brasilero que defendiera la paridad cambiaria y no autorizara la flotación de la moneda, pero tal vez es injusto el profesor de Harvard. Aunque abundan los economistas que piensan que es mejor la flotación que la paridad, la experiencia de los últimos años en los países en desarrollo no confirma esta opinión. "Cuando las monedas flotan —ha dicho otro experto— las sociedades acaban hundiéndose." Si Brasil hubiera dejado flotar su moneda libremente desde el lanzamiento del real —como antes había hecho con los desprestigiados cruzeiros—, habría sufrido una devaluación paulatina que hubiera conducido el país al mismo punto. Es decir, al real le hubiera sucedido lo que le acontece al bolívar venezolano, y más o menos por las mismas razones, o lo que le ocurre al peso colombiano, pues la "indexación" gradual de la devaluación no elimina el veneno, sino lo dosifica, aplazando el mismo resultado.

Obviamente, lo que pretendía Fernando Henrique Cardoso era devolverle credibilidad y confianza a la economía de Brasil, para consumo de los inversionistas nacionales y extranjeros, y el primer síntoma de esa realidad era la moneda fuerte. ¿Cómo hubiera podido lograrlo? Desde principios del siglo XIX y hasta 1971, el oro bastaba para respaldar la emisión de moneda —una magnífica práctica lamentablemente abandonada—, pero desde entonces es la fiabilidad del país emisor lo que garantiza el valor de las monedas. Si el dólar es la divisa por excelencia, es porque en Estados Unidos la inflación está bajo control, el índice de desempleo es reducido, la estabilidad política y social es casi total, hay un razonable equilibrio fiscal y la deuda pública representa un porcentaje relativamente bajo del PBI.

No es sólo porque Estados Unidos es la primera potencia del planeta. Suiza, por ejemplo, cuya economía, en términos absolutos, era algo menor que la de la Argentina antes de la debacle del 2002, cuenta con una moneda, el franco suizo, que es el refugio más buscado cada vez que comienza la turbulencia monetaria o la furia especulativa en cualquier zona del mundo. ¿Por qué? Por la fiabilidad de sus instituciones, por lo bien administrado que está el país, por el orden que reina en su economía, por su comportamiento predecible. Exactamente lo contrario de cuanto sucede en casi toda América Latina.

No obstante, hay maneras de conseguir tener una moneda fuerte aunque la economía presente rasgos de debilidad. La más conocida es la llamada "caja de conversión", preferiblemente vinculada con un *currency board* administrado por entidades solventes del mundo financiero internacional. Es decir, se determina, y se legisla en consecuencia, que sólo se acuñarán monedas si existe el respaldo en divisas para hacerlo. Ésta fue la solución argentina hasta el fin de la paridad decretada por el gobierno de Eduardo Duhalde. Por cada peso que se emitía, había que tener en reserva el equivalente en dólares, libras esterlinas, marcos, etcétera. Esto hacía que la moneda local tuviera el respaldo de las divisas fuertes.

En realidad, por ese procedimiento, muy útil en el terreno práctico, lo que sucede es que el signo monetario nacional se convierte en una ficción encaminada a salvaguardar el orgullo nacional, algo de lo que puede prescindirse si se recurre directamente al uso de la moneda extranjera, medida que traería unas indudables ventajas a las economías débiles y pequeñas. Esto es lo que en su momento planteó Carlos Menem, y tal vez no estaba muy descaminado. Si a mediados de la década de los noventa, la Argentina hubiera dado el paso de dolarizar directamente su economía, probablemente se habría ahorrado el caos padecido unos años más tarde. Ése es el caso, por ejemplo, de Panamá. El balboa sólo existe en moneda fraccionaria, quiero decir, en calderilla, pues lo que circula es el dólar norteamericano. ¿Resultado? Primero, no hay que acumular reservas; segundo, no es necesario tener un Banco Central emisor, y, por lo tanto, la máquina de imprimir está lejos de los políticos; tercero, la inflación es la de Estados Unidos, que siempre es más baja; cuarto, se termina la especulación monetaria; quinto, los inversionistas extranjeros y nacionales pueden dormir tranquilos. Es verdad que el honor patrio puede resultar magullado para algunas conciencias nacionalistas muy sensibles, pero no parece que los panameños sean más desdichados por tener dólares en los bolsillos, que los hondureños por tener lempiras o los guatemaltecos por poseer quetzales.

En todo caso, si se cuenta con una moneda fuerte que no pierda brutalmente su capacidad de compra, no son los ricos los que únicamente se van a ver beneficiados. Esa ventaja impediría el triste espectáculo de nuestros jubilados, frecuentemente sorprendidos por el miserable monto de las pensiones que les esperan al final de sus vidas, o la tragedia de nuestras clases medias, cruelmente sacudidas con cada devaluación que reduce drásticamente su poder adquisitivo hasta convertirlas en menesterosas.

Son infinitos, pues, los problemas que nos afectan, y que convierten nuestro desarrollo en una penosa marcha cuesta arriba. Pero todos sabemos por dónde se inicia la muy compleja solución: tengamos una moneda sólida. Es sobre ese cimiento sobre el que se construye el resto del edificio.

## 14. LA CONQUISTA
## DE LA RIQUEZA PERSONAL*

Todo universitario suele hacerse algunas inquietantes preguntas el día de su graduación: ¿saldré adelante? ¿Tendré éxito económico? ¿Podré convertirme en una persona con recursos suficientes para llevar una vida holgada en compañía de la familia que forme? ¿Lograré transmitir a mis descendientes cierto grado de bienestar material?

Incluso los más prudentes acaso hasta se pregunten si hay alguna manera de garantizar un grado de confort económico y de seguridad cuando lleguen a esa etapa de la vida a la que piadosamente se le llama "tercera edad". Afortunadamente, hay respuestas positivas para todas esas indagaciones: para los universitarios acumular capital es una cuestión de decidirse a ello. Si quieren, pueden.

Es decir, doy por sentado que se estudia por varias razones obvias: aprender, poder disfrutar del deleite de los buenos libros, gozar de los placeres artísticos e intelectuales, tener una cierta percepción organizada de la realidad, comprender mejor a los seres humanos, entender las situaciones más complejas, adquirir eso un tanto vago a lo que llaman "cultura", dominar algún saber específico —Derecho, Ingeniería, Medicina, Filosofía, etcétera—, satisfacer a los padres y, por supuesto, procurarse una mejor calidad de vida mediante la aplicación de los conocimientos adquiridos.

* Conferencia pronunciada en Ecuador el 30 de enero de 1999 en la ceremonia de graduación de la Universidad San Francisco de Quito.

No es ningún secreto: la mayor parte de las personas estudia, entre otras razones, para conservar y multiplicar los bienes heredados, o, si no se ha nacido en el seno de una familia poderosa, para alcanzar el bienestar económico, compartirlo con sus familias y transmitirlo a los herederos. Y si hay un dato estadístico que pudiera calificarse de "universal", es precisamente ése: la educación abre la puerta del enriquecimiento.

En números grandes, los bachilleres obtienen más ingresos que los que no terminaron los estudios secundarios, y los graduados universitarios suelen recibir mejor remuneración que los bachilleres. Aunque siempre hay excepciones a la regla, eso es verdad en todas las sociedades en las que impera la economía de mercado. Los estudiantes universitarios tienen muchas más probabilidades de triunfar que quienes no han podido o querido recibir una educación universitaria.

En realidad, nadie debe sentir vergüenza por abrigar la aspiración supuestamente "burguesa" de alcanzar un alto grado de bienestar y consolidar un buen capital. Toda persona sana debería perseguir ese objetivo. Contrariamente a lo que preconizan la vulgata marxista y el desdeñoso lenguaje de quienes demonizan la posesión y el uso de la riqueza, nada les conviene más a nuestras sociedades, si algún día queremos terminar con la horrible tragedia de la pobreza, que contar con legiones de ciudadanos prósperos, dueños de capitales sólidos, capaces de invertir para crear bienes y servicios destinados a satisfacer al conjunto de los ciudadanos. La miseria no es la consecuencia del capitalismo, sino de la ausencia de suficiente capital acumulado. Quienes consiguen triunfar como profesionales, convertirse en poseedores de cuantiosos recursos, simultáneamente estarán contribuyendo al desarrollo de toda la sociedad.

No es cierta, pues, esa rencorosa leyenda que les endilga a quienes tienen ciertas riquezas las desventuras de quienes nada tienen, y mucho menos la absurda deducción que atribuye la falta de consumo de grandes multitudes al despilfarro y la molicie de los pocos que poseen los recursos. La economía moderna no consiste en un botín que se reduce cuando alguien "gasta", sino en una "tarta" que crece con el esfuerzo de personas laboriosas y previsoras que producen y acumulan ciertos excedentes.

Hay, por otra parte, una relación estrecha entre lo que se produce y lo que se consume. Nadie duda, por ejemplo, de que los norteamericanos son los mayores gastadores del planeta, pero sucede que los norteamericanos, como promedio, producen un 60 por ciento más per cápita que los europeos, y nada menos que trescientas veces lo que produce un etíope.

En todo caso, si el primer mundo, arrastrado por la endeble moralina tercermundista, dejara de consumir los volúmenes que hoy consume, quienes primero sentirían crujir sus economías serían nuestros pobres pueblos. ¡Ay de nuestro café, nuestros bananos, nuestro cobre, nuestra azúcar o nuestro petróleo si eso sucediera!

Es absurdo sentir rubor por llegar a tener una posición desahogada en medio de un mar de pobreza. Si la riqueza obtenida en la vida profesional se ha logrado honradamente, mediante honorarios bien ganados, o mediante transacciones ajustadas a la ley y al decoro, lo razonable es sentirse orgulloso de lo que se ha conseguido, sin pedirle perdón a nadie por haber alcanzado una vida llena de triunfos individuales.

Sentir compasión y ejercer la solidaridad son dos de los más dignos rasgos distintivos de la especie humana, pero para que la compasión pueda resolverse en un acto bondadoso efectivo, y para que la solidaridad pueda ser algo más que una hermosa palabra, es fundamental contar con recursos propios. Se puede ser pobre y bueno al mismo tiempo. Pero si se es rico y bueno, podemos ser mucho más eficaces. Amar al prójimo está al alcance de todos, pero ayudarlo en el plano material, sólo de aquellos que poseen recursos excedentarios.

Hay que impedir que los falsos profetas intimiden a las personas exitosas acusándolas de codiciosas e insensibles ante el dolor ajeno, sólo porque han logrado abrirse camino en la vida. Voy a ponerles un vistoso ejemplo. Bill Gates es hoy el hombre más rico del mundo. ¿Son los norteamericanos más pobres porque Gates ha conseguido enriquecerse de una manera espectacular? Por el contrario: son más ricos. Hay miles de empleados en Microsoft que ganan bastante más de lo que suele pagar la industria electrónica. Hay millones de personas que compraron acciones de la empresa y han visto revalorizar sus capitales. Hay muchos millones más que se han beneficiado de un servicio que ellos encuentran adecuado en precio y calidad. Es decir: no hay perdedores.

O tal vez haya algunos. ¿No son perdedores, acaso, los empresarios que no han podido competir con Microsoft y han desaparecido? Sin duda, pero recuerden que el fracaso de quienes no logran satisfacer a los consumidores es el modo que tiene nuestro sistema de estimular el progreso. La calidad de la vida se incrementa mediante la investigación y el desarrollo, pero las empresas sólo incurren en ese agotador esfuerzo económico si la competencia las obliga a ello. Donde no hay quiebras y fracasos, donde los productores incompetentes, poco cuidadosos, pueden permanecer en el mercado, lo que se genera es un creciente envilecimiento del entorno material y el estancamiento del progreso.

Eso era lo que ocurría en el mundo socialista. En Alemania Occidental o en Corea del Sur las empresas vivían la constante agonía de la competencia y del riesgo. En cambio, en Alemania Oriental o en Corea del Norte ninguna empresa estaba sujeta al peligro de ser sacada del mercado, pues era el Estado, mediante sus monopolios, el que señalaba qué producir, dónde, cómo, para quién y a qué costo.

¿Resultado de esa diferencia? El tan criticado *darwinismo económico* de la Alemania capitalista o de Corea del Sur había logrado unas sociedades mucho más ricas, cómodas y hospitalarias que las conseguidas por los camaradas marxistas-leninistas. Y era de tal grado la distancia en el nivel y la calidad de vida entre los dos pueblos, que por primera vez en la historia los gobiernos en los que no existía el libre mercado tuvieron que crear murallas o fronteras alambradas y electrificadas, patrulladas por soldados y perros feroces, no para evitar los asaltos de los enemigos, sino para impedir la fuga masiva de sus propios pueblos.

## A la prosperidad por el ahorro

Creo, en fin, que existen suficientes argumentos para postular la superioridad no sólo material sino ética de la economía de mercado para tener que insistir en su defensa. Ahora cabe preguntarse si existe alguna fórmula que en cierta manera les garantice el éxito personal e individual a los universitarios instalados dentro de este sistema.

Naturalmente, es difícil establecer reglas generales cuando hablamos de naciones y situaciones desiguales, pero creo que todos podemos beneficiarnos del estudio de los investigadores norteamericanos Richard B. McKenzie y Dwight R. Lee, "Getting Rich in America", publicado en la prestigiosa revista *Transaction*.

Estos dos profesores universitarios se plantearon una intrigante cuestión: si era posible para un joven profesional norteamericano promedio llegar a convertirse en millonario, dándole a esa palabra la obvia definición de que podía ser así llamado cualquiera que fuera capaz de amasar una fortuna de más de 1 millón de dólares en propiedades o dinero.

Claro que es muy sencillo convertirse en millonario casándose con una nieta de Rockefeller, sacándose la lotería o desbancando a un casino en un acceso de suerte, pero no se trata de eso. Tampoco tuvieron en cuenta la comercialización de un invento maravilloso o el laborioso desarrollo de una actividad empresarial exitosa. Se limitaron a indagar por qué sólo el 4 por ciento de los norteamericanos conseguía convertirse en millonario, pese a que un 40 por ciento pasaba por las aulas universitarias y obtenía remuneraciones razonables a lo largo de la vida laboral. ¿Era posible para estos asalariados, por medio del ahorro convencional, alcanzar esos objetivos? Por supuesto que sí, demostraron los dos catedráticos. Y lo primero que hay que tener en cuenta es la capacidad multiplicadora del interés compuesto a lo largo de un extenso periodo.

Busquemos ejemplos concretos. Pensemos en unos trillizos, jóvenes profesionales, de 22 años, que deciden invertir 2 mil dólares en su primer año de trabajo. Esos 2 mil dólares los van a colocar en un fondo mutuo de inversiones. Es un 10 por ciento del salario anual de cada uno y se trata, sin duda, de un cierto sacrificio. Pero es el único ahorro que van a hacer en toda la vida. Los tres hermanos, sin embargo, difieren en el temperamento. Hay uno audaz, otro moderado y un tercero, sin duda, muy prudente o conservador.

Los trillizos han tomado una cautelosa decisión. No van a tocar ese dinero hasta la edad del retiro. No saben si se van a jubilar a los 65 años o a los 70. Lo decidirán cuando llegue esa fecha. Pero los tres han invertido sus ahorros de acuerdo con el temperamento de cada uno. El audaz eligió un fondo de inversiones en el que se corrían altos riesgos a cambio de posibles altas ganancias, el moderado se conformó con la media del mercado y el prudente se refugió en las inversiones más seguras.

Los tres, supongamos, tuvieron suerte. Al audaz, cuando cumplió 65 años, su banquero le notificó que la inversión inicial de dos mil dólares había crecido al ritmo del 15 por ciento anual y disponía de 800.000 dólares en la cuenta. Si esperaba a los 70 para recoger la cosecha, la suma sería 1.600.000 dólares.

El moderado, sin embargo, sólo alcanzó unos dividendos del 10 por ciento, algo menos del promedio de la bolsa americana conseguido en el último medio siglo de acuerdo con el Dow Jones. Es decir, le correspondieron 120.000 dólares a los 65 años. Si aguardaba a los 70, el cheque sería de 194.000.

El prudente, que nunca puso sus ahorros en peligro, puesto que prefirió bonos del tesoro y otras segurísimas obligaciones de renta fija, se debió conformar con 24.500 dólares a los 65 años, o algo menos de 33.000 dólares a los 70. En todo caso, como sabemos, su inversión inicial, como la de sus hermanos, fue de apenas 2.000 dólares, y tampoco está nada mal recoger 12 o 15 veces esa cantidad en el momento del retiro.

Continuemos utilizando la imaginación. Convengamos en que en esa prolífica familia había otros trillizos. Supongamos que eran primos, pero, a diferencia de lo que hicieron sus parientes, estos nuevos trillizos decidieron sacrificarse más, ahorrar más a lo largo de toda la vida profesional. Éstos decidieron ahorrar e invertir 2 mil dólares anuales desde el momento en que se graduaron, a los 22 años, hasta los 65 o 70, en que optaron por el retiro. Como los genes imprimen carácter, estos trillizos también tenían temperamentos diferentes. Ya saben: uno era audaz, el otro moderado y el tercero muy prudente o conservador. ¿Qué pasó con sus ahorros? Veamos:

El audaz, cuando llegó a los 65, no tenía razones económicas para quejarse, pues a un ritmo de crecimiento del 15 por ciento su fortuna excedía los 6 millones de dólares. Como estaba saludable y pensaba vivir otros veinticinco años, decidió no retirar su dinero hasta los 70. En esa fecha, cinco años más tarde, le entregaron más de 12 millones de dólares.

Al moderado tampoco le fue mal. Ese muy razonable 10 por ciento de interés compuesto le produjo 1.300.000 dólares a los 65 años, cifra que a los 70 excedía de los dos millones.

El conservador recibió 400.000 dólares a los 65, pero a los 70 le hubiera correspondido más de medio millón.

No vale la pena seguirlos abrumando con los resultados de una hipotética cuenta de inversiones, pero les doy un dato final perfectamente verificable con el más simple de los cálculos aritméticos: un joven universitario que comience a los 22 años su vida profesional ganando, digamos, 30.000 dólares —cantidad no demasiado inusual en el mundo norteamericano—, si no se distingue especialmente, a los 70, en el momento del retiro, su salario, por aumentos casi vegetativos, debería estar en el rango de los 77.600. Y si ese joven es capaz de ahorrar e invertir el 10 por ciento de lo que ha percibido, y si por ello obtiene unos beneficios acumulativos del 10 por ciento, según McKenzie y Lee, sus resultados serán prácticamente 4 millones de dólares contantes y sonantes.

¿Adónde conducen estos números? Como regla general, a la demostración de que no hay que nacer millonario para morir millonario, y ni siquiera es indispensable un golpe de suerte, aptitudes geniales o levantar una empresa. El arduo camino del ahorro, la disciplina y la perseverancia logra verdaderos milagros.

Pero todo ello nos precipita a otras conclusiones: en primer término, a la de que hay que comenzar a ahorrar cuanto antes para que podamos ver el fruto de nuestro sacrificio. En segundo lugar, a la convicción de que el ahorro exige voluntad y fortaleza de carácter. Los rasgos más comunes en las personas exitosas son ésos. Hay que saber renunciar a las satisfacciones inmediatas a cambio de obtener mayores beneficios futuros. Mientras, por el contrario, el signo más común de quienes no logran tener éxito económico en la vida es la incapacidad para diferir los placeres para tiempos más adecuados.

Debo añadir ahora que los citados autores no se quedan en el ámbito de las matemáticas y hacen otras observaciones de contenido sociológico. En 1976, Gary Becker publicó un libro que guarda absoluta vigencia: *The Economic Approach to Human Behavior* (Chicago, University of Chicago Press). En síntesis, Becker, un economista *weberiano*, venía a decir que la economía era mucho más que la relación entre capital, trabajo y tierra. Los factores sociales eran acaso la clave fundamental para explicar por qué unas personas o unas sociedades alcanzaban un envidiable grado de riqueza mientras otras se hundían en la miseria.

Quien quiera tener éxito económico en la vida —aunque aclaro que es perfectamente posible ser feliz sin perseguir este objetivo— es preferible, primero, que forme pareja con otro graduado universitario capaz de aportar un segundo salario, y, además, que permanezca casado.

Una pareja de profesionales, sencillamente, duplica las posibilidades de triunfar, entre otras razones, porque en igual medida duplica la capacidad potencial de ahorrar. La estadística demuestra que las personas solteras o divorciadas son más pobres, especialmente las mujeres, y más aún tras el doloroso proceso de la separación, episodio en el que suele evaporarse una buena parte de los activos acumulados por la pareja.

Advierto que no estoy haciendo la apología del matrimonio por razones morales —ése es un terreno que les corresponde a los teólogos—, sino por razones económicas. Es posible afirmar que una de las mayores causas de la pobreza en todo el mundo son los hogares monoparentales en los que una mujer abando-

214

nada o sola tiene que hacerle frente a la difícil tarea de sacar la familia adelante. Ésa es una hiriente verdad en todas las sociedades conocidas.

## El entorno de la riqueza

Una vez contada esta historia "norteamericana", acerquémonos a nuestro mundo latinoamericano. ¿Nos sirven a nosotros estas proyecciones aritméticas? Si ahorramos con voluntad y tesón desde nuestra juventud, ¿lograremos acumular una cantidad sustancial de capital para beneficio nuestro, de nuestra familia y de nuestro país?

Teóricamente el interés compuesto funciona de la misma manera en Nueva York que en Quito o en Tegucigalpa, pero desgraciadamente en nuestras tierras no podemos estar tan seguros de que los resultados sean iguales a los de los estadounidenses, aunque nos comportemos con la frugalidad ejemplar y la tenacidad ahorrativa de los trillizos de la historia de marras.

Los norteamericanos jamás juegan con el valor de su dinero. Hacen sus cálculos basados en la posesión de una moneda fuerte que no está sujeta a devaluaciones arbitrarias. Hay, naturalmente, un leve proceso inflacionario, pero la creación de bienes y servicios siempre está relacionada con el crecimiento de la masa monetaria.

Sus instituciones, además, funcionan prediciblemente, y nadie teme que una legislación arbitraria o un zarpazo redistributivo lanzado en nombre de la revolución o de la mitificada "justicia social" les prive de los ahorros legalmente acumulados. En ese país, y en todos los que prosperan, la propiedad privada es un derecho primordial protegido por los tribunales. Allí resulta obvio que arrebatarle a una persona el fruto obtenido con el sudor de su frente constituye un serio crimen.

Desgraciadamente, en nuestro universo cultural las cosas suceden de otro modo. Nosotros vivimos inmersos en una cultura populista. Los políticos y los ideólogos juegan con el valor del dinero sin ningún respeto por el esfuerzo de quien lo ha ganado, mientras, francamente, una parte sustancial de la sociedad, que no entiende cómo y por qué hay pueblos ricos y pueblos miserables, aplaude con entusiasmo los mayores disparates.

Nuestros Estados gastan mucho más de lo que consiguen recaudar, y deben endeudarse y pagar altos intereses para hacer frente a esos compromisos, medida inflacionaria que nos empobrece a todos sin la menor consideración. Esto hace que el dinero de nuestra jubilación se evapore, al margen del porcentaje que se malgasta en burocracias que administran torpe o corruptamente los recursos que nosotros producimos.

Es una vergüenza que, tras una vida de trabajo, en la que muchas veces no faltan las cotizaciones mensuales a las cajas de retiro, la mayor parte de los latinoamericanos no encuentre la seguridad que merece, sino unos cuantos papeles inservibles con los que apenas pueden alimentarse.

Tampoco podemos acudir a los tribunales, porque la Justicia es lenta, poco eficaz, y, con frecuencia, quienes la manejan no dudan en prevaricar por razones políticas o de beneficio personal. Y es casi inútil litigar contra el Estado en esos infinitos *contenciosos administrativos*, porque ya sabemos que, como nos enseñan en la escuela, "el Estado es menor de edad". Ganará siempre o ignorará paladinamente las pocas sentencias que le resulten adversas.

Esta realidad nos debe conducir a tomar por lo menos dos decisiones fundamentales que van a afectar nuestras vidas. La primera es que tenemos el derecho y la obligación moral de defender nuestro patrimonio. Tenemos que hacerlo si queremos, efectivamente, ver cómo con nuestro trabajo nos beneficiamos nosotros, beneficiamos a nuestra familia y mejoramos las condiciones de vida del país en que vivimos.

De donde se deriva la segunda decisión: hay que luchar en el terreno cívico, y siempre dentro de los márgenes que la ley concede, para ponerle fin a esta cultura populista que nos condena al atraso, al subdesarrollo, y que termina por privarnos de lo que nos pertenece. Es muy difícil prosperar donde estamos sujetos a la irresponsabilidad de quienes debieran proteger los intereses comunes. Es demasiado cuesta arriba hacer cálculos o planes a largo plazo donde las instituciones no funcionan con arreglo a las leyes, y donde no hay garantías de continuidad en el sistema económico o político en el que llevamos a cabo nuestras transacciones.

Tenemos, pues, que contribuir enérgicamente a la batalla cívica, siempre dentro de los cauces legales, para crear un Estado de Derecho que nos permita convertir a nuestros países en naciones cultas y prósperas, propias de la civilización occidental a la que pertenecemos.

# IV

## EDUCAR PARA LA LIBERTAD

# 15. LA UNIVERSIDAD LIBERAL*

Quizás convenga comenzar por recordar que las escuelas de estudios superiores constituyen uno de los más viejos servicios organizados por los poderes públicos en beneficio de un sector de la sociedad. Ya en el siglo II de nuestra era, Adriano, a la manera griega, fundó en Roma el Ateneo, una "protouniversidad" en la que se enseñaban filosofía, retórica y música. Teodosio hizo lo mismo en Constantinopla tres siglos más tarde, institución que duró la friolera de mil años, hasta la conquista de Bizancio por los otomanos en 1453. Por lo que no debe sorprendernos que la Iglesia católica, como hizo en tantos otros terrenos, tras el colapso del Imperio relevara a Roma en las tareas pedagógicas. En el Concilio de Voison (527), en Francia, todavía llamada Galia, se institucionalizaron las "escuelas parroquiales", que luego darían lugar a las "escuelas episcopales", centros de enseñanza de los que, en su momento, a partir de los siglos XI y XII, derivarían las universidades medievales, siempre de la mano de las órdenes religiosas o del clero regular, aunque las de España llevarían fuertemente impresas la huella y la influencia secular de la Corona.

En todo caso, las sociedades contemporáneas suelen asignarles tres tareas fundamentales a las universidades de nuestros días, descendientes directas de las universidades medievales. *Grosso modo*, y como primera misión, una universidad es un sitio

* Conferencia pronunciada en la Universidad de Murcia el 6 de octubre de 1997.

en el que ciertos adultos educados, supuestamente expertos en determinadas materias, les transmiten a otros adultos más jóvenes e ignorantes algunos conocimientos que los capacitarán para desempeñarse como profesionales. Ése es el objetivo que persigue la inmensa mayoría de las personas que se matriculan en las universidades. Los jóvenes sueñan con ser médicos, abogados o arquitectos, y una vez concluidas sus carreras piensan obtener por ello el reconocimiento social y la remuneración adecuados, mientras la sociedad, a su vez, de ellos aguarda un mejor y creciente rendimiento de servicios.

Una segunda misión, tal vez más ambiciosa, pero menos seductora para la mayoría de los estudiantes, consiste en entender la universidad como un dinámico medio de modificar la realidad. Un sitio para investigar, acumular nuevos conocimientos, desterrar teorías erróneas y proponer interpretaciones novedosas con las que se explican fenómenos dudosos. Un lugar, en suma, destinado a cambiar el perfil de nuestras percepciones y a aumentar el volumen de los conocimientos a disposición de la humanidad.

La tercera, la más imprecisa, incierta e inverificable de las tareas de la universidad, tiene que ver con la transmisión de los valores. Es frecuente escuchar que la universidad es o debe ser una fragua de hombres y mujeres honorables, buenos ciudadanos comprometidos con la verdad, la decencia, la solidaridad y el progreso. Quienes esto predican suponen que el catedrático debe ser algo más que un simple transmisor de conocimientos o que un dedicado investigador. Debe ser el maestro con eme mayúscula, capaz de dejar su impronta en el espíritu presuntamente moldeable del joven estudiante. Se da por sentado que éste fue el caso de Kant en Königsberg, o de Ortega y Gasset en Madrid.

## La universidad liberal

Admitamos que esos tres objetivos explican y justifican la existencia de las universidades. Ahora lo prudente sería definir qué es el liberalismo y si, ciertamente, esta particular cosmovisión pudiera ser socialmente útil y éticamente aceptable para aplicarla al funcionamiento de las instituciones universitarias.

De una manera muy amplia, es posible convenir en que llamamos *liberalismo* a una forma de entender la convivencia humana presidida por la libertad y la responsabilidad individuales como valores supremos de la sociedad, tanto en el terreno económico como en el político. Los liberales procuran un tipo de Estado limitado por derechos naturales que protejan a las personas de los probables atropellos de los gobernantes, y en el que las reglas que se dicten no privilegien a grupo alguno. Coinciden con Locke y con Montesquieu en la necesidad de separar los poderes del Estado para lograr lo que los angloparlantes llaman *check and balance*. Creen que la autoridad y el peso de la organización social deben estar en la sociedad civil, pues la tarea del gobierno no es mandar, sino obedecer las leyes y la voluntad popular expresada democráticamente. Defienden sociedades tolerantes en las que las minorías no puedan ser perseguidas por su carácter diferente, y en las que todos puedan divulgar su particular percepción de la verdad sin ser castigados por ello. Propugnan mecanismos de poder descentralizados, en los que quienes toman las decisiones estén lo más cerca posible de quienes se vean afectados por aquéllas. Proponen verdaderos Estados de Derecho en los que se reconozcan y respeten los derechos humanos, incluido el de propiedad privada, sin el cual probablemente no sea posible la preservación de la libertad. Y convocan a un modelo de sociedad, además, en el que las transacciones comerciales se realicen dentro de las normas del mercado, pues los liberales, como resultado de la experiencia de varios siglos de metódica observación de la conducta humana, están convencidos de que mediante la competencia se consigue un mayor índice de prosperidad para el conjunto de la población, mientras se estimula permanentemente el progreso y el avance de las ciencias.

A los efectos de la simplificación retengamos varias palabras o expresiones clave con las que luego construiremos nuestras hipótesis: libertad, responsabilidad, igualdad ante la ley, *check and balance*, descentralización, democracia, tolerancia, Estado de Derecho, búsqueda de la verdad, competencia, mercado, prosperidad, progreso. De alguna manera, ésas son las señas de identidad del liberalismo, panorama al que puede añadirse una pregunta totalmente pertinente: ¿es posible, también, hablar de una "pedagogía liberal"? Yo creo que sí. Incluso, me gustaría afirmar que la primera manifestación del liberalismo, en su sentido más amplio, no se dio, como suele creerse, en las ciencias políticas, en Hobbes o en Locke, en el siglo XVII, sino mucho antes, en el siglo XIII, precisamente en un debate universitario crucial para la historia de Occidente, cuando Roger Bacon y Juan Duns Escoto, franciscanos de la que se conoce como Escuela de Oxford, en Inglaterra, establecieron que la verdadera ciencia no dependía de la teología o de las "verdades" reveladas en los libros sagrados, sino de la razón y de la confirmación lograda por medio de la experimentación. Ahí, en esa separación entre lo religioso y lo laico puede situarse el punto de partida de la sociedad moderna en Occidente, y si se quiere, del pensamiento liberal, desde entonces y hasta hoy atacado por los escolasticismos de todos los géneros y colores.

## Los intereses y los conflictos

Previamente, como liberales, también es conveniente aceptar con melancólica resignación que en la institución universitaria, como en toda obra humana, confluyen intereses contradictorios que hay que tratar de conciliar. Pero —también como liberales— estamos obligados a proponer reglas generales de comportamiento que traigan como resultado el mayor bien o el menor daño para la sociedad, pues de eso, exactamente, trata el liberalismo, y no necesariamente de la búsqueda a cualquier precio de soluciones de consenso impulsadas por grupos de presión que suelen ignorar los principios o los casi siempre desguarnecidos intereses de la inevitablemente fragmentada comunidad general. Sabemos que los conflictos nunca tienen soluciones perfectas. Nos conformamos, pues, con hallar las menos malas.

En las universidades coinciden por lo menos tres entidades que frecuentemente defienden intereses que a veces resultan contradictorios: el conjunto de la sociedad en el que existe la institución, los profesores que imparten sus conocimientos y los estudiantes que los reciben. Algo de esto ya se intuía en la Edad Media cuando se hablaba de "universidades de profesores", las *Universitas Magistorum*, como la famosa Universidad de París, y las "universidades de estudiantes", las *Universitas Scholarium*, como la muy notable Universidad de Bolonia. Incluso, en Bilbao, en el siglo XV, a las agrupaciones de comerciantes se las llamó "universidades de mercaderes".

Esa división entre "profesores" y "estudiantes" ya nos revela el primero y más clásico de los conflictos: dónde está la autoridad. Quién manda y quién obedece en la institución. Quién regula a los que mandan y basados en qué autoridad. A lo que habría que agregar otros aspectos problemáticos en permanente debate: quién paga o debe pagar por este servicio; quién debe enseñar y quién debe estudiar o abstenerse de hacerlo; ¿universidades públicas, privadas o ambas? Finalmente, ¿cómo lograr la mejor universidad posible al servicio de la sociedad? Ése es el meollo del debate.

A lo largo de las reflexiones que siguen, en mi condición de liberal, y dado que ya no soy estudiante ni profesor universitario, ocupaciones a las que dediqué algunos años de mi juventud, trataré de adoptar uno de los puntos de vista, el de la sociedad, y el método (por llamar de algún modo al razonamiento más o menos ordenado) que emplearé será el de contrastar los problemas universitarios más frecuentes con los tres objetivos anotados anteriormente y con los valores defendidos por el liberalismo, persuadido de que esta visión moral es la más conveniente para el conjunto de los ciudadanos.

Aceptemos, pues, de antemano que la sociedad hace suyos esos tres objetivos mencionados que comúnmente suelen ser asignados a las universidades y que ahora reitero: desea formar los mejores profesionales posibles, alienta la investigación científica, convencida de las enormes ventajas económicas y de todo tipo que esto acarrea, y reconoce que es conveniente fortalecer el carácter de los estudiantes mediante la exposición de los jóvenes al magisterio de personalidades excepcionales capaces de inspirar en los demás los mejores valores de la especie. A partir de esa premisa enfrentémonos a la primera zona conflictiva: ¿dónde —a la luz de la cosmovisión liberal— debe estar la autoridad en la institución universitaria? ¿Quién debe mandar y por qué?

## ¿Quién manda (o debe mandar) en la universidad?

Si la universidad es un sitio en el que los conocimientos se transmiten o se modifican, y en el que se espera de los profesores que desempeñen algo así como un *role model*, lo que parece natural es que quienes posean los conocimientos sean la primera fuente de autoridad. Son los docentes, los profesores, quienes deben dirigir la vida universitaria, y quienes, dentro del mayor grado de libertad académica posible, deben tomar las decisiones más importantes, pero sólo en función, precisamente, de lo que de ellos se espera: excelencia en la enseñanza, calidad en la investigación y ejemplaridad en el comportamiento.

Sólo que toda institución, para asegurarse un buen funcionamiento, necesita de auditorías externas que enjuicien la labor realizada. No es mala idea, por ejemplo, que las universidades cuenten con un directorio de personas con buena formación, pero no vinculadas laboralmente con el centro universitario, que en líneas generales y en representación de la sociedad supervisen la gestión administrativa y docente, contribuyan a dirimir los conflictos que surjan, y elijan o revoquen el mandato de las autoridades. A ellas correspondería la labor de vigilar cuidadosamente el destino de los dineros públicos que gasta o invierte la universidad, pues carece de sentido ampararse en la mítica "autonomía universitaria" para no tener que dar cuenta del dinero que la sociedad aporta.

También es conveniente, como sucede en Estados Unidos, que las universidades establezcan entre ellas mecanismos de mutua evaluación múltiple, y que sean esos organismos (y no un gobierno por medio del Ministerio de Educación) los que dictaminen sobre el buen o mal funcionamiento de la institución, los que clasifiquen a las universidades por su rendimiento académico, y los que otorguen, nieguen o rescindan la recomendación o certificación correspondientes. Los gobiernos, por su propia naturaleza, no suelen hacer buenos aportes a la vida universitaria. Politizan las instituciones, las encarecen, tienden a uniformarlas restándoles originalidad, las complican con enrevesadas burocracias, y las someten groseramente a las servidumbres del clientelismo partidista.

Como es lógico, otra voz que debiera tomarse en cuenta para emitir esta clase de juicios de valor es la de los principales receptores del servicio que se brinda: la de los estudiantes. Los estudiantes deberían evaluar a sus profesores, opinar sobre la calidad de su labor docente, juzgar los departamentos y facultades en los que reciben sus clases y emitir juicios generales sobre la institución en la que se educan, pues se sabe, con bastante certeza, dada la experiencia recogida por instituciones que poseen la sana costumbre de consultarlos, que los estudiantes, en números grandes, suelen ser muy justos y precisos en sus evaluaciones.

Por último, son muy necesarios los exámenes comparativos normados para poder fijar criterios de excelencia. Hay que contrastar tan objetivamente como sea posible el grado de conocimientos adquiridos, y eso sólo tiene sentido si se comparan las universidades entre sí y con las de otros países y culturas. Por otra parte, quienes tienen la responsabilidad de juzgar la labor de los docentes sólo pueden guiarse en su trabajo si disponen de información de esta clase: lo que opinan los otros centros universitarios, lo que opinan los propios estudiantes y lo que revelan las periódicas pruebas académicas normadas nacionales e internacionales a las que todos deben someterse. Y sólo cuando los resultados generales de esta información sean positivos es que puede afirmarse que la autoridad de los profesores para regir la institución es, ciertamente, legítima. Si los resultados no son los que se demandan, entonces estamos ante unos gestores ilegítimos de los que deberíamos prescindir cuanto antes.

Como es notorio, una universidad que elija y mantenga a sus autoridades con arreglo a estos criterios, estará utilizando categorías del universo liberal: el *check and balance*, la competencia, la descentralización, la responsabilidad individual, la supremacía de la sociedad civil, el respeto por la opinión ajena y el cultivo de la meritocracia.

## ¿Quién enseña (o debe enseñar) en la universidad?

Por supuesto, si se admite que las universidades y sus máximos responsables —las autoridades académicas— tienen que responder ante la sociedad por los resultados de su gestión, enseguida comprenderemos que los profesores, decanos y rectores no pueden estar a salvo de sus errores protegidos por cátedras vitalicias. Eso constituye una total aberración.

Un banquero que pierde dinero durante cierto tiempo es echado de su cargo por la junta de accionistas. A un médico que comete una negligencia temeraria que le cuesta la vida a un paciente, le pueden revocar su licencia. Un general que, por incapacidad, pierde una batalla, es pasado a retiro, degradado, y, en ejércitos con malas pulgas, hasta fusilado al amanecer. A un político que ejerce su cargo con manifiesta torpeza, probablemente lo castiguen en las urnas en el próximo turno electoral. Un escritor que escribe libros poco interesantes no consigue editor o no logra seducir a los lectores. Un abogado que pierde casi todos los pleitos acabará por no tener clientes, y si es deshonesto, hasta puede ser desaforado.

¿Para qué buscar más ejemplos? No hay que ser un *skinneriano* (yo no lo soy) para comprender que la recompensa y el castigo son los instrumentos con los que la sociedad va perfeccionando los quehaceres en los que debe empeñarse para mejorar el perfil de su civilización. Y, si esto es así, ¿a quién se le ocurre que puede haber una categoría de mortales colocados más allá del bien y del mal, y a los que no los afecta el resultado práctico de los actos profesionales por los que devengan un salario?

El *tenior* o permanencia es una práctica perniciosa que debe erradicarse de las universidades y ser sustituida por la sana costumbre de los contratos renovables o revocables de acuerdo con los resultados del trabajo rendido, como les sucede a las nueve décimas partes de los seres humanos en todos los centros de trabajo del planeta. En las universidades que así pactan los vínculos laborales —y estoy pensando en la Francisco Marroquín de Guatemala, institución entre las mejores de América Latina—, los contratos a los profesores nuevos suelen ser por un semestre, y una vez demostrada la competencia, entonces se prorrogan de año en año. ¿Resultado? Mínimo ausentismo, esfuerzo máximo y —en la práctica— un puesto de trabajo seguro... mientras comprobadamente se mantengan la seriedad y la calidad de la enseñanza.

Un sistema de contratación de esta naturaleza, mediante un comité de evaluación de candidatos que elija a quien parezca más apto, permite recurrir a una forma de selección más efectiva y rápida que las multitudinarias oposiciones convencionales. Y si la práctica no demuestra que la selección fue la correcta, resulta fácil corregir el error y reemplazar por un nuevo y prometedor candidato al docente que no ha dado la talla. Asimismo, un sencillo sistema de libre contratación y despido permitiría reclutar con un mínimo de riesgo a muchísimos talentos extranjeros capaces de fecundar las universidades y elevar notablemente el nivel intelectual de las mismas.

Tengo leído que a fines del siglo XIX Max Planck intentó dar clases en un instituto de Murcia, pero la cátedra le fue negada por no ser español. Espantosa decisión. En 1911, Planck obtendría el Premio Nobel de Física y desde entonces es reconocido como una de las cabezas más importantes del siglo XX. Hoy mismo, tras la debacle del mundo comunista, como ocurrió con la *intelligentsia* judía en los años treinta tras el afianzamiento del nazismo, hay millares de creativos sabios europeos —rusos, polacos, checos, alemanes— deseosos de ser convocados por instituciones universitarias occidentales capaces de apreciar sus talentos, pero, como regla general, son detenidos ante la barrera corporativista/nacionalista con que los gremios de profesores suelen proteger su cerrado coto laboral.

Una universidad guiada por la efectiva defensa del bien común, especialmente tras reconocer que vivimos en la tan cacareada "aldea global", sabedora de que el conocimiento es universal, derribaría estos *muros* legales artificiales, poniendo fin a cualquier expresión de nacionalismo cultural, pecado cuya más nociva consecuencia es la empobrecedora endogamia intelectual.

¿Qué tendría de liberal esta forma de elegir a los profesores? Todo: la competencia, la meritocracia, el respeto por el esfuerzo individual, y hasta ese componente de riesgo e incertidumbre que debe estar presente en toda obra humana. Recuérdese a Joseph Schumpeter, aquel notable economista formado en la Escuela austriaca —aunque nunca, del todo, fuera un "liberal austriaco"— que tan elocuentemente habló de la importancia de la "destrucción creadora" como ese incesante mecanismo de depuración de las empresas que no son capaces de reaccionar ante la competencia y se consumen irremediablemente en el mercado. Es así, premiando a quienes hacen bien su trabajo y castigando a quienes lo realizan mal, como mejora paulatinamente la calidad de la vida. Y los profesores no deben exceptuarse de esta regla de oro... o de hierro, según como se juzgue, pues ignorarla sólo conduce a la mediocridad, al estancamiento y a condenar a la sociedad a mayores índices de pobreza física y espiritual.


## ¿Quién estudia (o debe estudiar) en la universidad?

Si uno es capaz de admitir que las oficinas, las fábricas, las fincas, los laboratorios y los talleres artesanales —sitios en los que nuestra especie desarrolla el 99 por ciento de sus actividades— tienen unos límites naturales de aforo, ¿cómo es posible plantear que existe el "derecho" de todas las personas a contar con enseñanza universitaria sin tener en cuenta las limitaciones materiales de estas instituciones?

Las universidades deben tener el derecho a limitar el ingreso de los estudiantes de acuerdo con un criterio básico: el número razonable de personas al que se es capaz de ofrecer la mejor educación posible en función de los medios de que se disponen. Una vez establecido que la institución está en condiciones de recibir cien, mil, cinco mil o cincuenta mil estudiantes, el criterio de selección debe estar presidido por los resultados de exámenes de admisión y por la evaluación del expediente académico previo, pues se sabe, con bastante certeza, aunque existan numerosas excepciones, que hay una estrecha relación entre lo que revelan esas pruebas y el posterior desempeño académico. Como también se conoce que las buenas universidades no sólo alcanzan su alto nivel por la calidad de los docentes que imparten la enseñanza, sino por la calidad de los estudiantes que son admitidos. Los buenos profesores poco pueden hacer con malos estudiantes y, naturalmente, viceversa.

En el terreno educativo hay un evidente conflicto entre calidad y cantidad que no debe ser soslayado. Y si aceptamos que los objetivos de las universidades son los tres insistentemente señalados (graduar buenos profesionales, investigar e inculcar valores superiores), no nos queda otro remedio que sacrificar la cantidad en aras de la calidad, pues, de lo contrario, estaríamos graduando profesionales mediocres, no lograríamos poner en marcha proyectos valiosos de investigación y, por supuesto, apenas lograríamos que los estudiantes tuvieran el menor contacto humano con sus remotos y desconocidos profesores, inútilmente ejemplares.

Pero ¿no hay un elemento de injusticia al privar *a priori* a muchísimas personas de la posibilidad de obtener educación universitaria sólo porque no fueron buenos estudiantes durante la segunda enseñanza o bachillerato, o porque no obtuvieron una buena puntuación en los exámenes de ingreso? Puede ser, pero para eso existe una comprobada forma de alivio: permitir la proliferación de universidades privadas.

Estados Unidos es un caso interesante. Con una población seis veces mayor que España, el número de universidades debe rondar los cuatro millares. España, en cambio, no supera las sesenta, y existe una gran resistencia a que se creen otras nuevas. De esas casi cuatro mil universidades norteamericanas, unas veinticinco son excelentes, tal vez las mejores del mundo. Otras cien son muy buenas; quizás doscientas eduquen competentemente, dos mil deben de ser mediocres, y el resto, probablemente, sean bastante malas.

Hay universidades fundadas por grandes grupos religiosos dotados de gran prestigio social —metodistas, católicas, judías—, las hay vinculadas con minoritarios cultos excéntricos, a empresas —MacDonald's, por ejemplo—, a circunscripciones urbanas, a estados de la federación americana, a familias. Las hay mixtas, para varones, para mujeres, predominantemente para negros, incluso para personas con inclinaciones sexuales no convencionales. Las hay postales, "virtuales", es decir, por medio de Internet, y hasta las hay que se limitan a contactos telefónicos con anónimos tutores. Son las que reciben el desdeñoso nombre de *Mickey Mouse universities*.

¿Resultado de esta múltiple oferta? Prácticamente todo aquel que termina su *high school*, o, incluso, que no lo termina, pero mediante un simple examen obtiene un "certificado", es capaz de encontrar una institución que le ofrece conocimientos profesionales al alcance de su escasa preparación. Seguramente no tendrán la densidad de los que se obtienen en Harvard o en Yale, pero tal vez les resulten suficientes para abrirse paso en la vida y obtener una buena remuneración material por su trabajo, puesto que en la sociedad norteamericana están absolutamente documentados los nexos entre la obtención de un *college degree* y los niveles de ingreso pecuniario. Al fin y al cabo, es mejor poseer una educación universitaria mediocre que carecer de ella.

¿Es posible considerar "liberal" esta fantástica multiplicidad de oportunidades educativas? Sí, porque combina la meritocracia con espacios abiertos prácticamente para todos. Sí, porque no le cierra el paso a ninguna iniciativa, y deja que el mercado libremente regule la oferta y la demanda de servicios educativos. Sí, porque no limita la imaginación de los empresarios de la educación, ni prejuzga qué método de enseñanza es mejor o peor. Sí, porque no sacrifica la potencialidad creativa de los mejor dotados ni les niega oportunidades a los menos brillantes. Sí, porque no existe una autoridad central que determine quién debe enseñar ni qué debe enseñarse, ampliando con ello las posibilidades de expansión de la cultura.

## ¿Quién debe pagar por los estudios de los universitarios?

Claro que este modelo exige una gran oferta "privada" en la que los estudiantes deben pagar por los estudios que reciben, pero, en rigor, así debería ser siempre, y no sólo en las universidades privadas. También deberían pagar en las públicas el costo total del servicio educativo que reciben. El correo o el telégrafo suelen ser públicos —cada vez menos—, pero todo el mundo tiene que pagar por los sellos que utiliza o por los telegramas que envía. Con las universidades no debería ser de otra manera. Que pague quien recibe el beneficio directo del servicio que se brinda. Eso es lo equitativo.

Una de las mayores injusticias del mundo iberoamericano radica en el sistema de financiamiento de los estudios universitarios públicos. Resulta que la inmensa mayoría de los estudiantes pertenece a los niveles sociales medios y altos, pero la factura de esos estudios debe pagarla la totalidad de la población mediante los impuestos generales, y mientras más pobre es el país —miseria que suele coincidir con los mayores desniveles sociales— más sangrante resulta este atropello. Son estas desgraciadas sociedades en las que vemos a los pobres trabajadores que no pueden consultar a un médico o acudir a un abogado, pagando con su trabajo la educación de esos privilegiados futuros profesionales que luego los mirarán por encima del hombro.

Otra consideración que aconseja que los universitarios paguen por la educación que reciben está vinculada con una reacción muy humana que todos conocemos perfectamente: el que tiene que pagar exige, demanda la mayor calidad posible por el gasto en que ha incurrido. Un estudiante que tiene que costear su carrera le exigirá al profesor que se comporte con rigor y seriedad y lo pensará dos veces antes de sumarse a una huelga.

Un profesor que sabe que el estudiante (o su familia) que tiene enfrente hace un gran sacrificio económico será mucho más respetuoso con sus discípulos y se preocupará mucho más en enseñarles la materia que en suspenderlos porque no la dominan.

Las universidades gratis o casi gratis, por el contrario, tienden a perder calidad académica. Dado que aprobar o desaprobar una asignatura no conlleva una sanción, la expulsión o un costo económico, muchos alumnos no sienten la necesidad de esforzarse, pues en el futuro siempre se podrá repetir la materia o el curso. ¿Qué más da emplear en terminar una carrera siete u ocho años, en vez de los cuatro o cinco regulares, si ese periodo lo va a subsidiar otro? Al fin y al cabo, si el mercado laboral no se ve muy prometedor ¿no parece más conveniente esperar pacientemente "aparcados" en las universidades hasta que mejoren las oportunidades de encontrar un trabajo? ¿Qué otro sitio es más grato y divertido? No en balde casi todo el mundo habla de sus años universitarios como los más dignos de ser recordados, los "mejores años de la vida".

Pero sucede que esa regalada vida de estudiante se la obsequian a unas personas que han llegado a la edad adulta. Personas que, al menos en teoría, no deben tener ningún privilegio especial, pues son, con alguna rara excepción, mayores de edad —los 18 años habituales—, y pueden elegir a sus gobernantes, contraer matrimonio sin necesidad de consentimiento, contratar, resultar condenados sin atenuantes especiales, o ser llamados a servir en el ejército si así lo considerara el Estado. Es decir, son ciudadanos de pleno derecho que libremente han elegido recibir un servicio —la educación superior— del que piensan beneficiarse cuando obtengan el correspondiente grado académico, distinción que les abrirá las puertas de un futuro probablemente mejor que el de la mayoría de sus conciudadanos, según demuestran las estadísticas.

Pero ¿y si no tienen dinero para estudiar? Si todos tuviéramos que pagar por nuestra educación superior, ¿no se perderían muy buenas cabezas por falta de recursos? Por supuesto, a menos que la sociedad, consciente de la necesidad que tiene de contar con buenos universitarios, les facilite el dinero en forma de préstamos, con intereses razonables y con pagos relacionados con el nivel de ingresos de la persona, una vez que se gradúen y comiencen a trabajar, propuesta hecha por Tony Blair en Gran Bretaña, para que tampoco esa transacción se convierta en una forma necia de descapitalizar a los trabajadores que aportan los recursos. Préstamos muy rigurosos, tal vez con el aval de la familia, para que todos carguen con una gran presión moral, pues si la familia no cree en el candidato a universitario, ¿por qué pedirle a la sociedad un mayor grado de confianza?

Y si los liberales —o por lo menos algunos— así piensan del financiamiento de los estudios universitarios, ¿por qué no aplicar el mismo principio a los estudiantes de primaria y secundaria? Por varias razones. La primera es que los liberales suponen que el gran esfuerzo educativo por parte del conjunto de la sociedad hay que hacerlo, precisamente, en el periodo de formación, y como los recursos siempre son escasos, es preferible emplearlos en las primeras etapas de la educación, cuando se edifica la personalidad, se adquieren los hábitos de estudio y se echan las bases morales e intelectuales sobre las que luego se constituirá la persona adulta. La segunda razón, porque esos niños y jóvenes, al no ser ciudadanos de pleno derecho, contraemos con ellos unas obligaciones especiales que justifican que, sin distingo, invirtamos todos nuestros recursos en conseguir que luego sean adultos responsables con sus propias vidas y solidarios con la comunidad a la que pertenecen.

Los liberales, aunque entienden la inmensa dificultad que esto entraña, creen en la igualdad de oportunidades para luchar por el éxito individual, y saben que es una broma macabra hablar de "competencia" cuando el punto de salida es, por ejemplo, entre el hijo de una familia de campesinos analfabetos y el de una acomodada familia urbana de clase media. De manera que la forma más razonable de tratar de establecer esa verdadera competencia es proporcionándoles a todos los niños y jóvenes una formación académica básica realmente ejemplar, y de la que no se excluyan ni la buena alimentación ni los cuidados médicos, pues también es una tomadura de pelo hablar de "igualdad de oportunidades" entre un muchacho bien alimentado y sano, y otro enfermo y víctima de un déficit proteínico que afecta su capacidad de aprendizaje. Lo que no quiere decir, naturalmente, que esa buena educación o esa calificada atención médica tengan que ser ofrecidas en instituciones públicas, casi siempre engorrosas y conflictivas, pues probablemente el método de subsidiar la demanda mediante un sistema de *vouchers* resulte más económico y produzca mejores resultados, como en Iberoamérica han comprobado los nicaragüenses por iniciativa del ministro Humberto Belli o en Antioquía, Colombia, por la del gobernador Álvaro Uribe, luego presidente.

Es predecible que los estudiantes universitarios prefieran que sus estudios los pague el conjunto de la sociedad y no ellos directamente, pero esa actitud, aunque muy humana, no se compadece con los principios liberales. Si creemos en la competencia, en la meritocracia y en el valor de la ética de la responsabilidad, cuando arribamos a la etapa adulta de nuestras vidas es menester aceptar el peso de lo que eso realmente significa.

## ¿Serían "mejores" las universidades liberales?

Por último, si una reforma universitaria de este tipo se llevara a cabo, ¿sería mejor el resultado final? Eso sólo lo diría el tiempo, aunque las pocas universidades liberales que existen —y vuelvo a citar a la guatemalteca Francisco Marroquín— son superiores a las de su entorno.

No obstante, algo hay que hacer, pues en nuestro mundo universitario iberoamericano, tras la primera mitad del siglo XVI —cuando tuvo su mayor fulgor intelectual, al menos en Salamanca—, y probablemente como consecuencia de la Contrarreforma, se produjo un estancamiento en nuestros grandes centros de enseñanza del cual no hemos sabido recuperarnos. Llama la atención que varias universidades iberoamericanas tengan más de cuatrocientos años de fundadas, pero más significativo aún es que en ese larguísimo periodo no hayan producido una sola idea original, una teoría capaz de imantar la curiosidad de Occidente, una máquina prodigiosa destinada a modificar los modos de producción. Es cierto que el número de estudiantes universitarios en

España es, porcentualmente, de los mayores de la Unión Europea, pero ese auspicioso detalle se cuartea cuando tropieza con la calidad de la educación obtenida. Algo, en fin, hay que hacer, y los liberales creemos saber qué es lo que hay que hacer. No es un camino fácil y sabemos que muchos se le oponen, pero es obvio que ha llegado el momento de actuar.

## 16. LA UNIVERSIDAD
## Y LAS CUATRO VIDAS*

Si a un grupo de adultos razonables se les pregunta para qué envían sus hijos a una universidad, lo más probable es que respondan que el objetivo prioritario es procurarles a sus descendientes un modo decoroso de ganarse la vida. Es una respuesta limitada, pero válida. Otros dirán que para "formarlos", esto es, darles la "forma" adecuada, perfilarles el contorno intelectual que les permita transformarse en ciudadanos de provecho. El origen etimológico de la palabra "alumno" tiene que ver con esto: el "alumno" es el "nutrido". Se lo nutre de conocimientos para que obtenga el peso específico intelectual que potencie su utilidad a los demás y su utilidad a sí mismo en la vida que tiene por delante.

Nadie duda, pues, que la etapa universitaria es crucial. Pero detengámonos un momento en esta última frase: "La vida que tiene por delante". Se estima que los estudiantes llegan a las universidades aproximadamente a los 18 o 19 años y las abandonan cuatro o cinco años más tarde. Entre los "veintipocos" y los ochenta —lapso vital promedio en nuestra época—, se supone que lo que vamos a hacer con nuestras vidas, y el éxito o fracaso que obtendremos (generalmente una combinación que se inclinará en una u otra dirección, según sople el viento), estarán íntimamente relacionados con el tiempo dedicado a nuestro paso por la universidad y a la forma en que fuimos capaces de aprovecharlo.

* Ceremonia de apertura del año académico de la Universidad Peruana de Ciencias Aplicadas (UPEC), 26 de marzo de 2001.

238

De los ochenta años que, como promedio general, viven las personas, apenas un 6 por ciento lo habrán pasado en las aulas universitarias, y, sin embargo, ese cortísimo periodo será fundamental en el destino de cada una de ellas. Esta observación debería ser suficiente para que cualquiera pueda darse cuenta del inmenso disparate en que incurre todo aquel que pierde el tiempo que debería emplear en formarse adecuadamente. La vieja máxima de la cultura anglonorteamericana que asegura "que el tiempo es dinero" oculta una realidad todavía más dramática: el tiempo, especialmente el tiempo universitario, es la clave de la vida futura.

Antes de entrar en materia, todavía hay otra advertencia que debo hacer, y que sólo se descubre con el paso de los años. El bicho humano está sicológicamente programado para sólo percibir de manera intuitiva el tiempo de vida que probablemente le resta. El pasado queda relegado a un plano diferente, muy vago e impreciso, pastoso, desligado de cualquier noción de temporalidad. Recordamos de la misma manera lo que sucedió hace una semana y lo que sucedió hace un año. Mientras más tiempo transcurre se van borrando los detalles, pero el proceso mental de recordar unos hechos recientes o remotos es más o menos similar.

Esto se traduce en un curioso fenómeno de la percepción: cuando somos jóvenes nos parece que el tiempo transcurre muy lentamente y que "la vida" nos alcanza para realizar todos nuestros sueños y proyectos. Entonces pensamos que mañana es algo muy distante. Cuando éramos niños y nos decían que "hasta el domingo" no podíamos ir al cine, nos parecía que ese día estaba colocado en un lejanísimo futuro. Sin embargo, en la medida en que envejecemos sucede algo realmente cruel sobre lo que no tenemos el menor control: nos parece que los días, las semanas, los meses y los años se aceleran. Como en el manido recurso de Hollywood para indicar el transcurso del tiempo, las hojas del almanaque van cayendo como arrancadas por un torbellino. La muerte es entonces una frontera cada vez más visible y esa angustia nos cambia el modo en que percibimos nuestras propias vidas. Lo que quiero decirles es que, como aprendemos en las clases de física con relación al punto de observación y la distorsión que de ello se deriva, el llamado "error de paralaje", con respecto al tiempo también existe "un error de paralaje". En el umbral de la tercera edad comprobamos que la vida es bastante más corta de lo que suponíamos cuando estábamos sentados en las aulas universitarias: se esfuma, se escapa como un chasquido de los dedos.

No hay, pues, un minuto que perder. Si hemos tenido el privilegio de llegar a la universidad —suerte que, en nuestra cultura, desgraciadamente, les es deparada a muy pocas personas—, es esencial saber emplear juiciosamente, furiosamente, esta oportunidad para construirnos la mejor vida posible. Pero es en este punto en el que quiero desplegar la idea básica que deseo compartir con ustedes: el asunto es más complicado todavía, porque ni siquiera ustedes tienen una vida por delante. Tienen, por lo menos, cuatro. Tienen cuatro vidas complejas y entrelazadas, y la calidad que procuren para ellas, de una u otra manera, está vinculada con la forma en que ustedes sean capaces de aprovechar su paso por la universidad.

## La vida profesional

La primera de esas vidas, naturalmente, es la más obvia: es la profesional. En ella los estudiantes van a convertirse en abogados, arquitectos, periodistas, ingenieros, o en cualquiera de las otras especialidades que la universidad brinde. Van a aprender ciertos saberes específicos para luego poder desempeñarse como profesionales y crear riqueza para ustedes, sus familias y las sociedades en las que viven. De ahí se deriva un consejo casi de Perogrullo: no es inteligente buscar atajos, o simular aprender. Lo sensato es aprender realmente, y buscar obsesivamente la excelencia. Son legiones los estudiantes que consiguen el extraño prodigio de aprobar sin realmente aprender, vigorosamente decididos a olvidar cuanto antes hasta la última jota memorizada en las aulas, sin percatarse de que esa viveza criolla es sólo una forma de automutilación.

Ser un buen estudiante y obtener calificaciones muy distinguidas no garantiza que lleguemos a ser unos profesionales destacados, pero la relación que no se puede poner en duda es la que existe entre quienes se esfuerzan e intentan cumplir con su deber lo mejor posible y quienes triunfan como profesionales. Es verdad que algunas de las asignaturas son aburridas o difícilmente vinculables con el posterior desempeño de una tarea profesional, pero de lo que se trata es de desarrollar una disciplina interior que los obligue siempre a asumir cualquier compromiso con rigor y método. Los grandes profesionales no son sólo los que conocen a fondo la materia. A eso hay que sumarle el carácter, y tal vez no exista un mejor método de templar nuestra voluntad que la decisión de encarar las tareas ingratas con la misma seriedad con que enfrentamos las que nos provocan cierto placer.

Es una cuestión de actitud y de método: los jóvenes que en sus años de estudio se plantean metas académicas y las persiguen denodada y seriamente luego suelen ser los profesionales más exitosos. En cambio, los que optan por cumplir con las formalidades, pero sin buscar la excelencia, aunque posean un buen cociente de inteligencia, generalmente sólo alcanzan a ser profesionales mediocres. Y la diferencia entre unos y otros tiene un costo económico perfectamente mensurable: los buenos profesionales, los fiables, los que se atienen a sus compromisos, son los que obtienen mayores beneficios para ellos y para sus familias, y son los que mayores caudales de riqueza generan y atesoran.

## La vida familiar

Además de la vida profesional hay una segunda vida que acabo de mencionar: la familiar. Cuando nos quitamos la toga de abogados o jueces, o cuando guardamos el estetoscopio de médico, o la calculadora del ingeniero, comparece una persona, hombre o mujer, que, generalmente, debe moverse en un ámbito privado familiar sobre el cual algo también hemos aprendido o

241

debemos aprender en nuestro apresurado paso por la universidad. Más aún: casi con toda seguridad un alto porcentaje, al margen de adquirir un título universitario, también va a adquirir una pareja.

En ese caso, es bueno ser avisados a tiempo: no hay una vida profesional capaz de traernos la felicidad si ésta no se inserta en una vida familiar razonablemente equilibrada. Como todos somos hijos, hermanos, sobrinos o nietos de alguien, creemos que estamos preparados para formar una familia, pero eso no tiene que ser necesariamente cierto. Además de la experiencia práctica que todos tenemos, y de nuestras intuiciones, crear una familia sólida, amorosa y feliz también conlleva un ejercicio de reflexión intelectual y la toma de ciertas decisiones trascendentales. Engendrar un hijo es un acto muy grato que pertenece al universo de los sentidos y las emociones, pero criarlo y educarlo correctamente es una tarea muy delicada que requiere un fino ejercicio de preparación e inteligencia. ¿Cómo ejercer la autoridad sin atropellar a los seres queridos? ¿Cómo protegerlos y guiarlos sin asfixiar su autonomía espiritual con una dosis letal de protección y cariño? ¿Cómo enseñarles el difícil equilibrio entre la libertad y la responsabilidad, entre el egoísmo y el altruismo, entre la obediencia legítima y la obsecuencia? Formar una pareja, como describe la mitología, es cosa de un flechazo fulminante. Mantenerla feliz, en cambio, requiere un notable esfuerzo de inteligencia y, como se dice en nuestros días, "sabiduría emocional".

¿Qué puede enseñarnos la universidad en este terreno tan esquivo, tan personal y resbaladizo? ¿Qué podemos aprender en los debates, en las conferencias o en las aulas? Depende de cuán desplegadas tengamos nuestras antenas. La universidad puede señalarnos la importancia tremenda de algunas actitudes básicas sobre las que descansa una vida familiar sana: en primer término, la tolerancia y el respeto por el otro. Puede inculcarnos el rechazo a la violencia física y verbal, y la renuncia a cualquier forma de manipulación basada en la mentira, la coerción o el chantaje emocional. El primer impulso de la pareja para fundar una familia es la atracción sexual, qué duda cabe, pero los ci-

mientos para luego sostenerla son de otra índole: fundamentalmente, ciertos valores morales y la certeza de que toda relación
que no esté basada en el respeto a la dignidad del otro, sean los
hijos o el cónyuge, estará condenada al dolor y a la infelicidad.
Sartre decía que el "infierno son los otros". No es cierto: el cielo
está en los otros, pero hay que saber alcanzarlo.

## La vida social

Pasemos ahora a la tercera vida: la social. Además de profesionales y de miembros de una familia, los estudiantes tienen
una vida en sociedad. Esto es: deben convivir con otras personas con las que tienen que realizar toda suerte de transacciones,
y se espera que la universidad también contribuya a hacerlos
"buenos ciudadanos" y los prepare para asumir estas responsabilidades.

Vale la pena hacer una primera observación ineludible:
nuestra vida profesional y nuestra vida familiar están muy
condicionadas por nuestra vida social. Si la sociedad en la que
habitamos entra en un periodo de turbulencia, es muy probable que todas nuestras vidas se vean seriamente afectadas.
Esto es bueno no olvidarlo porque existe la tendencia a mar-
ginarse de los asuntos públicos y cívicos, como si no nos concer-
nieran, cuando resulta evidente que, muy frecuentemente,
cuanto sucede en esta esfera va a tener hondas repercusiones en
todos nosotros.

¿Por dónde empieza la formación social que necesitamos
para ser buenos ciudadanos? Evidentemente, con una frase que
ya acuñaron los griegos: "Conócete a ti mismo". Es importante
que la universidad nos dote de una clara percepción de nuestra
identidad cultural. No se trata de establecer una sucesión de
héroes, villanos, batallas y gobernantes, sino de explicar cómo y
por qué somos como somos y qué papel desempeñamos dentro
del Occidente al que pertenecemos. Ésa es la visión histórica,
que incluye, claro, elementos sociológicos y antropológicos. Si
no somos capaces de situarnos dentro de un plano histórico pla-

243

netario, si no hemos resuelto el enigma de nuestra propia identidad, difícilmente podemos deducir correctamente cuáles son nuestras tareas como ciudadanos.

A esta visión histórica hay que sumarle una clara comprensión de las reglas que deben regir nuestro comportamiento. Si vivimos dentro de un Estado de Derecho, hay que conocerlo, y hay que conocer las bases morales sobre las que éste se sustenta. Ésa es la visión jurídica. Los peruanos cultos, los universitarios, que están en medio de la transición a la democracia, tras haber pasado por una dictadura disfrazada, basada en la corrupción, tienen la obligación de entender qué fue lo que falló y qué hay que hacer para evitar que algo así vuelva a suceder. Y es bueno comprender que cuando ocurren tragedias como el *fujimorismo* o el *montesinismo*, no es porque el conjunto de la sociedad resultó engañado por unos cuantos malvados, sino porque fallaron todas las salvaguardas del Estado de Derecho como consecuencia de la complicidad de miles, quizás de millones de personas coludidas con quienes violaban las leyes de la república.

Ese Estado de Derecho ampara, regula y debe proteger las transacciones comerciales. Y un buen ciudadano, tras pasar por la universidad, debe entender cómo funciona el mecanismo de creación de riquezas. Debe adquirir una visión económica. Naturalmente, salvo que estudie economía, nadie debe pretender que se convierta en un experto en matemáticas financieras o que sea capaz de solucionar complicadas ecuaciones. El objetivo es mucho más sencillo: debe entender cómo se crea la riqueza y cómo se malgasta. Debe saber las tareas que le corresponden al Estado y las que mejor se realizan en la esfera de la sociedad civil. Debe entender cómo llegaron a ser ricas las veinte naciones más prósperas, y por qué las veinte más pobres no consiguen despegar.

La importancia de estos saberes no puede ser menospreciada. En un sistema democrático, ese al que casi todos decimos aspirar, los ciudadanos son los que toman las decisiones y les otorgan un mandato a sus representantes y a los servidores públicos para que ejecuten ciertas medidas en beneficio de la colectividad. Pero para poder acertar, tanto en las medidas que hay que tomar como en las personas que deben tomarlas, hay que saber, hay que entender los principios básicos de la economía. Cuando uno se pregunta por qué en Suiza —por ejemplo— los gobernantes no cometen los disparates que se observan en el tercer mundo, la respuesta hay que buscarla en la calidad de los conocimientos que prevalecen en el grueso de la población suiza. Una sociedad bien instruida en estos temas suele cometer menos errores. No olvidemos que una de las razones que explican por qué América Latina es la porción más pobre del mundo occidental es ésa: en nuestro universo nunca se ha entendido con claridad cómo se crea, se desperdicia o se destruye la riqueza.

## La vida lúdica

Vayamos a la cuarta y última vida. Ésta es o debiera ser la más divertida de todas. Huizinga, el pensador holandés de principios del siglo XX, calificó a nuestra especie como "lúdica". El rasgo más interesante del "homo" no es que fuera *sapiens*, sino que era *ludens*. Se reía, se divertía, retozaba. Buscaba placeres más allá de los instintos de alimentarse y reproducirse.

Con el paso de los milenios, nuestros antepasados comenzaron a hacer cosas raras que les causaban satisfacción y despertaban la admiración del grupo: decoraban las cuevas con unos animales estilizados, se pintarrajeaban ellos mismos la piel y se colgaban objetos del cuello y las orejas. Parece que poco después descubrieron los placeres de la danza y el canto al compás de los tan-tan obtenidos al golpear maderas ahuecadas, mientras los más viejos, dotados de una asombrosa memoria, enriquecida por la fantasía o por el miedo, contaban historias legendarias junto al fuego: también había nacido la literatura, aunque tardaría mucho tiempo en aparecer la escritura.

Qué duda cabe de que la vida lúdica es la favorita de todos, o de casi todos, porque nunca han faltado caracteres sombríos enemigos de los placeres corporales e intelectuales. En todo caso, sólo pretendo señalarles que para cada uno de nuestros sentidos —el gusto, el olfato, el tacto, el oído, la visión— existen estímulos muy gratos que vale la pena cultivar porque de ellos se obtiene un notable grado de felicidad cuyo origen biológico comenzamos a comprender hace escasas fechas: los placeres sensoriales (y las experiencias desagradables) son el resultado de la acción de los neurotransmisores. Pero lo que viene a cuento en estos papeles es la siguiente reflexión: todos esos estímulos son transmitidos en estructuras artísticas complejas con las que debemos familiarizarnos si queremos extraer de ellas los placeres de que gozan los conocedores.

Digámoslo con un sencillo ejemplo: los melómanos disfrutan de la música sinfónica, de la ópera o del ballet, porque en algún momento de sus vidas, generalmente en la juventud, aprendieron a gozar de estas manifestaciones artísticas. Y exactamente lo mismo puede decirse del teatro, el cine, la literatura, las exposiciones plásticas, el baile, incluso de los deportes. El placer potencial está ahí, pero, como se decía de los misterios religiosos, sólo los pueden comprender los "iniciados", los que son capaces de descifrar los códigos.

Cuando pronunciamos la frase "saber disfrutar de la vida", en gran medida es a esto a lo que nos referimos. Por eso es tan importante ampliar el abanico de nuestras posibilidades lúdicas: si somos capaces de disfrutar de la música, de la literatura, del cine y el teatro, de la danza y de las artes plásticas, si genuinamente aprendemos a admirar un bello cuadro o una construcción armónica, si educamos, en suma, nuestros sentidos, obtendremos de la vida todo lo bello y placentero que ésta puede brindarnos. Sólo que no debemos creer que este aprendizaje es súbito y sencillo. Por el contrario, se trata de una ampliación gradual del reconocimiento de ciertos códigos hasta que dominamos y gozamos totalmente de la expresión artística. Usemos un ejemplo deportivo para ser más claros: el fútbol, que tanto apasiona a las multitudes, jamás se disfruta la primera vez que se contempla un partido. Eso viene después, cuando el espectador domina todos los secretos del juego. Exactamente igual sucede con la *Quinta Sinfonía* de Beethoven: el placer del melómano radica en contrastar la idea que él tiene de la perfecta audición de esa pieza con la que le brinda la orquesta en un momento dado. Esta cuarta vida universitaria, la lúdica, es, en suma, la de la apreciación estética.

## Cuándo y dónde

Llegamos al final de estos papeles y estoy seguro de que los universitarios se asoman a una terrible duda: sólo van a estar cuatro o cinco años en la universidad, adonde han venido a darle forma a la vida profesional, y de pronto descubren que, además de esta vida, hay otras tres que también necesitan cultivar. ¿Hay tiempo para una tarea tan intensa y tan extensa? Los profesores y las autoridades académicas, aunque se lo propongan con la mayor seriedad, probablemente respondan que no, pero existen otras dos preguntas más relevantes aún: si no se intenta ahora, ¿cuándo lo van a intentar? Y si no es en la universidad, ¿dónde lo van a intentar? Una vez terminados los estudios, los graduados serán absorbidos por esa extraña vorágine formada de rutinas y sobresaltos que solemos llamar "la vida". Y ya no habrá mucho tiempo para reflexionar sobre lo que debemos hacer y cómo debemos hacerlo. Ese periodo crucial es éste, el universitario, y se terminó.

# 17. VARGAS LLOSA
## O EL REBELDE ILUSTRADO*

odas las sociedades en épocas de crisis están enfrascadas en una suerte de guerra. Esas guerras no siempre tienen que ser sangrientas. También se libran en el terreno de las ideas, pero no por eso dejan de ser bruscas y apasionadas. De la Guerra fría, por ejemplo, suelen recordarse episodios como Corea y Vietnam, pero se olvidan la batalla ideológica y el significado que en su momento tuvieron personas como Alexander Solzhenitzyn, Arthur Koestler o Albert Camus, o, casi siempre en la otra acera, Jean-Paul Sartre y el usualmente contradictorio Bertrand Rusell. Mario Vargas Llosa ha sido uno de los participantes clave en los conflictos ideológicos de nuestro tiempo. Sin quererlo, sin proponérselo, acabó convertido en una de las cabezas de los bandos en conflicto. Y es de ahí de donde se deriva su peso social, es decir, el que excede o sobresale estrictamente al literario. Mi propósito, pues, es tratar de entender su significado dentro de los códigos de esta guerra.

Por supuesto que se trata de un gran narrador, y si sirven de algo las clasificaciones, tal vez pueda afirmarse que es el escritor latinoamericano que ha escrito las mejores novelas contemporáneas, pero esa jerarquía literaria no explica la importancia social que ha adquirido este singular personaje. Me di cuenta del fenómeno hace algunos años, cuando Mario era can-

---

* Conferencia pronunciada en la Universidad Católica de Lima durante el congreso titulado "Las guerras de este mundo", dedicado a examinar la vida y la obra de Mario Vargas Llosa. Lima, 20 de noviembre de 2001.

didato a la presidencia de Perú, y un gobernante amigo me hizo una curiosa observación: "Ahora Mario estará a la altura de nosotros". Pero lo interesante era que no se refería a un aumento de su peso específico sino a su sustancial disminución. Ser presidente reducía su estatura, no la agrandaba. El político de marras entendía que era más importante ser el escritor Mario Vargas Llosa que el mandatario Mario Vargas Llosa, porque su condición de intelectual lo dotaba de una enorme influencia en la opinión pública, mientras que ser el presidente de Perú lo colocaba en una posición de menor rango que encogía su impacto sobre la opinión pública. ¿Cómo había llegado Mario Vargas Llosa a adquirir esta relevancia en la cultura iberoamericana? A mi juicio —y es lo que intentaré demostrar a lo largo de estos papeles— encarnando un *role* clave en nuestra guerra de ideas: Mario es un "rebelde ilustrado". Su papel ha sido similar al que en el siglo XVIII jugaron Voltaire y Rousseau, o tal vez Victor Hugo en el XIX.

## La Ilustración

La mención de Voltaire y Rousseau y la clasificación de Mario Vargas Llosa como un "rebelde ilustrado" merecen una reflexión tangencial. En los siglos XVII y XVIII se fue incubando la gran rebelión contra el orden establecido. Comenzó o se acentuó entonces el rechazo a la monarquía absoluta, al control moral que ejercía la Iglesia, y a los privilegios que detentaba la aristocracia. Los ilustrados, personas seducidas por la razón, no podían aceptar la legitimidad de un monarca que ocupaba el trono por la supuesta "gracias de Dios", o la autoridad de la Inquisición para imponer a sangre y fuego la ortodoxia religiosa. La rebeldía, pues, de los ilustrados no estaba fundada en las emociones primarias, sino en el conocimiento y la fuerza de las ideas.

Cuando Diderot comienza la hercúlea tarea de organizar la redacción de los veintiocho volúmenes de la *Enciclopedia*, lo que pretende es demostrar las bases que justifican la oposición al estado de cosas presente en Francia y, en general, en Europa. Es decir, los ilustrados se enfrentan a las relaciones de poder vigentes en su época. Se enfrentan a una cultura, a un modo de entender la realidad. Desde la sociedad, retan el diseño del Estado, y proponen un nuevo modo de gobernar, de organizar la economía y hasta de hacer literatura, pues no puede olvidarse que algunos de aquellos pensadores fueron, además, muy exitosos y renovadores novelistas, como ocurrió, precisamente, con Voltaire y con Rousseau.

Los ilustrados forman, por otra parte, una densa red intelectual que lee, discute y absorbe el pensamiento ajeno. Probablemente, Hobbes no se entiende si antes no se ha leído a Maquiavelo. Y John Locke, el más influyente, tampoco se explica sin el examen previo de los libros de Hobbes. Voltaire, Montesquieu, Rousseau, por su parte, fueron devotos lectores de Locke y Spinoza. Lo que quiero decir es que los espíritus rebeldes de la Ilustración compartieron los mismos libros y hasta circunstancias vitales parecidas, pues el enfrentamiento con el absolutismo de la época los llevó al exilio en numerosas ocasiones, fenómeno que contribuyó a enriquecer sus experiencias y a crear una cosmovisión alterna a la que sostenía la clase dirigente. Poco a poco, esta cosmovisión diferente parida por la Ilustración fue desplazando a la del "Antiguo Régimen", aun antes de desencadenarse la Revolución francesa, pero después de 1789 se impuso arrolladoramente.

Este rodeo histórico no es gratuito. A mediados del siglo XX, cuando Mario Vargas Llosa es un adolescente peruano, en toda América Latina, incluido Perú, prevalece una cierta cultura que exhibe dos rasgos paralelos: es antidemocrática en el terreno político y estatista en el económico. La primera juventud de Vargas Llosa es la de Odría, la de Pérez Jiménez, la de Rojas Pinilla, la de Trujillo, la de Batista. En Centroamérica, todos los países, con la excepción de Costa Rica, son tiranías, y en el sur, salvo en Uruguay y Chile, ocurre lo mismo. Por aquellos años Perón es un héroe. Representa mejor que nadie la idea del Estado fuerte, nacionalista, antinorteamericano y redistribuidor de la riqueza. Perón es entonces una de las variantes más admiradas del revolucionario latinoamericano. Ha hecho añicos el Estado de Derecho, pero a sus compatriotas eso no parece importarles. En ninguna elección —y Perón se presentó a tres— obtuvo menos del 62 por ciento de los votos. Contaba con dos elementos que fascinaban a los argentinos y, en gran medida, a los latinoamericanos: era un caudillo enérgico que aparentemente sabía tomar decisiones y venía a traernos la justicia. Se le atribuía "carisma", palabra que entonces no se utilizaba, pero que podía reemplazarse por "liderazgo".

¿Por qué los latinoamericanos caían rendidos ante los caudillos? Muy sencillo: porque no creían en la capacidad de las instituciones para solucionar los problemas comunes. La paradoja es curiosa: como se rechaza al Estado y se desconfía de los mecanismos democráticos para tomar decisiones correctas, se transfiere a una persona especial, a un líder iluminado, la facultad de razonar y actuar en nombre de todos. Se abdica, pues, en beneficio del caudillo, del derecho a pensar. Una vez encumbrado, es el caudillo quien piensa y actúa en nuestro lugar.

Era cierto que en aquellos años del siglo XX, junto al revolucionario Perón, fascista y autoritario, había opciones democráticas, pero las que había representaban propuestas socialistas, dulcemente vegetarianas, parcialmente enemigas de la libertad económica. El costarricense Figueres, el peruano Haya de la Torre, el venezolano Rómulo Betancourt, se declaraban demócratas o socialdemócratas —y lo eran sin duda— pero en esos tiempos esta etiqueta codificaba varias actitudes clave: creían que el Estado debía ser el motor del crecimiento, suponían que esto se lograba con la redistribución de las tierras —las famosas reformas agrarias—, y con la nacionalización de las industrias y servicios básicos, y sostenían que las sociedades modernas no podían arriesgarse a los peligros inherentes al desarrollo espontáneo de las fuerzas del mercado, pues resultaba mucho más conveniente la planificación llevada a cabo por expertos que asignarían los recursos de acuerdo con las necesidades de la sociedad, siempre identificadas por bondadosos burócratas tocados de sensibilidad social.

En realidad, los socialdemócratas latinoamericanos no pensaban de manera diferente de los ingleses del Partido Laborista, a los socialistas alemanes o a los franceses. Y tampoco se diferenciaban mucho del modelo que la derecha proponía, porque en aquella época estas ideas recorrían todo el espectro político. Eran ideas *transversales* que podían hallarse entre los recién creados partidos democristianos de la posguerra, entre los conservadores chilenos de Alessandri o en la retórica del PRI mexicano, entonces todavía bajo la influencia moral de Lázaro Cárdenas.

Ése era el mundo del adolescente Vargas Llosa, ésa era la cultura política del joven escritor a la que vino a sumarse una variante extrema de la misma concepción revolucionario-estatista: en 1959, cuando Mario apenas tenía 23 años, Fidel Castro, que sólo tiene 32, derrota a Batista y entra en La Habana al frente de un ejército de guerrilleros barbudos. Naturalmente, es el *desideratum*: en una sola persona se aúnan el caudillo revolucionario, el héroe militar, el campeón del antiamericanismo y —pronto se sabría— el mayor enemigo de la democracia y de la libertad económica.

En rigor, Fidel Castro no era un fenómeno excéntrico sino una consecuencia precisa de la mentalidad vigente en su tiempo. Si los latinoamericanos no apreciaban el modelo democrático de búsqueda de un arco político plural, división de poderes y soberanía popular delegada en los políticos electos, ¿por qué no suscribir de una vez el tipo de gobierno soviético de partido único y autoridad vertical ejercida por un caudillo desde la cúspide? Si era mejor y más justa la economía estatal, con Estados-empresarios y burócratas planificadores, que el mercado y el desarrollo espontáneo de sociedades burguesas que respetaban la propiedad privada, ¿por qué no acudir directamente al sistema colectivista propuesto por los comunistas? En el terreno internacional, si era cierta la hipótesis que atribuía la pobreza de América Latina a la explotación imperial de Occidente, especialmente de Estados Unidos, ¿no era entonces justificado salir a combatir al imperialismo en todos los frentes de guerra?

Ésta es la cultura política en la que se forman el joven Mario Vargas Llosa y docenas de millones de latinoamericanos. Se trataba de un complicado laberinto en donde todos los caminos, a derecha y a izquierda, conducían al rechazo de la democracia, a la censura de la economía de mercado y a la condena de las naciones punteras de Occidente. Esa cultura populista revolucionaria latinoamericana será calificada años más tarde con un nombre bastante certero: *el tercermundismo*. Era una cultura tercermundista.

No es de extrañar, pues, que el joven Vargas Llosa, políticamente inquieto, intelectualmente curioso, sicológicamente inclinado a formular juicios morales y a actuar de manera consecuente, se asomara al mundo ideológico, primero, efímeramente, como un aprista, luego como un comunista. En aquel momento de la historia latinoamericana era muy difícil ver el mundo de otra manera. Cuanto Mario Vargas Llosa leía, cuanto escuchaba, cuanto creía percibir, le confirmaban la visión revolucionaria tercermundista. En otras palabras: ésa era la cultura dominante en sus años formativos. Pero junto al joven Vargas Llosa "reformador social" de izquierda había también un escritor en ciernes, inscrito en un mundo muy peculiar perfectamente articulado con el entorno político. Veamos cómo era esa dimensión literaria a la que se asomaba Vargas Llosa.

## La literatura a mediados de siglo

A mediados de siglo, cuando Mario Vargas Llosa comienza a escribir, la novela latinoamericana entonces en boga es en cierta medida una extensión de la cultura revolucionaria. Se escribe para denunciar atropellos y maltratos. Es la época en que se lee *Huasipungo*, del ecuatoriano Icaza; *La vorágine*, del colombiano José Eustasio Rivera; *Los de abajo*, del mexicano Mariano Azuela. Es la época del peruano Ciro Alegría, acaso el mejor de todos, cuya novela *El mundo es ancho y ajeno* se convierte en un *best-seller* internacional, y el drama de los indígenas y su lucha por la posesión de la tierra acaparan la atención de los lectores.

El indigenismo y el regionalismo están de moda, y los novelistas utilizan las reivindicaciones de los pueblos autóctonos, sus penurias e infortunios, para redactar sus obras literarias. El maestro Rómulo Gallegos, que escribe en un país, Venezuela, donde los indígenas son una pequeña minoría, acudirá a otro subgénero, pariente cercano del indigenismo: la novela rural. En ella también se lucha por la posesión de la tierra, como sucede en *Doña Bárbara*, pero los personajes encarnan actitudes muy antiguas ya explotadas por Sarmiento en el siglo XIX: es la lucha de la civilización contra la barbarie. Y para hacer aún más evidente el carácter alegórico de su creación, el personaje bronco y brutal, rústico y primitivo, se llama Bárbara, doña Bárbara. Al final triunfará la civilización. Gallegos era un hombre ilusionado y bueno.

¿Qué más hay en la literatura latinoamericana de los años mozos de Mario Vargas Llosa? Está Miguel Ángel Asturias, quien explora en *El señor presidente* el siniestro universo del tirano Estrada Cabrera o el triste final del gobierno de Jacobo Arbenz en *Weekend en Guatemala*. Una es la novela del dictador, más tarde un género muy visitado, la otra es la novela del antiimperialismo. El entorno político y la visión ideológica dominan fuertemente la creación literaria de Asturias, no sólo premio Nobel, sino también premio Lenin, dualidad que comparte con Pablo Neruda.

En general, la política domina la batalla ideológica, y hay un extrañamiento, una gran distancia, de las corrientes estéticas entonces pujantes en la literatura occidental. Joyce, Dos Passos, Faulkner, son poco leídos y no parecen estimular la veta literaria de los escritores latinoamericanos. La experimentación en el lenguaje y en la estructura narrativa no figura entre las preocupaciones de unos novelistas obsesionados por los temas y por la voluntad de denunciar vilezas e injusticias. Es cierto que algún cuentista excepcional, como Jorge Luis Borges, dueño de una prosa clásica colocada al servicio de unos asuntos refinados y cerebrales, escapa a esta caracterización rápida, pero la verdad profunda es que la cultura revolucionaria tercermundista también se expresaba en una literatura revolucionaria tercermundista que reproducía la misma visión de la realidad y ratificaba los estereotipos más difundidos.

Es frente a este mundo, frente a esta cultura, que poco a poco Mario Vargas Llosa va rebelándose en la medida en que lee ciertos libros, aprende ciertas cosas, y, al trasladarse a Europa, comienza a adquirir una visión diferente. En Francia lee a Camus y a Raymond Aron y empieza a valorar la libertad de un modo distinto. Desprenderse del comunismo no le fue tan difícil. En 1956, Moscú había aplastado la rebelión húngara y ese acto brutal había provocado el rechazo de la intelectualidad más comprometida. Los males de la URSS no provenían de Stalin, sino del sistema comunista. El genocidio de los húngaros lo había ordenado Kruschev, el supuesto aperturista, nada menos que tras el XX Congreso del Partido Comunista, episodio en el que se habían condenado los crímenes y excesos del estalinismo. El comunismo no tenía redención.

Ese debate, vigente en Europa, llegaba a América Latina con sordina. Hungría y la URSS estaban muy lejos. Camus, Aron, Revel, y antes de ellos Gide, eran nombres distantes que se rumoraban del otro lado del Atlántico. Pero Vargas Llosa estaba allí, en Francia, o en España, más cerca de esas voces. Sin embargo, todavía había una esperanza utópica para la izquierda. En Cuba se gestaba una revolución comunista en los sesenta, y sus simpatizantes creían que esta vez todo podía ser diferente. Cuba era una isla tropical, rumbera, no una siniestra pesadilla siberiana congelada por los hielos glaciares. Tal vez en Cuba podía darse el milagro de un comunismo no represivo, abierto y tolerante. Mario Vargas Llosa, como muchos intelectuales jóvenes de la época, creyó que eso era posible. Pero poco a poco, en la medida en que viajaba a la Isla y conversaba con los escritores perseguidos, se fue dando cuenta de que resultaba improbable. El sistema fatalmente conducía a la opresión.

¿Por qué se encarcelaba a los homosexuales o a los Testigos de Jehová? ¿Por qué se perseguía a los poetas? En 1968 vino el mazazo de la invasión soviética a Checoslovaquia, y junto a esa infamia, otra que provocaría el desencanto de muchas personas con la Revolución cubana: el apoyo público de Castro a este atropello. Finalmente, al filo de 1970, la detención de Heberto Padilla, su amigo, puso fin a toda ilusión con la aventura castrista. Mario Vargas Llosa y Plinio Apuleyo Mendoza, desde la oficina de la revista *Libre* en París, redactaron dos enérgicas cartas, luego firmadas por numerosos intelectuales, demandando la libertad de Padilla y censurando al gobierno cubano por el proceso estalinista de fingida autocrítica a que el poeta fue obligado a someterse. Como antes había roto con la visión comunista, ahora Mario Vargas Llosa rompía pública y notoriamente con la fallida excepción cubana. Pero el saldo de ese truculento episodio no era totalmente negativo. En cierta medida, el caso Padilla fue una forma de liberar a Vargas Llosa, a Plinio Apuleyo Mendoza, a Jorge Semprún y a otros intelectuales de un compromiso político que se había vuelto insoportable. Era la oportunidad de romper. Ruptura, por supuesto, que lo pondría desde entonces y para siempre, desde la perspectiva tercermundista, entre los "enemigos del pueblo", para usar el término de Ibsen.

Este cambio crucial de la orientación ideológica de Vargas Llosa tuvo dos consecuencias importantes. La primera es que se convertía, junto a Octavio Paz, en una figura señera del pensamiento democrático, y la segunda es que para muchos latinoamericanos, pese a su juventud de aquella época, comenzaba a ejercer un raro magisterio moral. Unos amigos cubanos, entonces presos en Cuba por defender la libertad, me contaron una anécdota muy significativa: en el presidio de isla de Pinos circulaba entre los presos un ejemplar de *Conversación en la Catedral*. Estaba mugriento de pasar de mano en mano. Por fin, en una requisa, un sargento carcelero con vocación de inquisidor encontró el libro, lo alzó sobre las cabezas de los prisioneros, gritó: "Éste ya no es de los nuestros", y lo rompió en pedazos. Luego entraron clandestinamente al presidio otros libros de Mario, pero la forma en la que los presos lo leían había cambiado. Sabían que no sólo era un gran escritor. Era, además, un hombre profundamente comprometido con la libertad, que no temía enfrentarse al aparato de difamación de la tiranía. De una manera secreta, sabían que aquel escritor era, además un amigo. Mario Vargas Llosa, en fin, había roto con uno de los mitos del tercermundismo. Para él —como para Paz, para Plinio, para Jorge Edwards, para Enrique Krauze— resultaba claro que no había la menor justificación para liquidar la democracia o suprimir las libertades fundamentales.

Mientras Vargas Llosa se alejaba de la cultura revolucionaria en el orden político, en el literario ya había hecho exactamente lo mismo. Ni los conflictos rurales, ni el regionalismo, ni el indigenismo dominaban su obra. Examinaba con ojo crítico la cuestión social, como en *Conversación en la Catedral* o en *Quién mató a Palomino Molero*, pero lo importante no era el mensaje, sino la realidad misma que ofrecían las novelas y los mimbres con los que habían sido construidas. Atento lector de Faulkner, Mario Vargas Llosa había descubierto que la multiplicidad de voces y de tiempos y de historias podían trenzarse en la imaginación del lector hasta aportarle una realidad nueva. Si Faulkner en *Mientras agonizo* podía mezclar las voces de quince personajes que intervienen cincuenta y nueve veces para contar, desde la perspectiva de cada uno, la truculenta historia del entierro de la obesa Addie Bundren, sin que el lector se extravíe en ese plañidero laberinto, ¿por qué no cruzar vidas y planos narrativos en *Conversación en la Catedral*? El tercermundismo no sólo era una actitud política: era también una estética literaria. Y si se rompía con el tercermundismo, con el populismo revolucionario, resultaba coherente romper con el tercermundismo literario. Mario lo hizo. Lo hizo conscientemente.

Plinio Apuleyo Mendoza cuenta con mucha gracia la historia de unos músicos argentinos que vivían en París de cantar canciones populares latinoamericanas secretamente odiadas, pero que eran las que los parisinos esperaban de ellos. Ante esta incómoda imposición de mercado, los argentinos se vengaban cantando en español una canción que los franceses no entendían, pero cuyo estribillo era *"Puta, qué feo es el folclore"*. Mario Vargas Llosa no quería ser un escritor folclórico latinoamericano, capaz de despertar el interés antropológico de la crítica, sino un gran escritor capaz de hombrearse con Faulkner, con Hemingway, con Malraux, con sus maestros, o de rebatir sin miramientos las ideas de Sartre. Es decir: su trinchera, la que había elegido, consciente o inconscientemente, era la del gran debate occidental, algo que incluía, pero al mismo tiempo trascendía el limitado mundo latinoamericano.

Pero ese Mario Vargas Llosa que, a mediados de los setenta, había asumido los valores democráticos en el terreno político y la estética de la vanguardia occidental más solvente en lo literario, todavía tenía una deficiencia: le faltaba una visión económica de la sociedad. Y era inevitable que así fuese. Cuando el joven Vargas Llosa se formó imperaba la teoría de la dependencia en cualquiera de sus variantes. Entonces reinaba Gunder Frank quien, desde el marxismo, explicaba el carácter subsidiario de las economías latinoamericanas, mientras la CEPAL prescribía el nacionalismo económico para tratar de superar el subdesarrollo. Fue entonces cuando, gradualmente, Vargas Llosa comenzó a descubrir otros análisis, otros diagnósticos y otras propuestas. Comenzó a leer a Popper, a Berlin, a Hayek, a Von Mises, a Douglas North. Supo de James Buchanan y de Milton Friedman. En 1975 recibió y leyó un libro clave de Carlos Rangel, *Del buen salvaje al buen revolucionario*, y comprobó cómo nuestro amigo venezolano se atrevía a decir lo que ya Mario barruntaba: que nuestro subdesarrollo era el producto de nuestra historia, de nuestros valores, de nuestra cultura.

No era honesto seguir imputándoles a los otros las responsabilidades propias. El *victimismo* era una forma de cobardía. Nuestra miseria no era la consecuencia del saqueo ajeno, sino el resultado de nuestro imperfecto modo de relacionarnos, del desencuentro entre la sociedad y el Estado, de la indigencia de nuestras ideas en materia económica. Rangel había escrito un libro insólito y Mario lo comenta con fervor. Pero todavía no se había despojado del todo de ciertas sospechas frente al mercado. Eso vendrá después, cuando finalmente comprende que las manipulaciones para corregir los efectos del mercado suelen fracasar porque quienes las llevan a cabo son personas que tienen sus preferencias, sus clientes, sus filias y sus fobias. No toman las decisiones fríamente y en el vacío, sino desde circunstancias personales y políticas muy concretas. Si un melancólico principio liberal nos dice que las personas —salvo casos muy contados— toman sus decisiones para satisfacer sus propias ambiciones y necesidades, ¿cómo pensar que cuando actúan y alteran el mercado lo hacen de manera diferente?

A fines de la década de los ochenta ya Mario Vargas Llosa ha completado totalmente su formación. Es un intelectual enfrentado al viejo orden populista-revolucionario-tercermundista. De pronto surge una coyuntura local: es el gobierno de Alan García y se propone la nacionalización de la banca. Vargas Llosa reacciona velozmente. Se opone con razones, con argumentos, con ideas. La sociedad peruana sabe que es un novelista excepcional, pero súbitamente comienza a gestarse un movimiento político en su entorno. ¿Qué ha pasado? Lo que ha ocurrido es que Vargas Llosa se ha convertido en la cabeza de un nuevo modo de entender los problemas de nuestras sociedades. Por eso al inicio de estos papeles decía que era Voltaire, que era Rousseau, que era Diderot. Es el rebelde ilustrado frente al Antiguo Régimen.

En 1990, lanzada su candidatura a la presidencia y, muy cerca de alcanzarla según todas las encuestas, Mario convoca a una reunión en Lima. Yo vuelo desde Madrid, ilusionado con lo que está sucediendo. Acuden Revel, Krauze, Plinio Apuleyo Mendoza, Jorge Edwards, Miguel Ángel Rodríguez, luego presidente de Costa Rica, Pedro Schwartz. Son tres docenas de escritores y periodistas. La reunión tiene dos aspectos: se trata de una forma de intentar contribuir a la victoria de Mario, y, también, la tácita admisión de que Vargas Llosa se había convertido en la cabeza de nuestra Ilustración liberal y libertaria frente al Antiguo Régimen populista-revolucionario-tercermundista.

Ahora se explica mejor quién es Mario Vargas Llosa en el mundo contemporáneo latinoamericano: es la cabeza, insisto, de un modo de pensar. Es el mejor portavoz de la buena nueva liberal, tan vapuleada por los neopopulistas empeñados en desacreditar la libertad económica. Es quien con mayor fuerza y éxito ha atacado el viejo orden de cosas, esclerótico y polvoriento, como suele adjetivarlo Plinio, pero todavía, lamentablemente, vivo y coleando.

Odio hablar de frases lapidarias —las que se inscriben en las lápidas— pero algún día, probablemente dentro de cincuenta años, dada la disciplina atlética de Mario y de Patricia, y dado el anual Ramadán marbellí al que se someten —un mes de ayuno—, lo que les augura una larguísima vida, algún día, repito, habrá que buscar esa frase lapidaria. La de "rebelde ilustrado" me parece perfecta. Ha sido el primero de todos nosotros. El que encabezó la lucha en esta particular guerra política de nuestro mundo latinoamericano. No hemos alcanzado la victoria, y tal vez no la alcancemos nunca, pero ha valido la pena estar en la batalla. Los caballeros, decía Borges, sólo defienden causas perdidas. Eso no importa. Ha sido hermoso estar en las trincheras.

# 18. PERPLEJIDADES Y CERTEZAS: LA EDUCACIÓN EN LA ERA DEL CONOCIMIENTO*

## Exámenes y perplejidades

Resumamos rápidamente el contenido de estos papeles: casi todas las naciones desarrolladas del planeta se encuentran perplejas ante el fenómeno de la degradación de la enseñanza. Y la queja que se escucha es siempre la misma: los jóvenes llegan a la universidad con unas tremendas lagunas. Tienen graves dificultades expresivas, cometen terribles faltas de ortografía y de sintaxis, no comprenden textos complejos, vacilan si tienen que descifrar gráficos, ignoran informaciones elementales sobre historia y geografía, y apenas consiguen manejar con solturas las cuatro reglas básicas de la aritmética. La mera división con punto decimal acaba por convertirse en una pesadilla para un alto porcentaje de estudiantes que supuestamente podrían realizar esta operación sin dificultades de ningún tipo.

Pero ése es sólo un aspecto del problema. Hay otro aún más enigmático: no es sencillo relacionar esas carencias con el éxito o el fracaso económico de las sociedades en las que una masa crítica de estudiantes ha sido víctima de un defectuoso proceso de aprendizaje. Esta conclusión es una de las que deduzco de los resultados de las pruebas normadas a que se sometieron cientos de miles de estudiantes de 15 años pertenecientes a los treinta y dos países de la Organization of Economic Cooperation and

* Conferencia pronunciada en la Universidad Interamericana, San Juan, Puerto Rico, 9 de mayo de 2002.

Development (OECD). Estos treinta y dos países son los más desarrollados del planeta. El examen, conocido por sus iniciales, PISA, que correponden a Program for International Student Assessment, midió tres zonas del conocimiento: comprensión de lectura, cultura matemática y cultura científica.

Los resultados de la prueba, tras una laboriosa computación, fueron publicados el 11 de febrero del 2002 en el diario *El País* de Madrid. De acuerdo con este solvente medio de comunicación, se estableció una escala en la que la puntuación mejor en cada una de las tres categorías era 557 y la peor 441. La media la situaron en una franja de 505 a 493. Por encima, lógicamente, en el primer tercio, se instalaban los mejores estudiantes, mientras, por debajo, en el último tercio, los de más pobres rendimiento.

Veamos algunos datos interesantes. Los dos países con mejores resultados son Corea y Japón. Les sigue Finlandia. De los países de cultura inglesa el que sale peor es Estados Unidos: en las tres categorías, la gran nación norteamericana se coloca en la franja media. En cambio, Canadá, Nueva Zelanda y Australia están entre los primeros, los tres por encima del Reino Unido y de Irlanda, pero todos ellos situados en el primer tercio. Francia sólo logra destacarse en "cultura matemática", pues en las otras dos categorías coincide en la mediocridad con Estados Unidos. Tres grandes naciones de Europa, Alemania, España e Italia, sin embargo, caen en el último tercio, por debajo de la media. Sorprende descubrir que a los 15 años la "cultura científica" de los españoles, que ya es baja, resulta superior a la de los alemanes, y mucho más cuando leemos en la página *web* de CNN unas declaraciones de Dieter Hundt, presidente de la Federación de Empleados de Alemania, en la que afirma que el "22 por ciento de los estudiantes [de su país] son analfabetos".

Pero ¿cuál es el país de Europa que resulta peor colocado en esta prueba? Curiosamente, Luxemburgo. Y digo curiosamente, porque esta minúscula monarquía, con algo menos de medio millón de habitantes, es el país más rico del mundo, lo que me precipita a subrayar otra de las perplejidades más hirientes: no es posible establecer un vínculo entre el pobre desempeño de los estudiantes y los resultados económicos de la sociedad en la que viven. No está nada clara la relación entre la ignorancia en el terreno escolar y la cantidad de riqueza que es capaz de crear una sociedad. Los mediocres estudiantes norteamericanos, cuando entran en el mercado de trabajo, hechas las correcciones de la capacidad de consumo de acuerdo con los precios vigentes, el PPP o "paridad de poder adquisitivo", generaron en el año 2001 un PBI per cápita de 35.000 dólares, es decir, el segundo del planeta, dado que el primero, como señalamos, es el luxemburgués.

Esa Alemania desesperada por la ignorancia de sus adolescentes, que no puede entender cómo en el país de Goethe y de Kant, de Einstein y de Max Planck, los estudiantes manejan la lengua con menor habilidad que los españoles, saben menos matemáticas que los noruegos y son superados en conocimientos científicos por los húngaros, y, sin embargo, los alemanes constituyen la locomotora económica de Europa, alcanzan los 23.742 dólares de PBI per cápita, cifra ligeramente por debajo de la japonesa, pero muy superior a los 15.712 de los surcoreanos, de acuerdo con el muy acreditado anuario *L'état du monde 2002*, publicado en París por Éditions La Découverte & Syros.

En realidad nadie ha dicho de manera categórica que debería existir una relación entre la calidad y la cantidad del aprendizaje, de una parte, y el desempeño económico de la sociedad, por la otra, pero ésa parecería ser una inferencia lógica. Me explico algo más: se sabe que en todos los países se manifiesta un vínculo estadístico entre nivel de estudios y éxito económico de las personas, pero esa correlación no toma en cuenta la calidad de los estudios adquiridos. Se sabe que decenas de millones de universitarios norteamericanos no son capaces de situar a México en un mapa, y hace poco se descubrió que una proporción semejante de franceses no podía explicar las causas ni los pormenores de la guerra franco-alemana de 1870 —un hecho clave en la historia contemporánea de ese país—, pero ello no impide que estadounidenses y franceses disfruten de una dulce y adiposa prosperidad económica.

¿Por qué la incultura y la desinformación no inciden en el desarrollo? Es difícil precisarlo. Tal vez exista otro factor oculto que resuelve y explica esa paradoja: en países como Estados Unidos, Francia o Alemania, naciones altamente institucionalizadas, y en las que prácticamente todas las actividades económicas se desarrollan metódicamente de acuerdo con pautas de procedimiento y metas, las deficiencias individuales tienden a ser poco importantes. Una vez insertada dentro de la maquinaria, pese a las carencias de su educación, la persona tiende a actuar adecuadamente. A fin de cuentas, que un vicepresidente de Estados Unidos fuera incapaz de deletrear en inglés correctamente la palabra *"potato"* tal vez no le impedía hacer bien su labor, aunque el error se convirtiera en un embarazoso episodio que hizo las delicias de *Saturday Night Life*.

Otra de las perplejidades provocadas por los resultados de esta prueba PISA a que nos estamos refiriendo es la concerniente a las horas de clase. Tampoco es posible predecir el nivel de aprendizaje de los estudiantes por la cantidad de tiempo que están en contacto con el maestro. Sabemos que por una convención generalizada en el mundo de la enseñanza las horas de clase son sólo de 50 minutos, y el estudio contabilizó el número de estas horas/clase que pasan juntos anualmente profesores y alumnos para tratar de hallar alguna correlación inteligible. De acuerdo con este baremo, el país en el que los maestros y estudiantes comparten más tiempo es Estados Unidos: 943 horas al año, y en uno de los que menos tiempo pasan juntos es Corea, con 492 horas al año, pero ya hemos tomado nota de que los estudiantes coreanos están notablemente mejor instruidos que los norteamericanos. ¿Cómo se explica esa paradoja? Pudiera deducirse de ello que la relación es inversamente proporcional al tiempo que profesores y alumnos comparten en el mismo salón de clase, pero tampoco es cierto: Australia y Nueva Zelanda, dos países en los que los estudiantes obtuvieron un alto nivel de aciertos en las respuestas a los exámenes, están también entre los que rinden más horas de clase. Por la otra punta, México, con 832 horas de clase, sólo alcanzó, sin embargo, uno de los peores resultados, mientras Islandia, con apenas 464, estuvo en el pelotón de vanguardia.

¿Acaso las diferencias en el aprovechamiento de los alumnos tienen que ver con la inversión económica o gasto que hace el Estado para lograr sus objetivos? Tampoco resulta nada obvio. En dólares indexados de acuerdo con la paridad de poder adquisitivo, encontramos que en los niveles de primera enseñanza Estados Unidos gasta 6.043 y Japón apenas 5.075. Finlandia, que es uno de los países punteros, sólo gasta 4.641 por estudiante, mientras que en Italia, que es uno de los peores, ese capítulo asciende a 5.653. Alemania podría buscar una piadosa explicación a su fracaso relativo en que en los primeros grados sólo dedica 3.531 a cada estudiante, pero resulta que los coreanos nada más aportan 2.838 por ese concepto. En la secundaria ocurre lo mismo, pero en mayores magnitudes: Suiza invierte la astronómica suma de 9.348 dólares por estudiante y obtiene peores resultados que Irlanda, que sólo dedica 3.934; Estados Unidos aporta 7.764 y Corea sólo 3.544; Francia 6.605, mientras Gran Bretaña, que la supera en las tres pruebas, sólo gasta 5.230 dólares.

Una última categoría a la que vale la pena asomarse es al salario de los profesores. La presunción podía ser que el mayor salario atrae a la mejor gente, lo que repercutiría en estudiantes mejor educados, pero al examinar los datos de la encuesta los resultados que se observan son totalmente ambivalentes. Cuando se contrastan los sueldos por hora de trabajo, corregidos por la paridad de poder adquisitivo, se descubre que, en efecto, Corea tiene los mejores salarios y los estudiantes más brillantes, pero resulta que Finlandia y Noruega, con salarios relativamente bajos, 11 y 15, respectivamente, en la lista, están entre los más exitosos. España y Alemania, por otra parte, que ya sabemos que exhiben unos pobrísimos resultados, sin embargo ocupan los lugares 3 y 4 en remuneración a sus maestros.

La conclusión a la que puede llegarse tras el examen de esta encuesta es que no existe ninguna fórmula infalible para mejorar la calidad de la enseñanza. No se trata solamente de recursos económicos, ni de tiempo de contacto entre estudiantes y profesores, ni tampoco de medios didácticos. Probablemente nunca en la historia los estudiantes han contado con mejores libros de texto, ni con medios audiovisuales como los que hoy están al alcance de los alumnos, ni con planteles mejores y más iluminados. Tal vez el problema está en otra parte y es de muy difícil cuantificación. Acaso la diferencia en la cantidad y la calidad del aprendizaje entre jóvenes de distintas naciones tenga que ver con los valores presentes en el grupo y con las motivaciones que en ellos sean capaces de estimular los maestros. Exploremos esta posibilidad someramente y formulemos ahora algunas certezas.

## Valores y aprendizaje

La hipótesis que voy a defender, basada en la observación más que en pruebas empíricas, es la siguiente: hay familias e instituciones educativas que alientan en los niños ciertas actitudes que conducen a la adquisición de conocimientos o a lo contrario. Esas familias y esas instituciones pueden ser predominantes en sociedades altamente demandantes y rigurosas, o pueden ser escasas si existen en un medio social refractario al rigor, en el que no se cultivan el sentido de la responsabilidad individual y el reconocimiento por los méritos ajenos. Quienes están familiarizados con algunos de mis trabajos anteriores, o quienes han leído *Culture Matters*, una colección de ensayos en torno a este tema compilada por Lawrence Harrison y Samuel Huntington, publicada por Basic Books, no se sorprenderán de esta afirmación.

Si esta premisa no anda descaminada, si queremos mejorar la calidad y la cantidad de los conocimientos que se les transmiten a los estudiantes, la principal tarea de las instituciones educativas estará en fomentar en los alumnos los valores y comportamientos que conducen a la adquisición de eso tan vago —que luego examinaremos rápidamente— a lo que llamamos cultura. Es decir: la principal responsabilidad de los educadores será abrirles a los niños el apetito por el conocimiento.

Si lo que propongo tiene alguna consistencia, es preciso prever dos consecuencias que inmediatamente se yerguen ante nosotros. La primera es que el gran esfuerzo educativo hay que hacerlo en el primer tramo de la vida, cuando los niños comienzan a adquirir conocimientos de una forma organizada. Es en ese punto en el que se les puede enseñar a ser responsables, autónomos, perseverantes, organizados, respetuosos de la autoridad, competitivos, solidarios y colaboradores. Ése es el momento en el que deben descubrir el placer de lograr los objetivos y la pena de fracasar en el empeño. Es a esa primera edad en la que hay que descubrir la importancia de cumplir limpiamente los compromisos adquiridos, sin hacer trampas y respetando escrupulosamente las reglas. Es a esa temprana edad cuando se echan las bases de la valoración ética, y cuando mejor se les puede transmitir a los estudiantes la veneración por la verdad y el *fair play*, así como el rechazo a la mentira, la injusticia y la falta de equidad. Es posible que nunca podamos establecer con precisión la importancia vital de ciertos conocimientos para el común de los mortales —manejar integrales o saber que Ulan Bator es la capital de Mongolia son buenos ejemplos de estos saberes—, pero no puede haber duda de que tener un carácter fundado en la decencia, la rectitud y la autodisciplina es algo que les conviene a la persona, a su familia y al entorno social en que desenvuelve su vida. Quien posea esos rasgos muy probablemente será luego un estudiante competente, un profesional exitoso, un padre o madre de familia ejemplar y un ciudadano de provecho para el conjunto de la sociedad.

Afortunadamente, hay técnicas para la enseñanza de valores y comportamientos. Los pedagogos y los sicólogos no ignoran esta afirmación. Tanto en las escuelas humanísticas como en las conductistas existen métodos que acentúan las virtudes más útiles para las personas y las sociedades, pero unos y otros están de acuerdo en que el gran trabajo pedagógico hay que hacerlo a muy temprana edad. De ahí que, si se dispone de presupuestos escasos, resulte equivocada la asignación de cuantiosos fondos para la enseñanza universitaria, cuando la personalidad del estudiante ya se ha forjado, en lugar de poner el acento en la etapa infantil y juvenil, que es cuando la persona adquiere cierto contorno sicológico cuyos rasgos fundamentales van a ser más o menos definitivos. El título de ese librito de divulgación popular que hace unos años se convirtió en un *bestseller*, *Todo lo que sé lo aprendí en el kindergarten*, sin duda encierra una exageración, pero también atesora cierta verdad.

Claro, es mucho más difícil enseñar valores y actitudes que conocimientos. Lo primero es educar; lo segundo es instruir. Voy, pues, a repetir una verdad intensamente visitada: acaso la clave básica de la buena educación está en la formación de los maestros para que sean capaces de educar y de instruir al mismo tiempo. De la época cuando fuimos niños, todos recordamos con admiración a ciertos maestros ejemplares que consiguieron impactarnos positivamente. Tampoco olvidamos a los maestros malos, que nos alejaron para siempre de ciertas disciplinas. Nunca he podido precisar si mi rechazo a las matemáticas es la consecuencia de una incapacidad congénita incurable o, simplemente, la obra de profesores poco competentes, aunque también es muy posible que una deficiente formación en valores y actitudes no haya propiciado en mi carácter la dosis necesaria de sentido de la responsabilidad que se requiere para afrontar con dedicación y seriedad las tareas más ingratas. Es en los primeros años de la existencia cuando uno debe aprender a enfrentarse sin dilación a los trabajos más incómodos y no caer en ese vicio tan nuestro, o por lo menos tan mío, al que hay que nombrar en inglés porque en castellano ni siquiera hemos conseguido identificar de una manera contundente: *procrastination*.

Pero en este punto tropezamos con el clásico dilema del huevo y la gallina. Si un número altísimo de nuestros maestros adquirió en su infancia y juventud una instrucción defectuosa, tanto en valores como en conocimientos, cómo podemos esperar que se conviertan en esos apostólicos seres capaces de inspirar en los estudiantes un tipo de conducta ejemplar que ellos mismos no poseen ni exhiben. Seguramente, no hay otra solución a ese dilema que convertir las escuelas pedagógicas en verdaderas fraguas de guías espirituales mediante recursos didácticos que, en algunos casos, pueden tomarse de las experiencias religiosas.

Entiéndaseme bien: no estoy proponiendo devolver la religión a la escuela pública, pues ésta debe seguir siendo absolutamente laica. Lo que estoy diciendo es que en el proceso de formación moral de casi todas las denominaciones religiosas hay una metodología de la que podemos aprender ciertas cosas. Hay que motivarse para poder motivar a otros. Y eso quiere decir que es necesario recuperar el espíritu de servicio que les confiere a nuestras actividades educativas el carácter de una casi sagrada misión ética. Es ese fuego que arde en el corazón de los misioneros y que en ellos tiene un claro origen: servir a Dios y, probablemente, despertar en los demás la admiración que provoca la hazaña del sacrificio propio en beneficio de los otros desconocidos.

Pero para lograr ese carácter de apostolado que deja en los estudiantes una huella honda de admiración y deseos de emulación, es necesario revitalizar el puesto que ocupa el maestro en nuestras sociedades. Los apóstoles se cultivan en medios propicios. No podemos olvidar que la estima de los demás siempre comienza por la autoestima en un juego de influencias recíprocas. Es muy difícil contar con maestros apostólicos en sociedades en las que la máxima más frecuente que se escucha es esa frase cínica que asegura que "el que sabe, hace, y el que no sabe, enseña". Por eso las escuelas de pedagogía tienen que hacer un supremo esfuerzo por reclutar a los mejores estudiantes y persuadirlos de que no existe bajo el sol ninguna profesión más importante que la de quien contribuye a dar forma al carácter de los niños. Diseñar un avión espectacular o descubrir los secretos de la célula cancerosa son hazañas impresionantes, pero lo más probable es que en la niñez o en la juventud de quienes las han realizado esté la anónima labor de una maestra o de un maestro que los dotó de disciplina y de amor por el conocimiento a un extremo tal que no dudaron en dedicar toda la vida a quemarse las pestañas por mejorar las condiciones de vida del género humano. Sin esa maestra o maestro dedicado a frotar la lámpara probablemente el genio potencial del creador jamás hubiera salido a la luz pública.

Por supuesto, la calidad y la intensidad de los estudios que deben estar presentes en las escuelas de pedagogía no servirán de mucho si la sociedad no comprende la importancia de la labor de los maestros y si no está dispuesta a asignarles una remuneración digna y un reconocimiento del mayor rango. No se trata solamente de darle una placa en el Día del Maestro a quien cumpla cincuenta años en la profesión, sino de generar en torno a los educadores, efectivamente, el halo de respeto que merecen, puesto que ese tipo de recompensa emocional servirá para atraer a muchas personas meritorias que hoy piensan que la enseñanza es una actividad menor escasamente admirada. Si algo sabemos de la naturaleza humana con cierta certeza es que una de las fuerzas más enérgicas que desatan el ímpetu laboral de las personas es, precisamente, el reconocimiento de los otros. ¿Cómo sorprendernos de contar con legiones de maestros desvitalizados e ineficaces si los educamos defectuosamente, les pagamos miserablemente y ni siquiera los consideramos en el terreno de las jerarquías sociales?

Es verdad que, en general, las escuelas de pedagogía dejan bastante que desear en casi todas partes, y muy especialmente donde el nivel de la enseñanza es muy pobre —una especie de tautología que, como la pescadilla, se muerde la cola—, pero hay una regla de hierro que no puede olvidarse: las sociedades tienen los maestros que se merecen. Pedirles a los educadores que alcancen la excelencia en el desempeño de sus funciones, pero simultáneamente educarlos deficientemente y pagarles o considerarlos como unos peones de segunda categoría, es tanto como pedirle peras al olmo: un despropósito que sólo puede conducir a la frustración de todos.

La secuencia es clarísima y me sirve para resumir la idea expresada: para tener buenos estudiantes hay que contar con muy buenos maestros que inicien su labor en la primerísima etapa de la vida del escolar, y que trabajen, fundamentalmente, en la educación en valores y actitudes; para lograr buenos maestros hay que educarlos ejemplarmente en centros pedagógicos rigurosos y demandantes, remunerarlos de acuerdo con la importancia de la tarea que desempeñan, y crearles en la sociedad un cóncavo espacio de admiración y respeto capaz de atraer a quienes sientan un verdadero espíritu de servicio y entiendan la enseñanza como una forma de apostolado moral.

## El contenido de la enseñanza

Acerquémonos ahora al contenido de la enseñanza, pero limitándonos a consignar un par de reflexiones básicas relacionadas con la comunicación. ¿Qué debe enseñarse en esos primeros y cruciales años de la vida junto a los valores y actitudes? Parece obvio que en la etapa inicial del aprendizaje nada hay más importante que las destrezas de la comunicación, incluido el lenguaje de los números. Esto lo sabemos desde los romanos, quienes llegaron a sostener que existía cierta relación moral entre la capacidad de expresar ideas y emociones y la calidad humana de quien las emitía. Es muy importante poder comprender y explicar cualquier tema que se aborde, tanto oralmente como por escrito. Es muy importante cuando se es estudiante, cuando se es un profesional, y, simplemente, para desenvolverse adecuadamente en la vida afectiva y social. Y parece que el cerebro infantil está especialmente dotado para esa tarea, de manera que es ahí, desde que las criaturas comienzan a balbucir, cuando hay que ejercitar de manera creciente las destrezas de la comunicación hasta lograr que primero el joven, y luego el adulto, sean elocuentes con la palabra hablada y claros y convincentes con la escrita. Nunca he entendido por qué se eliminó la recitación en voz alta de poemas y prosas de muchos programas educativos, o por qué nunca se ha puesto suficiente énfasis en las representaciones teatrales y en los debates, cuando todo ello constituye un magnífico ejercicio para el uso adecuado de la palabra, lo que quiere decir intercambio eficaz de ideas y emociones, algo que, cuando se realiza con pericia, confiere a la persona una cierta seguridad sicológica muy útil en todos los aspectos de la vida.

La fisiología también indica una pauta pedagógica comprobada por los neurolingüistas que tiene que ver con la comunicación: es en esta primera etapa, cuando el cerebro es flexible y enormemente esponjoso —permítaseme la metáfora—, cuando hay que enseñar, junto al idioma materno, al menos otra lengua crucial. Y para quienes tenemos la suerte de proceder de la cultura ibérica, y compartir nuestra rica lengua con otros cuatrocientos millones de hispanohablantes, no parece que exista otra mejor opción que aprender el inglés como segunda lengua, pero, de ser posible, con la misma o parecida habilidad que la propia, tarea difícil, pero no imposible, si observamos los resultados de ciertas escuelas bilingües que suelen operar en casi todos los países de América Latina al servicio de las élites económicas y sociales.

Las razones son muchas para dedicar un esfuerzo extraordinario a que nuestros niños aprendan inglés: compartimos el nuevo mundo con Estados Unidos y Canadá, pero esos más de trescientos millones de angloparlantes producen el 30 por ciento del PBI planetario, y el 90 por ciento de la literatura científica que la humanidad genera, mientras dominan casi totalmente el mundo de Internet y una buena parte de la prensa escrita y la televisión internacional. Si en los siglos XV y XVI, el sentido común indicaba que había que aprender latín para ser culto e intercambiar ideas, pues ésa era la *lingua franca* del mundo universitario europeo y de las buenas imprentas-editoriales entonces en servicio, y si quienes mejor expresaban la cultura en los siglos XVIII y la primera mitad del XIX eran los franceses, y, por lo tanto, resultaba razonable apoderarse y utilizar ese excelente medio de comunicación, quién duda que, desde la segunda mitad del XIX hasta nuestros días, y presumiblemente así será en todo lo que queda del siglo XXI, es y será esencial dominar con soltura el inglés hablado y escrito. Pero para conseguir ese objetivo hay que llevar a cabo un notable esfuerzo pedagógico, para lo cual, afortunadamente, cada día se cuenta con más recursos audiovisuales, que son, a temprana edad, los más efectivos, pues es la época en que el aprendizaje de los sonidos o la adquisición y desarrollo de las estructuras sintácticas se producen por imitación, de manera espontánea y con gran fidelidad. Prorrogar la adquisición de una segunda lengua a otra etapa de la vida cuando la fisiología no nos favorece es, sencillamente, una decisión contra natura, casi similar a posponer aprender a gatear o a caminar hasta la llegada de la adolescencia.

No tendría sentido dedicar mucho más tiempo al despliegue de ideas sobre el contenido de la enseñanza —ya hemos hablado de valores, actitudes y comunicación—, un tema muy amplio que escapa a las posibilidades de una simple conferencia, pero quiero terminar abordando un asunto que me parece de la mayor importancia, y del que me percaté hace ya muchos años cuando ejercí como profesor universitario: la imperiosa necesidad que tenemos de relacionar las disciplinas que enseñamos con la experiencia vital del estudiante.

Recuerdo un curso de teatro del Siglo de Oro español que me tocó impartir, con el que, al principio, no lograba que los estudiantes se conectaran emocionalmente. Y así ocurrió hasta que comencé a hablar del honor y de los celos, de la libertad y la justicia, de la lealtad política y de la traición, de la codicia, el amor y el odio. De pronto Calderón y Lope de Vega se les hicieron familiares. Súbitamente entendieron a Ruiz de Alarcón. Después leímos en voz alta algunas obras, varios estudiantes representaron a los personajes, y se produjo la empatía hasta entonces ausente. De una manera casi mágica los estudiantes descubrieron que bajo las capas y las espadas había unos asuntos que, a fuerza de ser eternos, resultaban totalmente modernos y fácilmente comprensibles para ellos. El tiempo había pasado y en su curso inexorable había cambiado modas y escenarios, pero la naturaleza humana seguía fiel a su invariable esencia.

Entenderemos mejor la arquitectura y el trazado de nuestras ciudades si sabemos que ahí está la mano del romano Vitruvio, siempre deslumbrado por sus maestros griegos, que llega a nuestro mundo en las mochilas de los conquistadores españoles. Y los estudiantes, o los simples lectores, podrán familiarizarse con la historia de su lengua, de su religión y de las instituciones políticas con las que organizan el Estado en el que viven, o podrán entender por qué sus literatos escriben de la manera en que lo hacen y los pintores pintan como pintan. Por qué comemos lo que comemos o nos divertimos de la forma en que lo hacemos. Por qué cantamos tangos, boleros o rancheras, o por qué jugamos béisbol o fútbol, o matamos toros en la plaza, y cómo esas formas populares de entretenerse también constituyen unas importantísimas señas de identidad adquiridas por el constante mestizaje cultural que nos ha dado el perfil que hoy exhibimos.

A donde quiero llegar es a lo siguiente: uno de los propósitos básicos de la enseñanza en la etapa juvenil (no en la infantil, porque se trata de conocimientos que poseen cierta complejidad conceptual) debe ser dotar a los estudiantes de una clarísima percepción de quiénes son y de dónde vienen desde el punto de vista cultural. Y el razonamiento de donde emana esta afirmación es el siguiente: poseer una visión muy amplia de la identidad propia, comprender quiénes somos, de dónde venimos, qué nos vincula con la tradición occidental y por qué hacemos las cosas de cierto modo y no de otro, constituye una cierta forma de vacuna contra los extremismos, contra los nacionalismos estrechos, contra la xenofobia, el sexismo y otras manifestaciones de intolerancia y odio, al tiempo que amplía y fortifica la base sobre la que se sustenta la personalidad. Y ése debe ser un objetivo clave de la educación: formar ciudadanos cultos que comiencen, como querían los clásicos, por conocerse a sí mismos. Si lo logramos, creo que haremos un gran servicio a nuestros conciudadanos, lo que, sin duda, también constituye una manera positiva de servir nuestros propios intereses y los de la sociedad como conjunto. Entre tantas perplejidades que nos acosan, ésta debe ser una certeza rotunda y definitiva.

# 19. EDUCACIÓN Y DIVERSIDAD EN AMÉRICA LATINA

Vayan por delante mis credenciales para hablar o escribir de "Educación y diversidad en América Latina". Desde hace casi cuarenta años me dedico a una cierta expresión de la pedagogía. Escribo artículos o ensayos, pero invariablemente el propósito es pedagógico. Lo hago casi siempre desde las páginas de los periódicos o de los libros, analizando mil temas diferentes, o por medio de charlas, conferencias e irregulares cursos universitarios. Eso en cuanto a la educación. Pero acaso el elemento más atinente, a los efectos de este simposio, es el que tiene que ver con la diversidad: durante ese mismo periodo siempre he formado parte de la diversidad y la he experimentado en carne propia, lo que me ha inducido a examinar cuidadosamente el fenómeno.

Casi toda mi vida he sido "el otro". He sido un extranjero en Estados Unidos, en Puerto Rico, en España y en América Latina. Es decir, he formado parte de una minoría. Me han clasificado como una persona parcialmente distinta de la corriente central que domina a la sociedad y la dota de una particular cosmovisión. Eso que en inglés llaman *mainstream*. Sencillamente, en mi vida adulta nunca he formado parte totalmente del *mainstream*.

La consecuencia sicológica de esta circunstancia, para seguir con las palabrejas inglesas, es que de alguna manera siempre me he sentido un *outsider*, un extraño. Sensación, por cierto, que a veces es incómoda, pero que puede resultar útil para evaluar la realidad circundante en la medida en que concede cierta distancia crítica de la historia, de los hechos y de sus protagonistas.

## Diversidad y naturaleza

A partir de este punto quiero hacer la primera observación relevante: cuando hablamos de "diversidad" invariablemente nos referimos a alguien o a algo que difiere de un paradigma ideal. El *Diccionario de la Lengua Española de la Real Academia Española* explica lo diverso como algo de naturaleza distinta. ¿Distinta de qué o de quién? Distinta de una idea platónica, distinta de un concepto abstracto que es el canon de la "normalidad". Algo más adelante volveré sobre este vital asunto para examinar las trágicas consecuencias de este inevitable fenómeno en América Latina.

¿Por qué y en qué yo diverjo de los españoles o de los peruanos? Obviamente, en el lugar en que nací, en la forma en que pronuncio las palabras y en mi repertorio personal de memorias y vivencias. Esos elementos me convierten en una persona distinta. El primero puede tener consecuencias prácticas importantes. El hecho de no ser natural de un país impide estar protegido por todos los derechos vigentes o tener acceso a ciertos privilegios. En muchas naciones, los extranjeros no pueden ser catedráticos titulares en las universidades públicas o aspirar a ciertos cargos importantes. En algunas, ni siquiera pueden adquirir propiedades.

El segundo —el modo de hablar— puede tener consecuencias sociales. Es posible que el seseo cubano u otras características de mi pronunciación les resulten gratas o ridículas a los oyentes, y eso *a priori* les provoque cierto grado de atracción o rechazo, independientes del contenido de mis palabras. Cuando el emperador Adriano, nacido y criado en Itálica, una ciudad muy cercana a la Sevilla actual, pronunció su primer discurso ante el senado romano, las risotadas fueron de tal calibre que pensó muy seriamente que tal vez no podría reemplazar a su antecesor Trajano, también de origen español. Los senadores no captaron el mensaje seguramente inteligente y sensible de Adriano, sino los rústicos matices hispanos con que pronunciaba el latín.

Quiero llegar a un punto que me parece importante: por oscuros impulsos acaso vinculados con la cohesión tribal, las personas rechazan y discriminan a quienes comparecen ante el grupo con signos de identidad obviamente diferentes de los que prescribe el canon ideal. ¿Por qué? Los sociobiólogos tienen una explicación que, a falta de otra mejor, me parece creíble: porque el grupo tiene más probabilidades de prevalecer y perpetuarse si posee cierta uniformidad. Ante unas ropas, un acento o una gesticulación diferentes se disparan todas las alarmas, incluso las biológicas, y la persona adopta una actitud defensiva que muy fácilmente puede convertirse en ofensiva frente al otro que supuestamente lo pone en peligro. El gran sociólogo alemán Georg Simmel, incluso, sostenía una tesis aún más audaz y peligrosa: creía que la agresividad contra el extranjero o contra el diferente constituía un fuerte cohesivo social. Desde su perspectiva, las doscientas y tantas castas que fragmentaban a los habitantes de la India, lejos de dividir a los indios, los unían. Los unían contra el otro.

Hay que admitirlo con toda humildad: la tolerancia con la diversidad no forma parte de los esquemas habituales de comportamiento que se observan en la naturaleza. Incluso, existe un dispositivo natural que propicia la destrucción de la criatura diferente: el olor que emite. Los chimpancés, esos simpáticos primos nuestros, destripan metódicamente a cualquier otro mono de su misma especie que intente acercarse a la manada original. Los leones establecen su condición de machos dominantes exterminando a mordiscos a las crías de los machos que los precedieron en la jefatura, mientras las leonas, casi siempre inútilmente, intentan esconder a sus hijos de la ferocidad del nuevo padrote. Afortunadamente, en el curso de la evolución nuestra especie ha perdido la capacidad olfatoria de distinguir al extraño, lo que probablemente redujo nuestro peor instinto agresivo.

Todo esto nos precipita a aceptar que, cuando defendemos

la tolerancia y la diversidad, no podemos invocar razones de carácter biológico sino culturales. La naturaleza es intolerante. Su asombrosa diversidad no es el producto de la pacífica convivencia entre criaturas diferentes, sino de un precario equilibrio establecido a base de la muerte y la violencia ejercida contra el otro. Cuando Ortega y Gasset decía que el hombre no tenía naturaleza, sino historia, opinaba algo inexacto. Los seres humanos no sólo tienen naturaleza, sino que es muy importante luchar contra ella para poder forjar lazos históricos que estimulen las relaciones solidarias entre grupos distintos. De alguna manera, la tolerancia y el respeto por la diversidad son actitudes contra natura que tienen su asiento en la evolución cultural de nuestra especie. Una especie que, precisamente, alcanza sus mejores momentos cuando se aleja de sus orígenes naturales y se interna en el mundo de la cultura, la imaginación y los valores, artificios lentamente creados para defenderse de las trágicas urgencias de la biología.

## Los derechos naturales

Sin embargo, esta afirmación encierra una curiosa paradoja: ¿en qué nos basamos para opinar que debe respetarse el derecho de las personas a ser diferentes, a tener creencias distintas o a comportarse de modos excéntricos sin ser castigadas o execradas por la corriente central dominante? Nos basamos, en esencia, en una convención discutible pero extremadamente útil: la suposición de que los seres humanos poseen una naturaleza peculiar ajena a la raza, a la cultura o a cualquier otra circunstancia adjetiva.

Esa naturaleza humana, lógicamente, es de carácter biológico, pero ¿por qué es diferente de las de las demás criaturas vivientes? Se presume que la diferencia estriba en que el bicho humano está dotado de razón, y esta facultad es un don exclusivo otorgado por un ser superior: Dios. El silogismo ya está casi completo: el ser humano es distinto porque puede razonar; puede razonar porque Dios así lo decidió; *ergo*, esa diferencia lo hace acreedor de un trato especial que se merecen todos los seres humanos por el mero hecho de formar parte de un género escogido por Dios.

Ése es el origen de los llamados "derechos naturales". Es decir, unos derechos que protegen a las personas sin que nadie tenga que otorgarlos porque son anteriores a la existencia de los Estados y de las autoridades: el simple hecho de pertenecer al género humano —de cualquier raza, cultura, religión o sexo— confiere esos derechos de manera inalienable e imprescriptible por un designio que se le atribuye a la Divina Providencia.

## Los griegos

Tradicionalmente, se suele afirmar que la enunciación de la doctrina de la existencia de los derechos naturales se debe al estoicismo, una escuela filosófica surgida en el siglo IV a. C. en Grecia, luego extendida por todo el Mediterráneo latino, y muy especialmente a partir de que el cristianismo recibiera de lleno su influencia. Para los estoicos, defensores de una especie de panteísmo cosmopolita, la adscripción griega al nacionalismo urbano o a la *fratría* era el origen de numerosos conflictos. Existía un vínculo más importante que el de pertenecer a Atenas, Esparta o a cualquier otra ciudad griega, o de formar parte de un clan familiar: ser hombre, ser persona, era mucho más trascendente que ser ateniense, espartano, persa o romano.

Esa posición discrepaba radicalmente de la defendida por Aristóteles. Para este filósofo, radicado en Atenas varias décadas antes de la aparición de los estoicos, existían los "esclavos por naturaleza", criaturas —generalmente extranjeros convertidos en cautivos como consecuencia de las guerras— destinadas, por la biología y por la estupidez intrínseca que las caracterizaba, a servir a otros seres superiores que eran, obviamente, los más refinados atenienses. A Aristóteles y a su teoría sobre la existencia de "esclavos por naturaleza", instalada en Occidente durante muchos siglos, se deben las justificaciones morales de la esclavitud.

## Los romanos y el cristianismo

Cuando los romanos construyeron su imperio y tuvieron que asimilar a numerosos pueblos distintos, cada uno de ellos con sus particulares dioses y creencias, se enfrentaron al fenómeno de la diversidad, y de una manera tácita, aunque de forma limitada, aceptaron la existencia de los derechos naturales y les dieron cabida en sus instituciones y en su legislación. Poco a poco fue surgiendo un "derecho de gentes" para juzgar a quienes no ostentaban la ciudadanía romana, y en su momento se nombraron "pretores peregrinos" para impartirles justicia.

El cristianismo no sólo asimiló el concepto de los derechos naturales, sino que les abrió los brazos a todos los creyentes, sin tener en cuenta elementos como la nacionalidad de origen, la raza, el sexo o la cultura. Excluyó, eso sí, a los no creyentes, desde que el emperador Teodosio —otro hispano—, en el 380 d. C., declaró "dementes y malvados" a todos los que no pertenecían a la religión católica, fenómeno contradictorio aunque predecible en la propia historia del cristianismo.

Los judíos habían decidido (o habían sido notificados por Dios, es igual) que ellos constituían "el pueblo elegido". Los cristianos, que provienen del judaísmo, transformaron esa creencia en otra parecida, aunque más inclusiva: el cristianismo, convertido en catolicismo, es decir, en fe universal, era la religión elegida, "la verdadera". Dios ya no elegía a una etnia como su favorita, sino a una creencia. En el cristianismo cabían todos los pueblos, pero no todas las creencias religiosas. Era lógico que a partir de esa convicción se desataran las persecuciones contra los que no deseaban convertirse a la "buena nueva".

Así que el *iusnaturalismo*, como se llamó a la doctrina que defiende la existencia de derechos naturales, convivió en nuestra cultura con conductas que lo contradecían flagrantemente. Mientras Santo Tomás de Aquino, en el siglo XIII, lo defendía, el Santo Padre y los reyes cristianos organizaban cruzadas contra los infieles o, posteriormente, se organizaba la Inquisición en varios países de Europa para combatir las herejías de quienes no suscribían al pie de la letra las interpretaciones de los Evangelios proclamadas por las autoridades de la Iglesia. Mientras se afirmaba que todos los seres humanos estaban protegidos por derechos naturales, existía la esclavitud, se practicaba el infanticidio o quemaban vivos a brujas y heterodoxos.

Sólo que la intolerancia religiosa, agudizada a partir del Renacimiento por el encontronazo entre la autoridad papal y la de algunos reyes cristianos, tuvo una curiosa consecuencia positiva: lentamente fue refinando la doctrina de los derechos naturales y provocó la secularización paulatina de las sociedades en donde se llevó a cabo este crucial debate.

## Las guerras religiosas y las revoluciones

El país en donde esta controversia entre la Iglesia y el Estado, o entre las autoridades y el pueblo, alcanzaría su mayor densidad intelectual fue Inglaterra. Desde principios del siglo XIII, cuando los barones, aliados a una facción de la Iglesia, obligaron al monarca Juan sin Tierra a suscribir la llamada *Carta Magna*, un texto típicamente feudal en el que se limitaba la autoridad real, se produjo un *crescendo* en la cantidad y la calidad de las reflexiones en torno a los derechos de las personas, debate aguijoneado por los continuos conflictos bélicos.

Fue en esa atmósfera de guerras religiosas, de exilios, persecuciones y de reyes decapitados en la que John Locke, en el siglo XVII, escribió sus *Tratados sobre el gobierno civil* y sus *Cartas sobre la tolerancia*, que tanta influencia tuvieron sobre otros pensadores posteriores, juntamente con los ensayos de su contemporáneo Baruch Spinoza, brillante holandés de origen judeoportugués.

Finalmente, en 1688, con la llamada Revolución gloriosa, entran a reinar en Inglaterra Guillermo de Orange y su mujer María, pero aceptan colocarse bajo la autoridad del parlamento, tras suscribir y proclamar el *Bill of Rights*. Todavía no estamos ante una lista exhaustiva de derechos, pero se consignan algunos y se les colocan unos límites importantes a la autoridad del monarca y a la actuación del Estado frente al individuo. Sin embargo, la verdadera eclosión de esta tendencia tendrá lugar un siglo más tarde, en Francia, con la *Declaración de los Derechos del Hombre y del Ciudadano*, proclamada en 1789 bajo la influencia de la Constitución de Estados Unidos y de los escritos de Voltaire en defensa de la tolerancia, motivados por la trágica historia de Jean Calas, un hugonote torturado y ajusticiado por la falsa acusación de haber sacrificado a su hijo para evitar que se convirtiera al catolicismo.

A partir de ese punto, el próximo hito fundamental será la *Declaración Universal de los Derechos del Hombre*, suscrita en 1948 por casi todos los miembros de la entonces recién creada Organización de Naciones Unidas. Sólo se abstuvieron los países comunistas por instrucciones de la Unión Soviética, dirigida en aquellos años por José Stalin con mano de hierro.

## *Educación y diversidad en América Latina*

Hecho este veloz, limitado y algo arbitrario recorrido por la historia de la existencia de derechos naturales más allá de la voluntad de los gobernantes, es conveniente hacer una observación: nótese que nos movemos dentro de un universo conceptual europeo surgido dentro de la cultura grecolatina y judeocristiana. Cuando hablamos de derechos humanos naturales y cuando defendemos los derechos de quien difiere o diverge del grupo dominante, lo hacemos desde esquemas mentales occidentales.

Hace varias décadas, cuando Franz Fanon, en *Los condenados de la tierra*, un libro entonces famoso prologado por Jean-Paul Sartre, proclamó su odio invencible al extranjero explotador y su necesidad espiritual de romper con cualquier vínculo que uniera a los pueblos explotados con las metrópolis blancas, olvidó que la única zona cultural del mundo que había creado y cultivado un pensamiento en el que "el otro" tuviera cabida ha sido, precisamente, ese Occidente surgido de la matriz europea.

Este dato tiene algún interés en América Latina, donde hace cinco siglos se produjo, para usar la expresión de Huntington, un choque de civilizaciones, y las grandes culturas precolombinas resultaron destruidas o marginadas. Es verdad que la colonización europea impuso su cultura —su lengua, su derecho, su forma de organizar la convivencia y juzgar la realidad—, pero como parte de esa cultura, aunque fuera en medio de numerosos atropellos y contradicciones, también venía la idea de que todas las personas poseían una innata dignidad y tenían los mismos derechos, algo totalmente desconocido fuera del mundo occidental.

Es verdad que no sabemos cómo hubieran evolucionado las culturas mesoamericanas o sudamericanas si Europa no las hubiera liquidado o paralizado, pero la manera en que se conducían las guerras en la América anterior a la llegada de los europeos, y la forma en que se trataba a los prisioneros o a los extranjeros, no ofrecen la menor indicación de que existían preocupaciones éticas con relación al otro, al diferente, al que pertenecía a una etnia distinta. Es cierto que los europeos y sus descendientes biológicos y culturales esclavizaron, mortificaron y torturaron, muchas veces hasta la muerte, a millones de personas, pero junto a esas muestras de crueldad jamás faltaron voces indignadas, como las de los padres Antonio de Montesinos o Bartolomé de Las Casas, que no se limitaban a pedir clemencia, sino que señalaban insistentemente la injusticia raigal de violar los derechos naturales de otros seres humanos por el hecho de ser diferentes.

## El problema del indigenismo

Este debate no es un ejercicio académico en nuestros días, y muy especialmente en la región andina, donde aumentan los decibelios de la protesta indigenista. En Bolivia, el líder aymara Felipe Quispe reivindica la reconstrucción de la civilización precolombina orillada o destruida hace quinientos años. Para él, y para muchos de sus seguidores, la cultura europea, con sus instituciones, sus formas de realizar transacciones económicas mediante dinero en vez de mediante trueques, y la existencia de propiedad privada, son daños infligidos a la población indígena y algunas de las razones que explican la atroz miseria en la que vive una parte sustancial de los aborígenes. Pero ni siquiera se salvan de sus críticas los indios que han conseguido alcanzar cierto nivel de desarrollo económico, porque a éstos se los ve como colaboradores del invasor que han traicionado a su propio pueblo.

Nótese que esta vertiente indigenista radical no propone la convivencia pacífica con personas pertenecientes a otra cultura, sino la erradicación de la corriente central dominante y su sustitución por unas formas de vida reelaboradas por la visión utópica de unas personas que suponen conocer cómo eran las relaciones de poder y la existencia cotidiana hace medio milenio, antes de la llegada de los españoles, y pretenden revivir esa supuestamente idílica etapa de la historia andina.

Si triunfaran, pues, desaparecerían el derecho y la estructura republicana. El español, convertido en una lengua secundaria, sería sustituido por el aymara o por el quechua, y la religión católica quedaría reemplazada por el viejo credo precolombino. En el nuevo contexto revolucionario, ser mestizo o blanco se convertiría en un motivo de escarnio y, en suma, se repetiría en sentido contrario la tragedia de hace quinientos años, cuando la cultura europea arrumbó sin piedad y sin miramientos la de los pueblos que encontró al otro lado del Atlántico.

¿Es posible que ocurra una regresión de ese tipo? En realidad, no parece probable. Es como si los españoles intentaran volver a la etapa ibérica, anterior a la dominación romana que los despojó de sus lenguas, sus reyes y sus dioses, los irlandeses trataran de recuperar su pasado celta liquidado por la violencia anglosajona, o los egipcios intentaran rehacer la gloria de sus faraones y pirámides. La historia de la civilización planetaria es también la historia del triunfo del fuerte sobre el débil, de las organizaciones complejas sobre las débiles, de las armas más destructivas sobre las menos letales. En ese proceso exento de conmiseración, tan viejo como la humanidad, desaparecen pueblos y culturas que son absorbidos o borrados de la faz de la tierra.

Sin embargo, el hecho de que nos parezca muy poco probable la resurrección de una versión moderna del incanato, ahora reinventado en clave aymara, no quiere decir que no se lleve a cabo el intento, y que en ese esfuerzo se produzca una terrible catástrofe de violencia y muertes, como sucedió hace medio milenio, o como, en nuestros días, provocaran los ingenieros sociales de origen nazifascista o comunista. Los 2 millones de camboyanos que Pol Pot hizo ejecutar en la construcción de su utopía rural-comunista pueden repetirse en territorio andino, con el agravante de que los conflictos étnicos —como se ha visto recientemente en la desaparecida Yugoslavia o en el África de Burundi— suelen ser más despiadados que los netamente políticos. Nunca es peor ni más cruel el ser humano que cuando cree enfrentarse a una persona a la que califica de distinta y a la que imputa una clara inferioridad moral. Cuando ese componente de desprecio está presente, es muy fácil aplastarla como si se tratara de un repugnante insecto.

## La tragedia de los indígenas y el ejemplo de Estados Unidos

Sólo que advertir este inmenso peligro no nos libera de tratar de entender la tragedia de quienes se sienten parte de un grupo marginado. Basta recorrer ciertas zonas del altiplano andino o de Guatemala para observar que el proceso de integración de las comunidades indígenas ha sido muy lento y notablemente imperfecto, aunque nunca se ha detenido, como refleja el constante aumento de la difusión del castellano. En torno a 1820, cuando se inauguraron casi todas nuestras repúblicas, sólo uno de cada tres habitantes de Sudamérica hablaba español. Hoy es ínfima la proporción de personas que no tienen el castellano como lengua principal, y son realmente muy pocas las que no pueden comunicarse en esta lengua.

Pero el hecho de que Felipe Quispe o su compatriota Evo Morales puedan proclamar en español su inventario de agravios contra los compatriotas integrados en la cultura de origen europeo es sólo un aspecto de este doloroso desencuentro.

Ellos saben y perciben que la corriente central dominante no aprecia las ropas indígenas, ni sus costumbres, ni —en algunos casos— la forma en que pronuncian el castellano. Saben, y les duele, que los perciban y a veces los traten como seres inferiores, lo que genera en ellos un comprensible deseo de separarse o de tomar venganza. De ahí la enorme importancia de sensibilizar a la corriente central dominante para que realmente respete y entienda el dolor de quien se siente marginado y, con frecuencia, humillado.

Un fenómeno lateralmente parecido ocurre en Estados Unidos con la población negra, víctima de innumerables maltratos y discriminaciones que duraron hasta que la lucha por los derechos civiles, encabezada por Martin Luther King, consiguió eliminar los más ostensibles y sangrantes de ellos, como eran la segregación por motivo de raza y el uso ofensivo del lenguaje. Al fin y al cabo, aunque sea de manera parcial, alguna relación existe entre la marginación de los afroamericanos respecto del *mainstream* blanco de cultura europea y lo que les sucede a los indoamericanos y los grupos dominantes en América Latina. Es conveniente, pues, estudiar la forma en que Estados Unidos se ha enfrentado a la marginación de la minoría negra, porque tal vez podamos aprender y adaptar algunas lecciones, desechando aquello que ha traído menos beneficios que perjuicios.

Nadie duda que ese proceso de integración norteamericano ha sido muy imperfecto, pero también es evidente que ha sido eficaz. Hoy hay una robusta clase media negra, presente en todos los ámbitos de la sociedad, y si el cine o la televisión son un reflejo del nivel de integración, en ese terreno el mundo norteamericano de principios del siglo XXI es infinitamente menos injusto de lo que era a mediados del siglo XX.

Por otra parte, este esfuerzo de integración al menos ha tenido éxito en un aspecto: liquidó los peligrosos movimientos rupturistas de los años sesenta y setenta del siglo pasado que proponían la guerra total a la cultura europea, como se podía leer en los papeles revolucionarios de Malcom X y de otros apóstoles de la violencia racial.

## Las estrategias de integración

¿Cómo ha llevado a cabo Estados Unidos su revolución integradora más allá de proscribir legalmente la segregación racial? Lo ha hecho mediante diversos experimentos sociales, no siempre con resultados felices. Se probó la mezcla obligatoria en los colegios públicos mediante el discutido *busing*, es decir, trasladar en autobuses a los estudiantes de unos barrios a otros hasta conseguir mezclarlos. Se puso en práctica una política de "discriminación positiva" que favorecía a los negros. Y, sin que nadie dictara normas específicas, fue surgiendo y se generalizó la actitud llamada de "corrección política", que impedía que se hicieran comentarios o chistes denigratorios contra los negros, los homosexuales, las mujeres o cualquier otro grupo que sufría algún grado de subordinación social.

Esto último podría parecer una muestra de hipocresía, pero no lo es: la discriminación y el atropello siempre comienzan por el lenguaje. Si una sociedad permite que se insulte o ridiculice a cualquier minoría, el próximo paso puede ser el maltrato o el exterminio. La violencia verbal es siempre el prólogo de la agresión. Las cámaras de gas contra los judíos no surgieron súbitamente: las precedieron los insultos, las grotescas caricaturas o los relatos que crearon el estereotipo de un judío avaro, explotador y mentiroso. Cuando Hitler decía que los judíos eran unos "gusanos" estaba sentenciándolos a muerte. Una vez establecida esa equivalencia, matarlos resultó fácil. Matar un gusano no crea sentimientos de culpa.

¿Cómo sorprendernos de que nuestras sociedades sean insensibles ante los sufrimientos de las minorías, si es lícito burlarse de los retardados mentales, de los homosexuales y lesbianas, de los indios, las mujeres, los negros o de los cholos, o de cualquiera que no forme parte de la corriente dominante? Podrá parecer una muestra de ridícula hipocresía proscribir y eliminar del lenguaje público esas referencias, pero es muy importante hacerlo si de verdad creemos en el respeto al otro.

La discriminación positiva, el *affirmative action*, sin dudas tiene aspectos conflictivos. Parte de la base de que la sociedad y el Estado deben hacer distinciones y privilegiar a unos ciudadanos que hasta entonces han sido preteridos, noción que contradice el principio que establece que todas las personas son iguales ante la ley. Pero no se trata de derechos sino de oportunidades: resulta evidente que una abrumadora cantidad de ciudadanos negros, producto de una esclavitud que les fue impuesta por la fuerza, se crió en el seno de familias desestructuradas, acostumbradas a vivir en la marginalidad y la pobreza, en las que los valores que se transmitían de generación en generación no propendían al desarrollo sino a la perpetuación de la miseria.

¿Cómo hablar de "libre competencia" entre un niño criado en un gueto negro y un niño criado en un barrio blanco de clase media, cuando la influencia familiar y social que uno y otro recibían era diametralmente opuesta? Ahí surgió la propuesta de la discriminación positiva, casi siempre expresada en las oportunidades educativas. ¿Con qué resultados? Aparentemente, no tan buenos como se esperaba. ¿Por qué? Probablemente, porque la educación es sólo un aspecto de un problema mucho más amplio y abarcador que requiere un esfuerzo sistémico que incluye un cambio de valores en el entorno familiar y una modificación, incluso, del medio físico en el que vive el niño negro, esto es, el hogar y el vecindario. En todo caso, la discriminación positiva les abrió las puertas de buenas escuelas y universidades a muchos niños y jóvenes negros que hoy forman parte de las clases medias y altas norteamericanas, personas que difícilmente habrían alcanzado ese grado de éxito social de no haber recibido una ayuda especial.

## ¿Lecciones para América Latina?

Tal vez los latinoamericanos debemos observar cuidadosamente la experiencia norteamericana para asumir, aunque lo modifiquemos, aquello que resulte conveniente. Probablemente hay ejemplos poco útiles, como el del *busing*, pero acaso no sería mala idea becar generosamente en buenas escuelas privadas a muchos niños indígenas —ya que las públicas suelen ser bastante deficientes—, de manera que se les facilite el tránsito hacia la corriente central dominante. Simultáneamente, el lenguaje apropiado, siempre respetuoso con la dignidad de las minorías, debe ser la única norma aceptada en los medios de comunicación, e, incluso, en la conversación, algo que requiere de un esfuerzo especial en la fase de formación educativa de los niños.

¿Hay, en fin, modos de educar para la aceptación de la diversidad? Los hay, y parece que el método más útil son los "ejercicios de empatía". Es decir, colocar al estudiante en el rol de la persona a la que debe aprender a respetar para que no la observe desde fuera sino desde dentro. Algo parecido a lo que hacen los actores cuando quieren representar a un personaje: lo estudian y tratan de parecérsele. Si lo logran, ocurren dos fenómenos: que el público califica la actuación de creíble, y que el actor, de alguna manera, ha comprendido el núcleo esencial de la personalidad del personaje y el drama en el que vive.

También es útil, por supuesto, el examen directo del problema ético mediante debates dirigidos por monitores experimentados. Si los prejuicios se someten a un examen racional y profundo en el que participen los niños y los jóvenes, lo probable es que los estudiantes consigan desecharlos y adopten actitudes aceptantes y respetuosas con las personas diferentes. Más aún, es posible que consigan entender que la propia idea de la diferencia no es más que un injustificado abuso de la estadística. Hace apenas doscientos o trescientos años perseguíamos o execrábamos a los zurdos o a los pelirrojos simplemente porque eran minorías, y, por serlo, se les atribuían oscuras conexiones con el pecado. Hoy a nadie se le ocurriría repetir esas estupideces. Con una buena formación ética, es posible que en las próximas décadas podamos erradicar sustancialmente las actitudes contrarias a las personas de rasgos o razas distintas, a los extranjeros, a los homosexuales y lesbianas, y a todo aquel que exhiba algún síntoma diferenciador. Mientras más pronto llegue ese día, mucho mejor será para todos.

# 20. CÓMO SE ELIGE A UN BUEN GOBERNANTE O EL ELECTOR COMO "CAZATALENTOS"

> "A los políticos y a los pañales
> que usan los niños hay que cambiarlos
> a menudo y por las mismas razones."
>
> PROVERBIO INGLÉS

Comienzo por explorar dos premisas que son, realmente, incómodas. La primera es que, dentro del modelo democrático, los electores tienen los políticos que se merecen. No es verdad que "la voz del pueblo es la voz de Dios". Dios tiene poco que ver con los procesos democráticos. Si la mayoría no sabe elegir, acabará seleccionando a la persona equivocada. Nunca hay que olvidar que algunos de los peores gobernantes de la historia, Hitler y Mussolini entre ellos, llegaron al poder por medio del voto popular.

Y no siempre se trata de un problema de engaño. Hitler, en su libro *Mi lucha*, redactado y distribuido antes de llegar al poder, describió de manera transparente sus ideas fundamentales, y éstas no desentonaban demasiado con las creencias de los alemanes de aquella etapa nefasta de Europa. Más que guiar a los inocentes alemanes en una dirección imprevista, lo que hizo fue sintetizar y darles un curso de acción a muchos de los prejuicios y frustraciones de la época.

Cuando actúan en un medio democrático, los políticos tienen la tendencia a ajustarse a las percepciones y creencias del electorado que los escoge. La experiencia les dice lo que pueden o no hacer o decir. Se adaptan camaleónicamente al votante y emplean vastos recursos en tratar de averiguar qué piensa o qué prefiere el ciudadano que se les diga o prometa. Hugo Chávez, por ejemplo, nunca hubiera sido elegido para presidir el cantón de Basilea porque no habría sintonizado con los electores suizos. Antes de la segunda comparecencia radial probablemente lo hubiesen internado en un psiquiátrico. En Venezuela, en cambio, su discurso se adaptaba al oído de sus compatriotas. Pero, seguramente, si Hugo Chávez fuera un político suizo se comportaría de una manera menos delirante. Su conducta excéntrica y su galimatías ideológico responden a los códigos del confundido pueblo que votó por él en tres oportunidades consecutivas.

La segunda premisa tampoco es alentadora: no es nada fácil escoger a la persona idónea para casi ningún cargo. Es una tarea que requiere una buena dosis de astucia y capacidad de análisis. Algo más limitado y personal, como es elegir a la esposa o al marido ideales, falla la mitad de las veces en ciertas sociedades. Por eso, en algunas culturas existen las "casamenteras" o los matrimonios pactados por los padres, lo que tampoco garantiza un resultado feliz. Ese mismo fenómeno se reproduce en el terreno laboral. La existencia de *headhunters* o cazatalentos demuestra que la selección de la mejor persona para desempeñar ciertos cargos de importancia requiere una indudable especialización y un notable esfuerzo.

## *El* headhunter *y la república*

Detengámonos momentáneamente en lo que acabo de señalar: en nuestro refinado mundo existen unos seleccionadores expertos. Son los *headhunters*. La muy lucrativa profesión que ejercen es la de escoger a la persona adecuada para el cargo adecuado. ¿Cómo llevan a cabo esa tarea? En primer lugar, estudian muy detalladamente la empresa para la que van a recomendar al posible empleado, el tipo de trabajo que tendrá que hacer y lo que se espera de él. Los cazatalentos deben tener en cuenta los conocimientos, la experiencia, la edad, la situación familiar, los rasgos sicológicos, la personalidad que proyecta el candidato y su capacidad para trabajar en equipo. También entran en juego los antecedentes morales: nadie contrata para una empresa propia, como tesorero o jefe de ventas, a una persona que haya sido condenada por robo o tenga fama de irresponsable.

Cualquier empresario que necesite un buen gerente, un buen ejecutivo de ventas o un director de producción, si actúa sensatamente, contrata a un cazatalentos para que identifique al candidato ideal, o hace él mismo ese cuidadoso trabajo de selección, pero sería una absurda temeridad que le ofreciera el cargo a cualquiera que llamara a su puerta sin antes hacer una buena labor de investigación y análisis. Sin embargo, donde este tipo de conducta razonable no es muy frecuente es en el terreno político, sin darnos cuenta de que la peor negligencia que se puede cometer es colocar al frente del gobierno a una persona inadecuada, como sucede habitualmente en muchísimas naciones.

## ¿A usted qué más le da?

En España, en época de Franco, cuando las cortes o el parlamento se formaban de manera escasamente democrática, cuentan que hubo un candidato que hizo su campaña con una frase franca, clara y al grano: "Vote por mí, ¿a usted qué más le da?". Parece que ganó la elección. A la gente le hizo gracia su franqueza, y es verdad que dentro de un sistema totalitario resulta prácticamente indiferente quien ocupe una curul en el parlamento.

En nuestro mundo iberoamericano, lamentablemente, con frecuencia la actitud del elector se ajusta perfectamente al cinismo del candidato de marras. Al elector no le importa demasiado a quién elige y suele tener una pésima idea de los políticos, de los funcionarios designados, del gobierno en general, y hasta del Estado en el que desenvuelve su vida como ciudadano. Desde pequeño aprendió la nefasta lección de que el sector público no está a su servicio, sino al contrario, y de ahí deriva una permanente y profunda insatisfacción que le permite suscribir el demoledor apotegma inglés que suele escucharse de vez en cuando: "A los políticos y a los pañales de los niños hay que cambiarlos cada cierto tiempo y por las mismas razones".

Pero al margen de ese permanente desencuentro, hay otro peligroso fenómeno que devalúa notablemente la calidad de nuestros procesos democráticos: la ingenua creencia de que los actos de gobierno no afectan nuestros intereses económicos. Esa actitud se verifica una y otra vez en la indiferencia de las grandes masas de electores cuando los pequeños pero muy organizados grupos de empresarios, los sindicalistas y, últimamente, las "organizaciones no gubernamentales" solicitan y obtienen dádivas y privilegios que, naturalmente, salen del bolsillo de todos, puesto que el gobierno sólo puede distribuir el dinero que previamente ha recogido por medio de los impuestos, o de empréstitos que, en su momento, deberán pagar los contribuyentes. Pero esa obvia verdad no es, sin embargo, tenida en cuenta. Suele parecernos, equivocadamente, que cuando disparamos con pólvora del rey —como dice la vieja frase española— nada nos cuesta, sin percibir que el rey sólo puede tener y otorgar la pólvora que adquiere con el dinero que le entregan sus súbditos.

## Descripción del trabajo

¿Qué haría un cazatalentos que fuera contratado para elegir al mejor gobernante? Obviamente, en primer lugar pediría una descripción detallada de cómo es el Estado que esa persona deberá dirigir y administrar.

Digamos que se le informa que se trata de una república democrática, en la que funciona un Estado de Derecho, como dicen ser las veinte naciones de nuestra cultura hispanoamericana. Así que nuestro *headhunter*, para llevar a cabo su análisis, precisa en su informe lo que es una república y anota diligentemente: "Se requiere un gobernante para presidir un tipo de organización caracterizado por la existencia de tres poderes públicos independientes —ejecutivo, legislativo y judicial— que se contrapesan equilibradamente para evitar que la autoridad caiga de manera peligrosa en uno de ellos. Es evidente —sigue anotando el cazatalentos— que quienes diseñaron la estructura republicana intentaban proteger al individuo de los atropellos de los gobernantes. Resulta obvio que deseaban poner límites a la acción de la autoridad gubernamental, erigiendo mecanismos de defensa".

"Pero esos mecanismos de defensa —agrega el *headhunter*— no sólo han sido creados para proteger al individuo de las acciones impropias de los gobernantes o de la invasión de su esfera privada. También existen para impedir el rodillo implacable de la mayoría. En las repúblicas democráticas se da por sentado que la democracia es un método para tomar decisiones colectivas, se admite que debe mandar la mayoría, pero siempre que se respeten los indeclinables derechos individuales, derechos que se supone son 'naturales', es decir, consustanciales a la naturaleza humana y anteriores a la existencia del Estado. En una república democrática moderna , la mayoría, por ejemplo, no puede decretar la esclavitud de los negros, la supremacía de los trabajadores o de los empresarios o la exclusión de las mujeres de las universidades."

Una vez definida la delicada estructura republicana y reconocidas sus transparentes cautelas frente a los excesos del peligroso bicho humano, el cazatalentos debe enfrentarse a otra frase importante: "Estado de Derecho". Evidentemente, eso quiere decir que la república de marras está regulada mediante una constitución y un conjunto de leyes neutrales, que afectan (o deben afectar) a todos por igual, y no por el capricho o la voluntad de quienes han sido elegidos o designados por la mayoría para ocupar los puestos públicos. Pero resulta que el Estado de Derecho en las repúblicas democráticas tiene una característica tan curiosa como fundamental que el *headhunter* enseguida advierte: opera de dos maneras diferentes. En él, los ciudadanos adscritos a la sociedad civil, es decir, los que no trabajan para el Estado, pueden hacer libremente todo lo que la ley no prohíbe, mientras que los funcionarios, electos o designados, sólo pueden hacer o impedir lo que la ley les indica o exige.

Pongamos un ejemplo muy sencillo para ilustrarlo. Si un mendigo con una apariencia lamentable llama a la puerta de nuestra casa privada y nos pide una limosna, si tenemos buen corazón y dinero lo complacemos sin encomendarnos a nadie. Pero si ese mismo mendigo llama a la puerta del Ministerio de Justicia y le pide al ministro una limosna de la caja chica, éste, muy apenado, tendrá que decirle que la ley no lo autoriza a entregar caudales públicos de esa manera, porque, si lo hace, aunque la causa sea noble, incurre en los delitos de malversación y prevaricación castigados por los tribunales.

El Estado de Derecho, pues, no tiene corazón. Sólo tiene cerebro, sólo tiene reglamentos, y quienes lo administran deben comprender muy bien este extremo, porque cuando un funcionario electo o designado se salta a la torera este principio, incluso cuando lo hace lleno de buenas intenciones, pone en peligro los fundamentos de la república democrática y abre el camino para cualquier género de arbitrariedades. Olvidar este principio, olvidar la importancia cardinal de *the rule of law* en el funcionamiento de las repúblicas democráticas, es la causa más directa de los frecuentes desastres políticos que han hecho fracasar decenas de veces a nuestros países y es la puerta de entrada de los numerosos dictadores y aventureros que hemos sufrido a lo largo de nuestra accidentada historia política.

## La persona para el cargo

Una vez descrito el cargo, el cazatalentos ya puede anotar la primera característica que debe tener el presidente de una república democrática organizada como un Estado de Derecho: debe ser un humilde servidor público que entienda con toda claridad que ha sido elegido para obedecer las leyes y no para hacer su voluntad.

Pero esa característica, absolutamente indispensable, no suele casar muy bien con el temperamento de los políticos guiados por la vocación de mandar, especialmente en culturas como la nuestra, donde la cantidad de poder que posee una persona suele medirse por la cantidad de reglas que puede violar impunemente: desde la simple fila de espera que se salta el que tiene influencias, hasta la asignación arbitraria de contratos públicos al amiguete o al cliente político.

En todo caso, es muy importante que quien resulte elegido no sólo tenga el instinto noble del servicio público, sino, además, que sepa que la sociedad reaccionará con indignación si olvida que debe someterse, como todos, al imperio de la ley, como en el pasado norteamericano le sucediera de manera notoria al presidente Richard Nixon y, previamente, a su vicepresidente Spiro Agnew.

Sin embargo, un buen presidente, pese a las limitaciones que le impone la ley, debe ser un poderoso líder respetado y admirado. ¿Qué quiere decir eso? Eso quiere decir que debe ser alguien que provoca el deseo de imitarlo o seguirlo, alguien que inspira confianza y cuyas acciones, de alguna manera, nos protegen de males previstos o impredecibles. ¿Por qué? Porque la especie humana no sólo basa sus relaciones de poder en la racionalidad republicana, sino también en ciertos oscuros mecanismos de subordinación emocional que quedaron incrustados en la zona menos comprendida de la conciencia, y que probablemente fueron indispensables durante cientos de miles de años para la cohesión y la supervivencia de los grupos nómadas de antepasados nuestros que vagaban por el planeta.

Pero esas relaciones, que sin duda poseen un componente irracional poco conocido, en nuestras modernas tribus tienen otros elementos diferentes más cercanos al pensamiento inteligente. Un buen gobernante, además de proyectar sus dotes de líder, debe ser un *manager* aceptable. Y un *manager* es una persona que entiende las tareas que deben llevarse a cabo, sabe escoger y motivar a las personas adecuadas para que las realicen, se ajusta a los recursos encomendados, es capaz de someter el proceso a un calendario, y posee imaginación para resolver los problemas imprevistos que inevitablemente surgen en el camino.

El gobernante perfecto, pues, de una república democrática constituida como un Estado de Derecho, es una suma entre el servidor público consciente de las limitaciones legales que le impone su cargo, el líder inspirado e inspirador dotado de una visión de futuro, que sirve de modelo a la sociedad, especialmente a los más jóvenes, y el *manager* práctico, con los pies situados en la tierra, capaz de formular y ejecutar presupuestos, que entiende que gobernar no sólo es pronunciar discursos fogosos el día de la patria, sino hacer y rehacer obra material, crear nuevas oportunidades, y tener el talento y la paciencia necesarios para seleccionar y poder trabajar con criaturas muy complejas, generalmente dotadas de un ego poderoso y retador, que frecuentemente se enzarzan en sordas batallas burocráticas desatadas por el control de zonas de autoridad y por vengar la vanidad herida e insaciable. Simultáneamente, el gobernante perfecto no puede olvidar que, a cada paso, debe comunicar eficaz y verazmente a los ciudadanos que lo han elegido los aciertos obtenidos, los fracasos sufridos, los peligros que se ciernen y las buenas oportunidades que surgen, porque gobernar es, en gran medida, comunicar, pero basándonos sólo en la verdad transparente, puesto que la mentira irrita a la sociedad, corroe los cimientos del sistema, potencia el cinismo de los ciudadanos y devalúa el modelo democrático de gobierno.

## Siete virtudes, valores y comportamientos

Detengámonos ahora en formular una lista comentada de virtudes, valores, rasgos de personalidad y elementos de formación intelectual básicos que no deben faltar en un buen gobernante:

*Tolerancia.* La esencia del comportamiento democrático es la tolerancia. Y tolerancia significa aprender a convivir respetuosamente con aquellas formas de vida o expresiones que no nos gustan, o nos molestan, pero no son ilegales. La intolerancia es la expresión más grosera del dogmatismo, esa tonta certeza de que sólo nosotros somos dueños de la absoluta verdad. Un político intolerante acabará atropellando a quienes, por la razón que sea, le resultan ingratos, o acabará plegándose a electores intolerantes a los que le interesa cortejar.

*Prudencia.* Para los romanos, aunque no siempre la practicaron, la virtud máxima del gobernante debía ser la prudencia. La prudencia era la primera de las cuatro virtudes cardinales. Las otras tres eran la justicia, la fortaleza y la templanza. Y la prudencia, para ellos, consistía en saber elegir entre el bien y el mal, o, como casi siempre sucede, en ser capaz de seleccionar la mejor opción o la menos mala entre las que nos brinda la vida. Si no había una buena opción, y de lo que se trataba era de elegir entre distintos cursos de acción, la prudencia consistía en escoger la menos dañina, la que menos daño causaba.

A veces los gobernantes tienen que tomar decisiones terribles. La más espantosa que conozco es la de las autoridades judías del gueto de Varsovia durante la ocupación alemana, cuando los nazis les exigieron la entrega de un número de judíos para ser enviados a los campos de concentración, lo que significaba una muerte inevitable a corto plazo. Tras unas terribles deliberaciones, eligieron darles un grupo de niños. ¿Por qué? Porque sus posibilidades de supervivencia en el gueto, sin sus padres, eran mínimas. Quien anunció la decisión lo hizo en medio de un acceso de llanto y poco después se suicidó.

Y no se crea que un gobernante democrático en tiempos de paz no tiene que tomar decisiones extremas. No es imposible que el sistema público de salud de un Estado moderno deba elegir entre invertir los siempre escasos recursos en mejorar los servicios de obstetricia o los geriátricos. Si potencia los primeros, sobreviven más niños. Si selecciona los segundos, los ancianos alargarán su vida. Toda elección pública exige prudencia, y ésta presupone un fuerte contenido ético en quien debe elegir porque, a veces, a los políticos y funcionarios les toca hacer el papel de Dios y hasta deben escoger quién va a morir y quién va a salvarse, como les sucede a los capitanes de barco en medio de los naufragios.

*Compasión.* Aunque hemos dicho que una república no tiene corazón, sino cerebro, esto es, reglamentos y leyes, quienes administran esa república deben sentir compasión y actuar caritativamente dentro de los límites que les permite la ley. ¿Qué es la compasión? Es ayudar al débil cuando lo necesita, simplemente porque su indefensión no le permite valerse por sí mismo. Es mostrar un cálido grado de solidaridad porque esa conducta fortalece y cohesiona a la sociedad.

Jimmy Carter no pasará a la historia como uno de los grandes presidentes norteamericanos, pero mi respeto y admiración por él crecieron durante la llamada "crisis de Mariel", ocurrida en 1980, poco antes de terminar su mandato. En ese episodio, Castro alentó el éxodo salvaje de casi 130.000 cubanos, embarcados en balsas y botes rumbo a la Florida. Ante esa agresión migratoria —que incluía varios millares de endurecidos criminales sacados de las cárceles—, Carter solicitó sugerencias a su gabinete de crisis, y parece que algún representante de las fuerzas armadas propuso el hundimiento de las naves salidas de Cuba. Carter —cuentan las crónicas de la época— lo miró fijamente y le dijo lo siguiente: "Si la Casa Blanca no es un sitio en el que se puede ejercer la compasión, no me interesa estar ahí".

Un gobernante que no es capaz de sentir el dolor de los infelices carece de una fibra humana que difícilmente pueda compensar con otras virtudes.

*Firmeza.* Pero la compasión no puede ni debe confundirse con la debilidad. Por el contrario, un buen gobernante tiene que saber ser firme. Saber negarse cuando lo que le solicitan es inconveniente, ilegal o indecoroso, incluso a costa de perder popularidad. ¿En qué circunstancias reales se pone a prueba la firmeza de los gobernantes? Casi diariamente: cuando una embajada poderosa pide un trato de favor para un empresario extranjero; cuando un sindicato intenta chantajear a la sociedad con una huelga injusta; cuando los intereses económicos locales se alían para presionar al gobierno en beneficio de un sector; cuando los compañeros del partido o los donantes a las campañas políticas quieren cobrar su colaboración con prebendas y sinecuras; cuando le solicitan una amnistía o un perdón injustificables.

*Cordialidad cívica.* La firmeza, sin embargo, debe manifestarse con maneras suaves y cordiales, especialmente cuando el trato es con adversarios políticos. Un político grosero, un político que no cree ni practica la cordialidad cívica, contribuye con sus ademanes y con sus palabras al envilecimiento de un sistema de transacciones humanas —la república democrática— que está basado en la necesidad del diálogo racional. Las repúblicas democráticas requieren de la crítica y de la polémica para depurar sus males y perfeccionarse paulatinamente, pero el tono de esa crítica es tan importante como el fondo, y necesariamente tiene que ser siempre respetuoso de la dignidad del adversario.

*Honradez.* Nadie puede dudar de que la honradez debe ser una de las virtudes y de las actitudes clave que se esperan de un político. Pero no sólo porque los políticos ladrones les hacen un daño objetivo a los ciudadanos cuando se apoderan de los recursos de la república o cuando aceptan comisiones por facilitar negocios —que es el más común de los delitos cometidos por los políticos deshonestos—, sino porque esa actitud, una vez entronizada, tiende a deslegitimar todo el sistema democrático, y ello genera una serie de comportamientos nocivos que empobrecen al conjunto de la sociedad.

No es una casualidad que las sociedades más ricas del planeta —las escandinavas— sean, a la vez, de acuerdo con las mediciones de *Transparency*, las que gozan de un sector público más honrado. Se trata de un mecanismo de retroalimentación. La honradez en la administración del Estado hace más rica a la sociedad de manera creciente, y ésta, a su vez, valora cada vez más la importancia de la honradez administrativa. Es admirable y ejemplar que en Suecia una ministra haya tenido que renunciar a su cargo, pedir perdón y devolver el dinero que le costó un vestido personal pagado con una tarjeta de crédito del organismo que presidía.

¿Cómo extrañarse del grado de legitimidad que tiene la democracia sueca para los ciudadanos de ese país, cuando se sabe que los políticos y funcionarios públicos están sometidos al implacable escrutinio de una sociedad que no tolera que se burlen de las reglas aprobadas para ser cumplidas por todos?

*Integridad.* Otra virtud personal radicalmente importante es la integridad, palabra cuyo significado actual proviene del campo semántico del inglés. Integridad es la coherencia entre lo que

300

se cree, lo que se dice y lo que se hace. ¿Cómo confiar en una persona que es capaz de vivir en una permanente disonancia emocional e intelectual que le permite comportarse u opinar según sople el viento en una u otra dirección? No se trata de mantener siempre las mismas posiciones. Las personas tienen derecho a cambiar de opinión, y no hay ser humano más peligroso que el que confunde la tozudez y la rigidez con el mantenimiento de los principios. Churchill, tal vez el político contemporáneo más admirable, primero fue conservador, luego se afilió al liberalismo, y más tarde regresó al conservadurismo. Lo importante es que las actitudes reflejen realmente las convicciones. No es cierto que el ejercicio de la política es el campo de la maniobra, el chanchullo y la marrullería. Eso es la politiquería, una actitud impropia de los verdaderos estadistas.

## Cuatro rasgos sicológicos importantes

A esa primaria lista de valores y actitudes propias del político ideal conviene sumarle cuatro rasgos sicológicos esenciales. Acerquémonos a ellos:

*Sentido común.* Nada hay más difícil que definir el sentido común, pero todos sabemos o intuimos en qué consiste. Es ese camino directo a la solución de los problemas. Es esa mirada rápida que permite descifrar un problema complejo y proponer el curso de acción más adecuado y de menor costo. Es esa capacidad de resolver conflictos con la menor cantidad posible de esfuerzo y de fuerza. Es, tal vez, otra forma de nombrar la sensatez y la templanza, es decir, no correr riesgos innecesarios y no poner en peligro festinadamente a los ciudadanos.

*Autoridad.* Es un curioso rasgo de la personalidad, y no todos los que mandan o aspiran a hacerlo lo tienen en la misma proporción. ¿En qué consiste? En una república democrática —no en una miserable satrapía—, básicamente, en ser obedecidos por respeto y simpatía, sin ser temidos, con la tácita aceptación de cierta jerarquía moral. Pero para lograr ese tipo de relación, quien manda debe saber ejercer la autoridad de una manera considerada y justa, huyendo siempre de la mezquina tentación de infundir miedo en la persona subordinada.

*Humildad.* Ese sentido de la autoridad puede y debe ir acompañado de una saludable dosis de humildad. Quien no se siente capaz de pedir perdón no debe mandar. Cuentan que Bill Gates nunca coloca en una posición destacada a nadie que previamente no haya tenido un fracaso importante. No sé si eso es cierto, pero debiera serlo. Sería una sabia disposición. Y no porque fracasar sea un síntoma de superioridad, sino porque los fracasos son los que nos enseñan esa lección tan importante que consiste en admitir que podemos comportarnos estúpidamente, que a veces somos injustos o torpes, y que hay otras personas que aciertan donde nosotros fallamos, porque son más inteligentes, más hábiles o están mejor preparadas que nosotros.

*Seguridad.* Pero la humildad y la conciencia de las debilidades y defectos no deben nunca confundirse con inseguridad. Por el contrario, un buen político debe ser una persona segura de sí misma, pero esa virtud, que tiene que ver con una positiva carga de autoestima, en modo alguno debe tomarse por arrogancia. Por el contrario, una persona saludablemente segura es la que no teme rodearse de personas intelectualmente mejor dotadas que ella misma. John F. Kennedy era un político brillante, pero cuando forjó su gabinete de gobierno convocó a personas aún más sabias y talentosas porque sabía que una de las tareas fundamentales del líder político es identificar y cooptar a personas superiores a él mismo para desarrollar tareas específicas. No obstante, durante el momento cumbre de su carrera, cuando tuvo que enfrentarse a la crisis de los misiles en octubre de 1962, fue él quien tomó las decisiones correctas tras escuchar a su círculo de superdotados asesores. Es la seguridad sicológica lo que permite trabajar en equipo, sin que el peso de los colaboradores acabe escorando las decisiones en una dirección no deseada.

## Tres elementos intelectuales

Al margen de los valores morales y de los rasgos sicológicos, hay tres elementos intelectuales que deben acompañar a un buen político y que los electores no deben perder de vista:

*Solidez profesional y formación cultural.* Un gobernante debe tener cierta formación intelectual imprescindible para tomar las decisiones correctas. Aunque conviene que haya pasado por las aulas universitarias, ese dato no garantiza nada. Se puede ser un buen político y ser, al mismo tiempo, autodidacto. Más aún: es tan vasta la formación que debe tener un político que probablemente sólo la puede alcanzar por su cuenta mediante la lectura o la conversación, que es, cuando se sabe escuchar, una de las formas más eficaces de aprender. Lincoln, por ejemplo, aunque obtuvo el título de abogado, nunca tuvo una formación académica universitaria formal, y fue uno de los grandes presidentes norteamericanos de todos los tiempos. Harry Truman fue un caso parecido.

¿Qué debe saber un gobernante? Al menos, entre otras disciplinas, debe saber de historia, economía, derecho, hacienda, urbanismo, asuntos empresariales, agricultura, ecología, educación, sociología y cuestiones internacionales. Tiene que caberle el Estado en la cabeza, como suelen decir en España. Eso incluye tener una idea muy clara del propio papel del gobernante al frente del gobierno. Ello no quiere decir que debe ser un especialista en estos temas —casi nadie lo es—, sino que debe dominar los fundamentos y el lenguaje básico de estas materias para poder examinar los problemas que se le planteen o los planes que se formulen con los verdaderos especialistas a su servicio.

*Experiencia.* Es también muy importante. ¿Qué experiencia? Son muy variadas. Un buen gobernante puede provenir del mundo académico. El mexicano Ernesto Zedillo o el ex presidente de Brasil Fernando Henrique Cardoso son dos buenos ejemplos. Lula da Silva, que procede del sindicalismo, tampoco ha decepcionado a los brasileros. El parlamento es una buena cantera de políticos notables. O la empresa privada: la familia Rockefeller ha pasado del sector económico al servicio público de una manera positiva. Al menos en Estados Unidos la milicia ha dado buenos y muy populares presidentes: Andrew Jackson y Dwight Eisenhower son dos valiosos ejemplos. Incluso, el caso de intelectuales como el del argentino Domingo Faustino Sarmiento demuestra que hasta un oficio solitario, como es el de los escritores, puede ser un buen punto de partida si se cuenta con otras virtudes, valores y saberes.

La cuestión es que el gobernante haya trabajado con métodos y con metas. Que posea una manera estructurada y racional de enfrentarse a los problemas. Que tenga sentido de las prioridades, y que haya actuado en alguna zona del mundo real y no solamente en el opaco territorio de la ensoñación ideológica. El asunto es que su experiencia, de alguna forma, incluya el trato inteligente con personas a las que se ha tenido que persuadir o a las que se ha debido obedecer, porque una de las maneras de aprender a mandar es aprender a obedecer disciplinadamente.

*Comunicación.* Para gobernar eficazmente es muy conveniente poder comunicarse con la sociedad. Es esencial explicar de forma periódica, metódica, creíble y veraz lo que se está haciendo o dejando de hacer. Nunca para manipular a la opinión pública, sino para informarla. Nunca escamoteando la verdad, sino diciéndola. No es posible vivir en una sociedad democrática realmente saludable si los gobernantes no se colocan permanentemente bajo la autoridad de la verdad.

## El plan de gobierno

Naturalmente, el mejor de los políticos necesita un buen plan de gobierno y los electores deben conocerlo antes de tomar su decisión. Eso parece obvio, pero en mi vida, ya no tan corta, he visto más casos de políticos carentes de un plan de gobierno que lo contrario. Lo frecuente es que en la lucha por alcanzar el poder se olviden para qué quieren alcanzar la jefatura más allá de disfrutar la intensa satisfacción personal que significa contar con la aprobación mayoritaria de la sociedad. También he visto, como les sucedió a mis amigos Miguel Ángel Rodríguez, ex presidente de Costa Rica, y a Luis Alberto Lacalle, ex presidente de Uruguay, dos extraordinarios políticos, llegar al poder con excelentes planes de gobierno bajo el brazo, y descubrir que la sociedad no estaba dispuesta a acompañarlos en el camino de la profunda (y necesaria) reforma que ambos se proponían llevar a cabo. Incluso, hasta he visto algo aún más frustrante: ver perder en Perú a Mario Vargas Llosa, en 1990, pese al gran plan de gobierno que había coordinado el Dr. Luis Bustamante, frente a Alberto Fujimori, un candidato sin ideas propias que se limitaba a descalificar las propuestas de su adversario.

En definitiva, ¿qué hace que un plan de gobierno sea realmente bueno? En primer término, que se ajuste a las prioridades y a las necesidades de la sociedad para la cual fue concebido en un momento dado. En Estados Unidos en el año 2000 fue posible ganar unas elecciones proponiendo la reconquista de los valores familiares y una mejora de la educación, pero hoy tal vez habría que poner el acento en la lucha contra el terrorismo.

Sin embargo, lo que las sociedades demandan de los gobernantes generalmente es seguridad, estabilidad, mejores servicios públicos y una atmósfera económica esperanzadora en la que sea posible encontrar trabajo sin grandes dificultades. Cómo se ordenan esas prioridades es algo que, naturalmente, debe identificar el candidato, pero el plan de gobierno consiste en decir qué se debe hacer, cómo se va a llevar a cabo, cuánto va a costar, quiénes y cómo van pagar por las obras y en qué plazo será posible ejecutarlas.

No se debe, pues, tomar en cuenta a quien se limita a establecer un catálogo de necesidades y carencias. Casi todo el mundo está de acuerdo con que debe haber más y mejores escuelas, universidades, hospitales y carreteras. En que hay que dotar mejor a la Justicia para acelerar los juicios y fabricar cárceles más humanas para los que resulten condenados. En que sería conveniente abaratar el costo de la electricidad, la gasolina, el suministro de agua y los alimentos básicos, así como una drástica reducción de los precios de las viviendas o de los alquileres. Simultáneamente, casi todo el mundo está de acuerdo con que ellos mismos pagan demasiados impuestos, pero no el otro, que es quien debería soportar una mayor carga fiscal.

De manera que un elector serio está obligado a admitir que sólo debe tomar en cuenta al candidato que no intenta tomarle el pelo con ofertas demagógicas e irrealizables que no tienen otro propósito que "comprar" con una moneda falsa a un votante al que inevitablemente va a estafar, de la misma manera que los charlatanes de feria venden lociones adelgazantes, o los palmistas, por un módico precio, juran poder leer el futuro en las líneas de la mano de las personas más ingenuas y crédulas.

En todo caso, además de poseer un buen plan de gobierno, el candidato debe explicar quiénes van a llevarlo a cabo. Si promete —por ejemplo— solucionar el escaso suministro de energía eléctrica, aparte de establecer el monto, deberá contar con los administradores e ingenieros apropiados para llevar adelante el proyecto, y probablemente con un *supermanager* capacitado para establecer los objetivos parciales y un calendario estricto que permita saber dónde estará la obra en un momento dado.

El tiempo es la esencia del quehacer político. Un buen gobernante tiene que tener una clara noción del tiempo permanentemente alerta en su conciencia, entre otras razones, porque el periodo de que dispone para hacer un buen trabajo siempre es muy corto y muy inferior a las infinitas, cambiantes y crecientes necesidades de la sociedad que lo ha elegido. De ahí que, además de gobernar para su propia época, si es una persona realmente responsable, debe tratar de estimular la continuidad de su obra mediante la preparación de personas de su entorno político que tal vez en el futuro pudieran ser honradas por los electores con el ascenso al poder.

## Los equipos de reflexión y seguimiento

Obviamente, las responsabilidades del votante no terminan con la elección del candidato y del nuevo (o viejo) equipo de gobierno. La república democrática es un sistema desconfiado por naturaleza, que parte de la base de la imperfección intrínseca de los hombres y mujeres, de donde se derivan los mecanismos de balance y contrapeso institucional que le son característicos.

Dentro de ese espíritu, resulta muy útil que en el seno de la sociedad civil surjan instituciones que permanentemente y de forma independiente evalúen los planes, las leyes, las acciones y las consecuencias de los actos de gobierno y de las llamadas "políticas públicas".

Si uno es accionista de una compañía, uno desea y exige que una competente firma de especialistas realice auditorías periódicamente que confirmen el buen funcionamiento de la empresa. Pues bien, el Estado puede ser percibido por los ciudadanos como una gran empresa en la que todos tenemos acciones, y a la que todos debemos vigilar y procurarle el mejor funcionamiento posible. De manera que nada más razonable que contar con competentes "auditores" privados y externos que nos adviertan, primero, si el proyecto del gobierno es razonable, si la ley que le va a dar vida se ajusta a la constitución, si los recursos adjudicados son escasos, suficientes o excesivos, y, luego, si la ejecución ha sido conforme a lo previsto. A estas instituciones se les suele llamar en inglés, genéricamente, *think-tanks*, y en español se va abriendo camino la expresión, un tanto complicada: "equipo de reflexión y seguimiento". Las sociedades que cuentan con ellas tienen más posibilidades de contribuir a la buena educación de los electores y al buen quehacer de los gobernantes. Si no existen, es conveniente crearlas, aunque, como se afirmó al inicio de estos papeles: nada es más difícil que encontrar siempre, incluso casi siempre, la persona adecuada para el cargo adecuado.

# ÍNDICE

## I
## LA LIBERTAD Y SUS ENEMIGOS

## II
## ALGUNAS CRISIS, ALGUNOS PAÍSES

## III
## POLÍTICAS PÚBLICAS Y POLÍTICAS PRIVADAS

IV
EDUCAR PARA LA LIBERTAD

*Composición de originales*
G&A Publicidad / División Publishing

Esta edición de 9.000 ejemplares
se terminó de imprimir en
Artes Gráficas Piscis S.R.L.,
Junín 845, Bs. As.,
en el mes de mayo de 2005.